KB036707

EBS 다큐프라임

자본주의
사용설명서

EBS 다큐프라임
자본주의 사용설명서

초판 1쇄 발행 2014년 7월 7일
초판 27쇄 발행 2024년 10월 31일

기획 | **EBS** ● 미디어
지은이 | EBS 〈자본주의〉 제작팀 정지은 고희정

펴낸곳 | (주)가나문화콘텐츠
펴낸이 | 김남전
편집장 | 유다형
외주편집 | 최소영
본문구성 | 김미조
디자인 | 양란희
외주디자인 | 김태수
마케팅 | 정상원 한웅 정용민 김건우
경영관리 | 임종열 김경미

출판 등록 | 2002년 2월 15일 제10-2308호
주소 | 경기도 고양시 덕양구 호원길 3-2
전화 | 02-717-5494(편집부) 02-332-7755(관리부)
팩스 | 02-324-9944
홈페이지 | www.ganapub.com
포스트 | post.naver.com/ganapub1
페이스북 | facebook.com/ganapub1
인스타그램 | instagram.com/ganapub1

ⓒ EBS · 정지은 · 고희정, 2014

ISBN 978-89-5736-674-5 03320

가나출판사는 당신의 소중한 투고 원고를 기다립니다. 책 출간에 대한 기획이나 원고가 있으신 분은
이메일 ganapub@naver.com으로 보내주세요.

EBS ◉◉ 다큐프라임

자본주의
사용설명서

EBS MEDIA 기획
EBS 〈자본주의〉 제작팀·정지은·고희정 지음

가나

그 누구도 금융과 소비에서
자유로울 수 없다

한 아이의 엄마이자 주부 PD인 나는 '경제학은 나와는 무관한 학문'이라 생각하며 살아왔다. 하지만 사실은 정말 궁금했다. 수십 년 동안 물가는 왜 오르기만 하는지, 대출이자에 허덕이는 사람들은 왜 이렇게 많은지, 열심히 일하는데도 왜 노후를 불안해해야 하는지…….

궁금증은 계속해서 질문을 낳았다. 그런데 이 질문에 대한 답은 쉽게 나오지 않았다. 오히려 더 많은 질문을 만들어냈다.

경제 전문가들은 투자하기 전에 왜 미국의 상황을 살필까? 미국의 리먼 사태가 내 지갑 속 돈에 영향을 미칠까? 미국 경제가 우리 집

가계에도 영향을 미칠까? 등.

단순한 궁금증에서 시작된 이 질문들에 대한 답을 찾기 위해 지난 10여 년 동안 1천여 권의 다양한 경제학 서적을 섭렵했다. 그런데 경제학 서적이나 경제 관련 기사를 읽는다고 해서 내가 가진 의문이 시원하게 해소된 것은 아니었다. 경제 전망은 뉴스나 기사, 책마다 달랐고 근원적인 물음은 풀리지 않았다.

'돈이란 무엇인가.'

'왜 학교에서는 경제를 제대로 가르치지 않는 것일까.'

그리고 오랫동안 고민한 결과 이 모든 것을 관통하는 근본적인 원리는 '자본주의'라는 답을 얻어냈다. 그후 1년 6개월간의 대장정을 거쳐 자본주의의 발상지인 영국과 자본주의를 꽃피운 미국을 취재해 얻어낸 결과물이 EBS 다큐프라임 〈자본주의〉였다. 영광스럽게도 2013년에는 제40회 한국방송대상 대상을 수상하는 영예도 얻었고, 책으로 발간한 『EBS 다큐프라임 자본주의』도 좋은 반응을 얻었다.

2011년 영국 《이코노미스트》가 세계에서 가장 영향력 있는 경제학자 1위로 선정한 라구람 라잔 시카고대 경영대학원 교수를 비롯해, 취재 과정에서 도움말을 주고 인터뷰에 응해준 영국과 미국의 세계적인 석학들을 인터뷰하면서 그들을 왜 세계적인 석학이라 부르는지 새삼 느낄 수 있었다. 수학적인 경제 이론을 따지는 것이 아닌 바로 우리의 일상생활에서부터 그들의 생각과 고민은 시작된다.

밀려오는 청구서를 처리하기 위해 두세 개의 일터에서 더 많이 일해야 하는 이유는 무엇인지, 미국의 일부 기업가들은 왜 직원들을 위한 건강보험료 납부를 기피하는지, 더 깊은 만족을 위해 쾌락을 잠시 미뤄두지 못하고 왜 쇼핑중독에 빠지는지, 별 차이 없는 화장품인데도 왜 몇 주 만에 신상품이 또 나오는지, 금융 시장의 구성 요소에 대해 전혀 모른 채 금융 열기에 뛰어들면 왜 안 되는지, 우울할 때와 슬플 때 왜 우리는 무언가를 사려고 하는지…….

현실에 기반을 둔 그들의 연구 성과와 조언을 들으면서 우리 취재 팀은 '따뜻한 자본주의'를 떠올렸다. 자본주의의 모태인 『국부론』 또한 '나는 먹고살 만한데 저들은 왜 가난하게 살까' 하는 아담 스미스의 지식인으로서 가지는 부채감에서 시작된 것 아닐까. "대부분의 국민들이 헐벗고 굶주리는데 그 나라가 잘산다고 말할 수 없다."고 말한 대목을 봐도 알 수 있다.

"자본주의란 무엇인가?What is capitalism?"

노벨상 수상자도 어려워하는 질문이다. 그 정의를 어떻게 내리든 간에 우리는 싫든 좋든 자본주의 시스템으로 돌아가는 세상에서 살고 있고, 우리 아이들도 비슷한 여건에서 살아가게 될 것이다. 우리 아이들까지 쉬지 않고 일하는데 먹고살기 힘들고 그다지 행복하지 않은 삶을 이어나갈 수는 없지 않은가.

'자본주의'를 방송에서 다뤄보기로 결심했을 때 막상 무엇을 얘기해야 할지 초점을 잡을 수 없어 난감했다. 몹시 광범위한 데다가 할 이야기가 너무 많았다.

'그렇다면 우리 생활에 가장 크게 영향을 미치며 사람들이 가장 관심을 가지고 있는 것부터 찾아보자' 하는 생각으로 30대에서 50대의 사람들을 대상으로 관심사를 조사했다. 그러자 '금융'과 '소비'에 가장 많은 관심을 보이고 있다는 것을 알게 되었다.

자본주의 사회에서 살고 있는 이상 그 누구도 금융과 소비에서 자유로울 수는 없다. 이는 사실 우리 스스로의 선택과 무관하다. 그렇다고 해서 끊임없이 도는 쳇바퀴 속의 다람쥐처럼 어떤 자유의지도 없이 살아가야만 하는가.

'우리는 우리가 살고 있는 이 사회에서 우리 자신을 지키기 위해 무엇을 알아야 하며 무엇을 해야 하는가.'

감사하게도 EBS 다큐프라임 〈자본주의〉 방송 후 많은 분들이 격려와 찬사의 메시지를 보내오셨지만, 아쉬운 점이 많았다. 취재 과정에서 얻은 세계적인 석학들의 조언을 방송에 다 담지는 못했다. 『EBS 다큐프라임 자본주의』 책에도 일부 담아내긴 했지만 방송 내용을 우선 충실히 다뤄야 했기에 한계가 있을 수밖에 없었다. 그리고 자본주의의 숨겨진 모습을 알게 된 뒤에는 무엇을 할 것인가, 우리는 어떻게 살아가야 할 것인가, 하는 문제가 남았다. 우리의 일상에 관해 못다 한 이야기가 차례를 기다리고 있었다.

처음 방송을 기획할 때 '내 아이에게 가르쳐줄 이야기다'라는 생각으로 풀어나갔다. 우리 모두가 미래를 준비하는 문제에서도 역시 '아이들을 위한 금융교육', '좋은 소비습관 들이기' 이것이 가장 쟁점이 돼야 함은 분명했다. 그러기 위해선 부모가 먼저 알아야 한다. 부모가 먼저 돈에 대해 어떤 태도를 지니고 있는지 스스로 깨달아야 한다. 아이들이 돈에 대해 미숙한 건 부모가 그렇기 때문이다. 부모가 잘 모르는데 금융교육을 어떻게 할 수 있겠는가.

또 무엇보다 우리가 먼저 해야 할 일은 우리 자신의 일상을 돌아보고 자신을 들여다보는 것이어야 했다.

EBS 다큐프라임 자본주의 두 번째 이야기 『자본주의 사용설명서』에는 각 장마다 소시민으로 살고 있는 인물들이 나온다. 그 인물들을 통해 일상생활 깊숙이 침투해 있는 자본주의의 유혹과 위협을 구체적이고 사실적으로 보여주려고 한다. 어쩌면 우리의 자화상일 수도 있는 이 인물들의 이야기를 통해 지금 우리에게 무슨 일이 벌어지고 있는지 말하기 위해서다.

《손자병법》의 '모공편'에는 '지피지기 백전불태知彼知己 白戰不殆'라는 말이 있다. 적을 알고 나를 알면 백 번을 싸워도 위태롭지 않다는 뜻이다. 우선은 자본주의가 우리 생활에 어떤 영향을 미치고 있는지 거울을 보듯 자세하게 들여다볼 필요가 있다. 자본주의를 비판만 하고 있어서는, 새로운 세상을 꿈꾼다고 해도 당장 내 아이들에게 올바른 영향력을 행사할 수는 없다. 자신을 지킬 수도 없다. 그렇다고 경쟁의 논리에 편승해 내가 살기 위해 어쩔 수 없으니 너희를 밟아야겠다며 달려들 수도 없다. 결국 행복한 삶을 원한다면 말이다.

자본주의가 갈 길을 다시 한 번 생각하고 그 안에서 과연 우리가 무엇을 해야 하는지 고민하기 시작하는 것. 이것이야말로 우리가 자본주의에서 살아남기 위한 최초의 열쇠가 될 것이다.

EBS 다큐프라임 〈자본주의〉 담당 PD
정지은

차례

PART

1

금융자본주의
사회에서
빠지기 쉬운 착각

미국 서브프라임 금융위기로 세계 경제가 휘청거리고 연방준비제도가 양적완화를 시행해 시중에 돈을 풀기 시작한 지도 수년이 지났다. 자본주의의 폐해를 지적하는 위기론도 무뎌져가고 있지만, 상황이 달라진 건 아무것도 없다. 대한민국에서는 IMF 구제금융을 받으며 금융위기를 겪기 시작한 이래, 상품과 서비스를 제공하는 노동을 통해 돈을 버는 것이 아닌 '돈이 돈을 버는 사회' 이른바 금융자본주의가 사회 깊숙이 자리하고 있다.

케이블 TV를 켜면 시도 때도 없이 돈 빌려주겠다는 광고가 나오고, 유명 연예인이 등장해 부모님께 효도하라며 보험상품을 권한다. 재테크를 안 해본 사람이 드물 정도의 사회가 됐지만, 도대체 어떻게 해야 큰돈을 벌 수 있다는 건지 진짜를 알고 있는 사람은 별로 없어 보인다. 나와 내 가족이 충분히 쓸 만큼의 돈을 벌고 싶다는 것은 어려운 바람일까? 다음 페이지의 질문에 답하면서 나의 일상을 점검해 보자.

당신의 금융생활은 어떻습니까?

- 회사 동료나 친구들을 만나는 자리에서 금융 이야기가 화제에 오르면 적극적으로 대화에 참여하는 편입니까?

- 종잣돈을 모은 후엔 금융상품을 이용한 재테크를 잘하면 돈을 불릴 수 있다고 생각합니까?

- 두 달에 한 권 정도는 재테크 책이나 경제 관련 책을 읽는 편입니까?

- 창업에 너도나도 뛰어들었다가 망하곤 하는 모습을 보면, 섣불리 사업을 시작하는 것보다는 월급쟁이 생활이 훨씬 안정적이라고 생각합니까?

- 달마다 가족들 보험금으로 나가는 지출액이 커서 허리가 휠 지경입니까?

- 은행에 볼일이 있어 방문했다가 은행 직원이 권하는 펀드에 가입했던 경험이 있습니까? 잘 들어보고 꼼꼼히 따져봤기 때문에 문제없는 선택이었다고 생각합니까?

- 펀드를 하나 들려고 은행에 갔습니다. '4년 연속 수익률 1위'라는 문구가 붙어 있는 펀드에 자꾸만 눈길이 갑니다. 그 펀드에 가입하겠습니까?

- 보험이든 펀드든 금융상품에 가입할 때 약관을 꼼꼼히 읽어보는 편입니까?

- 만기에 환급받는 보험을 들어야 손해 보지 않는다고 생각하십니까?

■ 당신은 금융 상담가의 권유를 받아 금융상품에 가입할 때, 요목조목 따져보고 살필 수 있는 안목이 있습니까?

■ 적립식 펀드에 들었다가 해지한 적이 있습니까?

■ 재무설계사를 만났습니다. 새로 나온 연금보험 상품을 권합니다. 노후대책이 불안한 나에게 꼭 필요한 것 같습니다. 연금 하나 가입한 후부터 왠지 모르게 든든한 것도 같습니다. 6개월쯤 지난 후 그 연금을 왜 들었는지 보장 내용이 무엇인지 기억이 나지 않습니다. 당신의 이야기입니까?

■ 내 이름으로 엄마가 들어놓은, 나도 몰랐던 보험을 해약해본 경험이 있습니까?

■ 소액이라도 주식투자를 해본 경험이 있습니까?

■ 믿을 만한 사람의 조언을 듣고 오름세가 유력한 주식에 큰 금액을 투자한 당신, 주가는 며칠 오르나 싶더니 한 달 만에 반타작이 되고 말았습니다. 한 달을 더 기다렸지만 주가는 회복될 기미가 안 보입니다. 당신은 주가가 회복될 때를 계속 기다립니까? 아니면 실패를 인정하고 주식을 매도합니까?

■ 주식투자에 대한 나만의 원칙이 5가지 이상 있습니까?

■ 주택자금 대출이 쉬워지고 이자가 낮으면 집을 구입해야 한다고 생각합니까?

01

재테크는 큰돈을 벌 수 있는 방법이 아니다

남수 씨는 아내 지은 씨의 내조를 받아 지난 2년 동안 7급 공무원 시험을 준비해왔다. 그런데 시험에서 몇 번 떨어지고 나니 더 이상 가계경제를 나 몰라라 하고 공부만 하고 있을 수는 없었다. 결국 시험을 포기하고 삼촌의 소개로 중소기업에 취직했다. 막상 취직을 하고 나니 왜 진작 일을 하지 않았을까, 후회가 될 정도로 만족도는 높은 편이었다. 중소기업이지만 재정 상태가 꽤 탄탄했고 성장 가능성도 있었다. 사원 복지도 괜찮은 편이었으며 뒤늦게 직장생활을 하는 것치곤 월급도 괜찮았다. 게다가 외국 바이어들을 상대하는 일도 재미있었다. 그런데 문제는 전혀 뜻밖의 일에서 발생했다. 점심시간이나 잠깐 쉬는 틈을 이용해 사람들과 대화를 나누다 보면 남수 씨는 그들이 하는 말의 반도 이해하지 못했던 것이다.

동료들은 두세 명만 모여도 재테크에 대한 이야기부터 했다. 처음엔 꽤 당혹스러웠다. 마치 어린아이가 어른들의 대화에 끼어들어 귀를 기울이고 있는 느낌이었다. 전문적인 용어가 나오기라도 하면 그 자리에서 스마트폰으로 검색해 찾아보기에도 바빴다. 그리고 그날 집에 들어가서 동료들이 주로 나눈 대화와 관련된 금융 정보를 읽고는 뒤늦게 이해하곤 했다. 그렇게 한 달여를 지내다 보니 웬만큼 사람들의 이야기가 들리기 시작했다. 하지만 매일같이 모르는 단어가 꼭 한 번은 등장했고, 그 단어를 이해하느라 혼자 바쁘게 검색을 하면서 동료들의 이야기에 귀를 기울였다.

덕분에 남수 씨는 금융의 기초지식은 알게 되었지만 동시에 이전엔 느끼지 못했던 박탈감이나 부러움을 느끼는 경우도 많아졌다. 이를테면 어느 부서의 누가 펀드로 큰돈을 벌었다거나 동료의 친구나 친척이 주식으로 집을 샀다는 등의 이야기가 나올 때 그랬다. 온전한 노동만으로는 절대로 벌 수 없는 돈을 누군가 단시간에 벌었다고 하면 과연 정당한가, 라는 생각을 하면서도 미친 듯이 부러웠다. 이는 그에겐 꽤 특이한 경험이기도 했다. 하나의 상황을 두고도 비난과 부러움이라는, 모순되는 감정이 그를 괴롭혔기 때문이다.

남수 씨는 스무 살에 통장을 개설한 은행과 지금까지 거래하는 충성도 높은 고객이었다. 금융이라고 하면 저축이나 대출 정도만 떠올리는 것이 현실이었고, 어쩌다 적은 돈이라도 통장에 입금을 하면 기분이 좋아지곤 했다. 사실 통장을 처음 개설했던 십여 년 전에도 재테크 붐이 없었던 것은 아니다. 하지만 그 당시 그는 아직 학생 신분인 데다 재테크를 할 만한 돈도 없어서 그쪽으론 아예 관심도 두지 않았다. 지금은 귀동냥으로나마 금융에 대한 지식을 어느 정도 얻게됐지만 그렇다고 십여 년 전보다 금융이 더 가까이 있다는 생각은들지 않았다. 책으로만 배우고 직접 재테크를 한 적이 없기 때문일것이다.

그래서인지 기회만 되면 주식이니 펀드니 하는 것을 직접 해보고싶었다. 잘못하다간 가진 돈을 몽땅 잃을 수도 있다는 말은 귀에 들어오지 않고 잘해서 돈을 벌었다는 사람들의 사례만 귀에 쏙쏙 꽂혔다. 당장에 재테크할 만한 돈이 없어 문제지 돈만 있다면 어떻게든시도해볼 생각이었다. 그러다 보니 어느 날부턴 온통 금융 재테크에대한 책만 읽고, 그에 대한 대화를 하고, 그것에 대한 생각만 하는 자신을 발견했다. 순간 남수 씨는 정말 궁금해졌다.

'도대체 금융이 뭐기에? 금융에서 자유로울 수는 없는 것일까.'

금융은 간단히 말해 금전의 융통이다. 즉, 돈을 빌려주거나 빌리는일을 뜻한다. 은행, 증권 등의 금융기관은 예금자나 투자자로부터 모

앞으로도 금융은 점점 더 중요해질 것이다.

집한 돈을 정부나 기업, 개인에게 빌려주고, 돈을 빌린 사람이나 단체는 그 돈을 활용해 생산이나 소비를 한다.

이 과정에서 금융기관은 '투자'라는 명목으로, 들어온 돈을 굴리면서 다른 돈을 벌어들이는 것이다. 그리고 그렇게 번 돈은 투자한 사람들에게 분배된다. 즉, 재테크는 단순히 말해 금융기관의 금융상품에 투자해 예금의 이자와는 비교도 되지 않는 돈을 받아 챙기는 것이다.

금융은 단지 자본주의의 산물만은 아니다. 금융의 역사는 기원전 4천 년 전까지 거슬러 올라간다. 근동의 초기 문명이었던 바빌론에는 이미 정교한 금융 시스템이 있었다. 심지어 신용과 빚도 존재했다. 이는 인류가 금융 시스템이 없는 문명에서 살아본 적이 거의 없었다는 말이기도 하다. 그 이유는 문명이 분업에 기초하고 있기 때

금융자본주의 사회에서 빠지기 쉬운 착각

문이다. 사람들마다 각자 만들어낸 물건이 서로에게 쓰이려면 당연히 자원의 이동이 필요하다. 의자를 만든 사람은 의자를 내주고 대신 자신에게 필요한 곡식을 받는다. 곡식을 가진 사람은 곡식을 내주고 의자를 받는다. 다른 물건들도 마찬가지다. 자신이 가진 것을 하나 내어주고 필요한 것을 하나 받는 과정이 자원의 이동이다.

자원의 이동은 금융 시스템에 의해 더욱 원활하게 이뤄질 수 있는데, 자본주의 사회가 4천 년 전의 바빌론과 다른 점이 있다면 훨씬 더 복잡하고 다양해졌다는 것이다. 사회와 경제가 복잡해지거나 부유해질수록 금융 시장 역시 크게 성장한다. 보험, 모기지, 신용카드, 다양한 저축, 연금 등 금융상품에 대한 욕구가 복잡해지기 때문이다. 10년 전보다 지금의 금융이 훨씬 중요해졌듯 10년 뒤의 금융도 오늘날보다 훨씬 더 중요해질 것이다. 문제는 '점차 더 역할이 커지는 금융경제를 우리가 감당할 수 있는가'이다.

금융은 그 복잡성과 규모로 인해 불안정하며, 금융 시스템은 완전히 안정돼 있지 않기 때문에 변동을 겪기도 쉽다. 또한 금융 시장의 거래가 자동화되면서 예전보다 더 불안정한 시스템을 만들 위험까지 더해졌다. 그러면 우리 사회가 만들어낸 금융 시스템을 스스로 통제할 수 있는가. 금융은 지난 3세기 동안 주기적인 위기, 확장, 거품, 거품의 붕괴로 이어져왔다. 그 연장선상에서 보면 2007년 미국발 금융위기가 세계 경제를 휩쓸었던 것도 아주 특별한 사건은 아

지급준비율이 낮을수록 대출되는 돈은 점점 많아지고 시중에 돈이 풀린다.

금융자본주의 사회에서 빠지기 쉬운 착각

니다. 금융위기는 앞으로도 계속 일어날 것이며 생각보다 더 자주 일어날 수도 있다. 금융 시장이 변하지 않기 때문일 수도 있고, 통화 정책이 너무 느슨해 돈을 쉽게 빌릴 수 있게 되어 은행에 레버리지가 커져서 그럴 수도 있고, 증시에 거품이 있거나 비정상적으로 높은 가격으로 책정되거나 과대평가가 되어 일어날 수도 있다.

19세기 영국 《이코노미스트》 초대 편집장을 지낸 월터 배젓은 "금융위기가 오면 아무도 돈을 빌려주려고 하지 않기 때문에 최종대출자lender of last resort가 필요하다"고 했다. 그가 말하는 최종대출자는 중앙은행을 가리키는 말이다. 월터 배젓의 말대로 금융위기에 정부가 적극 개입해 돈을 빌려주면 금융 시스템을 변화시키고 위기를 벗어날 수도 있다. 2007년 위기에서도 미국 정부는 극단적인 대부를 감행했다.

금융위기 전만 해도 미국 연방준비제도의 대차대조표는 9천억 달러에서 1조 달러를 밑돌았다. 하지만 금융위기 후엔 3배가 넘는 2조 8천억 달러에 이르게 된다. 이 말은 연방준비제도가 대출을 3배로 늘렸다는 뜻이다. 또한 많은 증권을 사들여 시스템에 유동성을 공급했다는 뜻이기도 하다. 어쨌든 이와 같은 대처로 미국은 금융위기로 인해 경제상황이 극단적으로 파탄나는 것을 막을 수 있었다. 하지만 이러한 대처 끝엔 인플레이션이 발생할 수 있는 위험이 따른다. 공급된 유동성 때문에 위기가 끝나고 은행이 대출을 시작하면, 화폐 가치

은행에는 돈이 없다. 우리가 대출을 받으면 통장에 숫자로 찍힌다.

가 떨어져 물가가 일정 기간 지속적으로 올라가기 때문이다.

금융은 불안정성에도 불구하고 현대 경제에 아주 중요한 부분이다. 현대 경제가 강력한 금융에 기초하고 있기 때문이다. 그래서 금융에 문제가 생기면 모두 고통받는다. 그렇다면 개인이 위기에 대처하는 방법은 없는 것일까. 아주 단순한 해법이지만 금융 시스템과 전체 경제가 어떤 방식으로 움직이는지 알고 자신의 돈을 관리하는 법을 배우는 수밖에 없다.

대체로 많은 사람들은 금융 시장에서 투자를 통해 부를 획득하려고 끊임없는 관심을 기울인다. 금융 열기 속에서 너도 나도 투자한다. 부를 창출하는 사람들의 이야기를 들으면 '나도 할 수 있지 않을까'라는 생각이 절로 든다. 또한 주변 사람들 대부분이 한두 개씩

금융자본주의 사회에서 빠지기 쉬운 착각

의 금융상품에 가입돼 있는 것을 알고 나면, 아무것도 하지 않는 자신이 경쟁력에서 뒤처져 있다는 생각까지 든다. 그러다 보면 시장에 어떤 함정이 도사리고 있는지, 얼마나 큰 위험이 따르는지 간과하게 된다. 한편으론 본인이 금융에 대해 잘 몰라도 금융 전문가에게 맡기는 것으로 금융상품을 잘 운용할 수 있을 거라 생각하기도 한다. 어차피 은행에서 잠자고 있는 돈을 금융 전문가에게 맡겨 투자하는 게 여러모로 낫다는 계산속도 작용할 것이다.

어떤 이유로 금융 시장에 뛰어들든 간에 주의할 점은 분명히 있다. 적어도 금융 시장의 구성 요소와 금융상품의 성격은 정확하게 파악하고 있어야 한다는 것이다. 하다못해 옷을 하나 구입할 때도 판매자가 옆에서 어떤 말을 해주든 본인 스스로가 유행에 너무 뒤처진 것은 아닌지, 나한테 어울리는지, 내가 감당할 수 있는 가격인지, 바느질은 꼼꼼하게 되어 있는지 살핀다. 하지만 금융상품에 가입할 때는 온전히 은행이나 증권사 직원의 말에만 의존해 선택하는 경우가 허다하다. 한 벌의 옷값하고는 비교할 수 없을 정도로 큰돈을 맡기면서 상품의 수익률이나 위험성에 대해 꼼꼼하게 확인하지 않는다는 건 정말 이상하지 않은가.

남의 돈을 내 돈처럼 생각하는 사람은 세상 어디에도 없다. 은행 직원이 특정한 상품을 권한다면 그것은 본사의 판매 지시에 따른 것이거나 판매 인센티브가 많은 상품일 경우가 많다. 수익률이 최고이

우리는 왜 재테크에 열광하게 되었을까. 금융자본주의 사회에서
경제기사를 읽어도 무슨 말인지 알 수 없다면 스스로를 지킬 수 없다.

며 안전성이 좋다는 달콤한 말로 고객의 마음을 동하게 만들지만 사
실은 그들 자신도 자신이 권하는 상품이 어떻게 될지는 확신하지 못
한다.

은행이나 증권사는 모든 기업이 그러하듯 당신의 이익이 아니라
그들의 이익을 위해 움직이는 사업체라는 것을 잊지 말아야 한다.

결론을 말하자면 재테크는 큰돈을 벌 수 있는 방법이 아니다. 일정
액으로 정해져 있는 자신의 수입을 합리적으로 관리하고 유지시키
는 방법일 뿐이다. 운이 좋아 금융상품으로 높은 수익률을 올렸다 해
도 단기간에 끝나는 것이 대부분이다. 금융 시스템이 돌아가는 원리
를 알지 못한 채 피 같은 내 돈을 무지함 때문에 잃어버리는 일은 없
어야 할 것이다. 경제가 어떻게 돌아가는지 정도는 알아야만 하는 이
유가 바로 그것이다.

금융자본주의 사회에서 빠지기 쉬운 착각

시장은
규제가 필요하다

"금융위기에 대해 정부와 민간 부문 모두 비난을 받아야 합니다. 금융기관은 감당할 수 있는 것보다 더 많은 위험요소를 받아들였습니다. 정부 규제 담당자들은 임무를 게을리했습니다. 양쪽 다 비난받을 만합니다. 더 성숙한 관점을 가질 때라고 생각합니다. 시장은 모든 문제를 해결하지 못합니다. 시장은 규제가 필요합니다. 게임의 규칙이 필요합니다."

리처드 실라 Richard Sylla
미국 뉴욕대학교 금융사학과 교수
저서 :『금리의 역사』

금융기관을
정부가 보호해서는 안 된다

"분명히 무너지고 파산했어야 하는 금융기관들을 정부가 파산을 막아주고 일으켜 세워줍니다. 이 금융기관 사람들이 납세자들의 희생으로 많은 돈을 벌어갔다는 의미죠. 이것은 옳지 않습니다. 저는 정부가 입장을 강경하게 해야 한다고 생각합니다. 완전히 손을 놓고, 절대 다시는 안 도와준다고 말을 해야죠. 문제는 아무도 안 믿을 겁니다. 믿지 않기 때문에 또 위험한 행동들을 하겠죠. 그러면 또 금융위기가 와요. 그때 정부는 한 번만 더 구제해주고 다시는 안 해준다고 하죠. 10대 아이가 집에 늦게 와서 차는 온통 긁히고 술 냄새가 나는데 이번에만 봐주고 다음부터 혼낼 거라고 말하는 것과 같아요. 아무 소용이 없죠."

제프리 마이론 Jeffrey Miron
미국 하버드대학교 경제학과 교수
저서 : 『자유주의의 모든 것』

금융 피해를 입어도
책임은 당신에게 있다

　남수 씨는 금융에 관심을 가지기 시작한 이후로 서점에 갔다 하면 재테크 분야부터 둘러보게 되었다. 그러곤 꼭 한두 권 정도의 책을 구입해 학창시절에도 하지 않았던 독서 삼매경에 빠져들었다. 출퇴근 전철 안에서는 스마트폰으로 금융 관련 기사를 찾아 읽었고, 친구들과 만나도 금융 관련 이야기부터 꺼냈다. 정보가 곧 유력한 자원이 되는 사회에서 가능한 한 많은 정보의 수집은 재테크에도 아주 유용할 것이라는 게 그의 판단이었다. 그리고 실제로 이전보다 더 많은 금융지식을 쌓게 되었고 이젠 누구와 대화를 나누더라도 자신 있게 말할 수 있는 자신감도 생겼다.

그런데 막상 금융상품을 선택할 땐 직원이 권유하는 상품부터 살폈다. 남수 씨가 공부한 것은 금융의 역사, 금융의 종류, 금융상품을 고를 때의 자세였을 뿐 각각의 은행이나 증권사에서 판매하고 있는 각종 금융상품에 대해서는 공부할 기회가 없었기 때문에 당연히 알지 못했다. 그 대신 판매자가 권하는 펀드가 어떤 방식으로 운영되는 것인지, 수익률은 어느 정도인지, 고위험 상품인지, 저위험 상품인지, 수수료는 얼마나 떼는지 등을 구체적으로 따졌다.

그리고 무엇보다 그는 금융 판매자의 말을 믿지 않고 더 깐깐하게 질문하고 파악하는 고객이 되기로 작정했다. 거기에는 나름대로의 이유가 있었다. 펀드를 먼저 시작한 선배들이 판매자의 말을 전적으로 신뢰하기 전에 의심부터 하라고 충고했던 것이다.

꼭 사람이 나빠서라기보다는 금융 시스템 자체가 고객의 이익을 위해 움직이지 않기 때문이다. 또한 금융권을 감시할 메커니즘도 제대로 안 돼 있는 상황에서 현명하게 판단하지 못한 소비자들은 쉽게 피해자가 될 수 있다. 정부 차원에서도 금융권을 감시할 메커니즘은 꼭 필요하지만, 고리대금이나 위험한 상품 판매를 금지하는 제도는 아직 마련돼 있지 않다.

남수 씨는 이런 말들을 염두에 두었기에 판매자가 권하는 상품을 무턱대고 선택하지는 않았다. 그런데도 그의 펀드 투자는 성공적이지 못했다.

"꼼꼼하게 따지고 잘 살폈는데 왜 이런 결과가 나온 거야?"

수익을 내기는커녕 원금까지 까먹어 남수 씨는 아내를 볼 면목도 없었지만 도무지 결과에 승복할 수가 없었다. 남들이 다 하니까 나도 한다는 식으로 막무가내로 달려든 것도 아니고, 나름대로 시간을 두고 재테크 공부를 해서 자신도 있었다. 여러 개의 상품을 꼼꼼하게 비교분석하며 오랜 시간 심사숙고했지 않은가.

남수 씨가 실패한 첫 번째 이유는 펀드의 특성에 있다. 펀드는 투자자들의 자금을 모아 그 돈을 채권이나 주식에 투자해 그 수익을 나눠 갖는 금융상품이다. 즉, 저축상품이 아니라 투자상품이기 때문에 기본적으로 위험성을 안고 있다. 게다가 고수익이 가능한 주식형 투자는 그만큼 위험도 크다. 반대로 수익성이 낮으면 위험도 그만큼 낮아진다. 하지만 대부분의 사람들은 고수익 상품에 먼저 눈이 간다. 그리고 판매자들은 고수익 상품이 저수익 상품에 비해 훨씬 위험이 크다는 것을 부각시키지 않는다. 판매자들이 강조하는 것은 이 상품에 투자할 경우 당신이 얼마나 많은 수익을 얻을 수 있는가 하는 것이다. 하지만 수익과 위험은 비례 관계에 있다는 사실을 결코 잊어서는 안 된다. '세상에 공짜는 없다'는 말도 있지 않은가. 높은 수익엔 그만큼의 위험 부담이 따르기 마련이다.

둘째, 남수 씨가 실패한 이유는 수수료에 대해 몹시 안일하게 생각

'나를 위해 권해 주는구나'라고 생각하기 전에 '은행이나 증권사에서
이 상품을 많이 팔려고 하는구나'라고 생각해야 한다.

했기 때문이다.

펀드 상품에는 수수료가 붙는다. 그런데 그 수수료는 펀드 상품을
판매한 은행에서만 가져가는 것이 아니다. 은행은 펀드를 고객에게
판매할 뿐이고 실제로 펀드를 운영하는 것은 자산운용회사다. 자산
운용회사에서도 수수료를 챙길 뿐 아니라 매번 수익의 일정 부분을
떼어 보수를 줘야 한다. 자신이 가입한 펀드에 수익이 생겨 보수를
줄 수 있다면 문제가 되지 않을 것이지만 수익을 내지 못한다 해도
보수는 원금에서 챙겨간다.

보수는 펀드 상품에 따라 다르게 측정돼 있다. 게다가 때로는 펀드

매니저가 있는 자산운용회사의 운용보수보다 은행, 보험회사 등의 판매보수가 더 높은 경우도 있다. 이것은 상품을 권하는 판매자가 고객의 수익성보다 판매보수가 높은 비율로 측정된 상품을 더 많이 권하게 된다는 걸 의미한다. 따라서 펀드 상품에 가입할 때는 판매자의 말에만 의존할 것이 아니라 나에게 알맞은 것인지 스스로 꼼꼼하게 살펴봐야 한다.

셋째, 남수 씨는 주식을 매매할 때마다 지불해야 하는 매매수수료를 미처 염두에 두지 못했다. 남수 씨는 수수료와 보수에 관해서는 그나마 조금은 알고 있었지만 주식을 사고팔 때마다 드는 매매비용에 대해서는 간과했다. 이를테면, 고객들이 모아준 돈 10억으로 주식을 다 샀다가 그대로 판다. 이렇게 한 번 파는 것을 매매회전율 100%라고 한다. 그리고 두 바퀴를 돌면 매매회전율은 200%가 된다. 그런데 우리나라의 경우엔 매매회전율이 1400%, 1500%인 경우도 많다. 회전율이 높으면 당연히 고객이 수수료를 빈번하게 지불해야된다. 펀드 가입 시엔 당연히 매매회전율도 알아봐야 한다.

남수 씨는 사실 수익률이 높은 만큼 위험성도 높다는 것을 충분히 숙지하고 있었다. 지나친 욕심은 부리지 않겠다고 스스로에게 다짐도 했다. 하지만 막상 "이 펀드는 수익률이 좋을 뿐 아니라 위험성도 덜합니다."라는 판매자의 말을 듣고는 어쩌면 진짜로 수익성도 좋고 위험성도 높지 않은 상품일 수도 있겠다는 생각을 해버렸다. 게다가

내가 펀드를 사면

같은 펀드를 산 사람들의 돈이 합쳐져

돈을 보관해 주는 수탁회사로 간다.

자산운용회사가 투자를 결정하면

수탁회사가 투자를 실행한다.

투자에 이익이 나면 비율대로 나눈다.

은행은 그저 판매할 뿐이거나 돈을 맡아두는
수탁자의 역할만 한다.

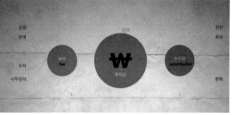

판매사도 수탁회사도 자산운용회사도
수수료와 보수를 떼어간다.

금융자본주의 사회에서 빠지기 쉬운 착각

판매자가 증거로 보여준 통계자료를 보니 믿음도 갔다.

하지만 판매자가 보여주는 수익률은 과거의 데이터일 뿐이다. 과거에 큰 수익을 냈다고 해서 앞으로도 똑같은 수익을 낼 수 있다고 생각하면 큰 오산이다. 게다가 지금 제일 잘나가는 펀드는 이미 정점을 찍고 있기에 하락할 가능성도 크다. 따라서 수익률을 믿고 그 상품에 가입하는 건 그다지 큰 의미가 없다.

판매자의 유혹에 넘어가 펀드를 가입하는 건 고객의 자유지만 수익을 내기는커녕 원금까지 다 날려도 판매자나 회사가 책임을 지지는 않는다. 결과에 대한 책임은 고스란히 고객의 몫일 뿐이다. 그러니까 우리가 해야 할 일은 온전히 판매자의 말을 믿기보다 좋은 상품을 고르는 안목을 키우는 것이다. 그것이 무엇보다 중요하다.

문제는 남수 씨가 이런 사실을 모르지 않았는데도 불구하고 판매자의 말을 많은 부분에서 믿어버렸다는 데 있다. 고수익이면서 저위험 상품인 건 없다는 걸 알면서도 순간 그런 상품에 욕심을 부리고 있었던 것이다. 구입목록을 들고 마트에 갔는데 싸게 나온 상품들을 발견하곤 예정에도 없던 품목을 장바구니에 담고 집에 와서는 이익을 봤다고 좋아하는 상황과 다를 바가 없다.

하지만 이 같은 경험을 통해 남수 씨가 배운 것도 한 가지 있었다. 어떤 상품이든 부적절한 위험을 감행하면서까지 투자해서는 안

고수익 상품 = 고위험 상품

"일확천금의 망상을 버려라."

위험이 적으면서 고수익인 상품은 없다.

된다는 것이다.

금융상품은 수학공식처럼 답이 정해져 있는 것이 아니다. 한 나라의 경제뿐 아니라 세계 경제의 영향을 받으며 사회적, 정치적 분위기에 따라 유동성이 강하게 작용하는 것이 금융이다. 지금 당장은 수익이 날 것처럼 보여도 언제 어디서 어떻게 터질지 모르는 시한폭탄을 안고 있는 상품들도 많다. 저수익 상품이라도 어느 정도의 위험부담은 가지고 있는 것이 현실이다. 따라서 금융상품에 가입할 땐 항상어느 정도의 위험성은 염두에 둘 수밖에 없다. 그 위험부담에 따른달달한 열매뿐만 아니라 위험부담에 따른 손실의 책임도 온전히 당신에게 있다는 사실을 잊어서는 안 된다.

오늘날의 금융계에
윤리란 존재하지 않는다

"오늘날 많은 사람들이 금융계의 윤리란 존재하지 않는다고 생각합니다. 은행, 헤지펀드에서 일하는 사람들은 도덕관념이 전혀 없고 모든 수단을 동원해 오로지 돈을 버는 데만 집중한다고요. 이것이 어떤 사람들과 펀드의 경우에는 분명히 사실입니다. 더 큰 질문은 금융계 전체에 도덕성이 결여됐는가 하는 것입니다. 이전에 비해 확실히 그렇다고 생각합니다. 어떤 산업이든 어느 정도의 윤리적 틀이 필요합니다."

니얼 퍼거슨 Niall Ferguson
미국 하버드대학교 역사학과 교수
저서 : 『현금의 지배』, 『금융의 지배』

재정상담가에겐
자격과 윤리가 필요하다

"독립재정상담가들은 세일즈맨(판매자)이에요. 동시에 조언을 해야 하죠. 소비자는 상담가의 조언에 의지해요. 소비자 연구에서 밝힌 건데 개인들은 재정상담가를 전혀 신뢰하지 않는다고 해요. 자기가 거래하는 상담가만 빼고요. 썩은 사과들 중에 제일 좋은 상담가를 골라냈다고 생각하죠. 변호사랑 비슷해요. 큰 차이는 재정상담가는 전문성이 없다는 거예요. 재정상담가들은 높은 수준의 자격을 갖춰야 하고 윤리강령을 준수해야 해요. 영국의 금융 감독관들은 이런 시도를 하고 있어요. 그럼에도 불구하고 다른 분야의 전문가들에 비해 재정상담가가 되기 위한 자격이 상당히 낮은 편이에요."

줄리아 블랙 Julia Black
영국 런던정경대(LSE) 법학과 교수

03
내가 **주식**을 **사면**
주가가 **떨어**진다

남수 씨는 가계경제나 미래 복지에 정말 걱정 근심이 많은 사람이다. 본인도 그 사실을 알고 있다. 아직 일어나지 않은 미래의 일을 걱정만 한다고 해서 뭐가 해결되지는 않을 것이다. 하지만 적어도 한 살이라도 더 젊을 때 경제기반을 튼튼하게 잡기 위해서라도 자신이 할 수 있는 건 다 해보고 싶었다. 더군다나 자신은 2년이라는 시간을 공무원 시험 준비로 돈 한 푼 벌지 못했기에 다른 사람들보다 더 열심히 돈 벌 궁리를 해야 한다는 책임감도 있었다.

그래서 주식에도 눈을 돌리기 시작한 것이다. 사실 남수 씨가 주식에 관심을 가지게 된 건 직장 동료 성규 씨의 역할이 컸다. 성규 씨는 주식으로 꽤 큰돈을 벌어 동갑인데도 벌써 24평 아파트를 서울 도심에 장만해두었다. 비록 5천만 원가량 담보대출을 받았다지만 그 정도의 돈이면 대출로서 선방을 한 셈이다.

어쨌든 남수 씨는 "펀드 매니저에게 맡기지 않아도 돼. 내가 투자 정보를 주면 당신도 돈을 벌 수 있어"라는 성규 씨의 말에 유혹돼 버렸다. 불과 얼마 전 펀드로 손해를 본 적이 있었다는 사실 같은 건 염두에 두지도 않았다. 아내 지은 씨에게 펀드는 하지 않겠다고 약속했을 뿐 주식을 하지 않겠다는 약속까지 한 적은 없으니 아내 몰래 모아둔 돈으로 주식을 해볼 심사였던 것이다.

펀드와 주식은 주식을 매매해서 투자하는 상품이라는 공통점이 있지만 그 방식은 다르다. 펀드는 펀드 매니저를 통해 불특정 다수로부터 돈을 모아 주식회사에 투자하는 것이다. 따라서 펀드 매니저에게 수수료를 지불해야 하지만 전문가가 실시간 바뀌는 증시를 체크하며 대신 운영해주니 신경 쓸 일이 적다. 또한 펀드는 많은 사람들에게서 모은 대규모 자금으로 수십 종목의 주식과 채권에 분산투자하기 때문에 투자의 위험을 줄일 수도 있다. 하지만 펀드도 완벽하게 안정적이지는 않다. 전문가라 해도 주식 시장이 언제 폭락하고 어떤 손실이 날지는 예측할 수 없기 때문이다. 그리고 펀드는 예금보호를 받지 못하기 때문에 손실이 나면 투자한 돈을 잃어버릴 수도 있다.

금융자본주의 사회에서 빠지기 쉬운 착각

주식을 운에 기댈 순 없다. 주식 시장에서 돈을 벌려면 그만큼의 노력과 대가가 따라야 한다.

주식은 개인이 직접 주식회사에 투자하는 것이다. 직접투자이다 보니 따로 운용수수료 같은 비용은 들지 않는다. 하지만 투자 지식이나 시간이 부족한 사람이 직접투자에 뛰어들면 그만큼의 위험 부담이 따른다. 또한 자신의 자금만 가지고 투자를 하기 때문에 펀드처럼 자금을 나누는 분산투자를 하는 데에도 어려움이 따른다.

그래도 직접투자를 하면 적어도 펀드 매니저에게 줘야 하는 수수료는 절약할 수 있는 데다, 펀드 매니저의 말이 진실인지 아닌지 복잡하게 따지지 않아도 된다는 단순한 생각에 남수 씨는 주식을 사보기로 했다. 더군다나 이미 주식으로 돈을 번 성규 씨가 정보까지 주겠다니 마다할 이유가 없었다. 그래서 그다지 많은 돈은 아니었지만 비상금으로 성규 씨가 권하는 회사의 주식을 구입했다. 그런데 잔뜩 기대했던 것과 달리 한 달도 채 되지 않아 빈 토막이 나는 불상사기 생긴 것이다.

"정말이야. 내가 권한 회사는 진짜 상승세였다니까."

성규 씨는 미안해 어쩔 줄 몰라 하면서 자신도 꽤 많은 손해를 봤으며, 이렇게 될지 몰랐다는 등의 변명을 했다. 남수 씨는 성규 씨의 진심을 믿었다. 하지만 그와 별도로 성규 씨의 정보로 인해 손해를 봤으며, 그 손해는 아내 몰래 돈을 모으느라 온갖 꼼수를 부려왔던 노력들을 단번에 물거품으로 만들어버리는 중대한 사건이 됐다.

남수 씨는 정말 주식투자로 이렇게 돈을 잃어야만 했던 것일까. 그도 역시 개미투자자들이 이익을 내기보다는 손해를 더 많이 본다는 얘기를 신문 기사나 뉴스, 주식 관련 책들을 통해 많이 접했다. 또한 아무리 투자 지식이 많아도 격변하는 세계 경제의 흐름에 따라 예측 불가능한 위기가 늘 존재한다는 것도 알고 있었다. 하지만 그럼에도 불구하고 주식투자로 돈을 버는 사람은 여전히 존재하며 남수 씨 역시 그중 한 사람이 되지 못하라는 법은 없다고 생각했다. 마치 당첨 확률은 낮지만 당첨자는 분명히 존재하는 복권을 구입할 때 느꼈던 기대치를 주식투자에서 가지고 있었던 것이다.

물론 주식은 복권과는 완전히 다르다. 복권은 전적으로 운에 기대는 것이지만 주식은 투자 시점을 정확하게 읽어야 하며 경제 전반에

한 번의 주식투자에서 수익을 올렸다고 해서 이후로도
내내 수익을 올릴 수 있다는 보장은 누구에게도 없다.

대한 공부뿐 아니라 정치적 상황까지 꿰고 있어야 하는 것이다. 사회 경제적인 상황과 긴밀한 관계를 가지는 돈의 움직임을 읽지 않고서는 결코 자신이 원하는 수익을 낼 수 없기 때문이다.

주식을 하는 이유는 돈을 투자해 돈을 벌기 위해서다. 이는 돈을 벌기 위해 가게를 여는 것과 별반 다를 바 없어 보일 수도 있다. 돈을 투자해 돈을 벌고자 하는 목적은 같기 때문이다. 하지만 가게는 주식과 달리 돈으로 돈을 벌진 않는다. 가게를 차리기 위해 돈을 투자하는 과정도 있지만 정작 돈을 벌어들이는 건 가게를 운영하는 능력과 노동력이다. 같은 돈을 투자했을 경우, 자기 가게를 열어 돈을 번 사람은 주식투자로 돈을 번 사람보다 훨씬 많다. 그런데도 주식으로 돈을 번 사례가 우리의 귀를 훨씬 더 솔깃하게 민든다. 주식투자를 하는 95%가 손해를 보고 있으며 수익을 내는 투자자는 5%도 채 되지 않는다는 게 현실인데도 말이다.

도대체 주식투자의 어떤 점이 사람들을 현혹하는 것일까.

가장 주요한 요인은 첫째, 평범한 직장인들이 매달 받는 월급으로는 안정된 경제생활을 할 수 없다는 것이다. 수입은 한정돼 있지만 소소한 장바구니 비용부터 등록금, 병원비 등 굵직하게 나가야 할 돈은 많다. 이처럼 돈이 필요할 일이 많으면 당연히 돈을 버는 방법을 궁리하기 마련이다. 직장을 다니면서 다른 사업을 할 수 있는 여건도 아닌 데다 가게를 차리든 개인사업을 하든 철저히 준비해서 잘할 자신이 없다면 가만있는 게 상책일지도 모른다.

둘째, 주식투자는 적은 투자금으로 단기간에 큰 수익을 낼 수 있는 가능성이 있다. 주식투자로 이제껏 모아둔 돈을 한꺼번에 날리는 경우가 많고, 개미라 불리는 개인 투자자들은 대체로 돈을 잃는 쪽이지만 투자에 성공했을 땐 자신의 노동력으로 벌 수 있는 돈보다 훨씬 더 큰돈을 벌 수 있다는 희망이 불나방처럼 달려들게 만드는 것이다.

셋째, 주변 사람을 비롯해 누군가 주식으로 돈을 벌었다는 소식을 들을 때마다 '나도 해보면 어떨까?' 하는 관심이 절로 생기게 만드는

금융자본주의 사회에서 빠지기 쉬운 착각

주식도 심리 게임과 다를 바 없다.

일종의 '주변효과'가 작용한다. 나는 하루 종일 일하고 얼마를 벌었는데 누군가는 앉은자리에서 훨씬 더 큰돈을 벌었다는 이야기가 마치 영웅담처럼 떠도는데 솔깃하지 않을 수 있겠는가.

이런 요인들로 주식투자에 뛰어들지만, 대부분의 개미투자자들이 이득을 얻기보다 손해만 보는 건 정보력과 판단력 부족 때문이다. 정보화 사회답게 인터넷 여기저기에 정보는 다 개방돼 있지만 진짜 중요한 정보, 돈이 되고 힘이 되는 정보는 권력과 경제력이 있는 소수의 사람들만 가지고 있으며, 나머지 사람들이 그들을 따라잡는 건 거의 불가능에 가깝다. 제대로 된 판단력도 여유자금이 있을 때나 생기는 것이지 여기저기서 어렵게 돈을 끌어다 주식을 한 사람은 주가가 조금만 하향세를 보여도 가슴이 덜컹 내려앉으며 불안해지고 초조해진다.

하지만 개미투자자들의 현실이 어떻든 앞으로도 주식투자로 큰돈을 벌려고 하는 사람들은 계속 늘어날 것이다. 일정한 월급으로 안정된 경제생활을 할 수 있는 사회로 발전하지 않는 한, 위험을 감수하면서라도 투자할 사람은 계속 생길 수밖에 없다.

어차피 주식투자에 대한 관심을 버리지 못할 거라면 투자 전에 충분히 공부하고 최대한 많은 정보를 얻기 위해 시간을 쏟는 것이 좋다. 또한 주식투자에 대한 지나친 기대로 자신이 감당할 수 있는 몫 이상을 투자하지 않도록 욕심을 부려서도 안 된다.

남수 씨는 펀드를 했을 때보다 훨씬 적은 돈만 주식에 투자했기에 손해액이 그리 크지는 않았다. 하지만 펀드처럼 바로 손을 털 수가 없었다. 마치 도박처럼 한 번 돈을 잃고 나니 잃은 돈을 다시 되찾고 싶은 마음에 몸살이 날 지경이었다. 심지어 한 번의 실수가 좋은 스승이 됐다는 생각이 들면서 다시 하면 정말 많은 돈을 벌 수 있을 거라는 생각에서 벗어날 수가 없었다. 결국 그는 지은 씨에게 적금을 깨면 어떻겠냐고 넌지시 물었다. 그러나 지은 씨는 다짜고짜 남수 씨의 등짝을 세차게 때리곤 딱 한마디 했다.

"당신이 무슨 짓을 했는지 내가 모를 거 같아?"

금융자본주의 사회에서 빠지기 쉬운 착각

주식 시장이 상승할 때
돈을 빼야 한다

"주식 시장이 상승하면 주식에 투자하겠다고 덤벼들지 않아야 합니다. 영리하다면 주식 시장이 상승할 때는 시장에서 돈을 빼야 합니다. 계속해서 상승하지 않을 테니까요."

리처드 실라 Richard Sylla
미국 뉴욕대학교 금융사학과 교수
저서 : 『금리의 역사』

주식 시장은
조작이 가능하다

"주식 시장은 무너질 것 같지 않습니다. 아주 조작에 능합니다. 주식 시장
은 계속 유지될 수 있습니다. 한편으로 좋은 일입니다. 1929년 같은 또 다
른 대공황을 겪지는 않을 테니까요. 그땐 주식 시장이 붕괴됐죠. 하지만 지
금은 붕괴하기로 결정하지 않는 한 붕괴되지는 않을 겁니다. 대신 하루에
1,000포인트가 하락하는 경우도 있었어요. 순간적으로 말이죠. 왜냐하면
조작이 가능하니까요. 완전히 조작 가능한 시장의 문제는 공정하지 않다는
것입니다. 하지만 개인투자자들은 주식을 잃을 수도 있습니다. 조작하는 그
들은 무엇을 하는지 알겠지만 우리는 그들이 무엇을 하는지 모릅니다."

엘렌 브라운 Ellen Brown
미국 공공은행연구소 대표, 변호사
저서 : 『달러』

INTERVIEW

04
보험회사는
불안을 먹고 산다

　남수 씨는 펀드와 주식으로 손해를 본 후 미래에 대한 불안감이 더 강해졌다. 지금은 아이가 없어 크게 돈 들어갈 일은 없다. 부족하면 부족한 대로 허리띠를 졸라매고 살면 된다. 두 부부가 아직은 젊고 둘 다 돈을 벌고 있으니 약간의 위기쯤이야 충분히 극복할 수 있다. 하지만 앞으로 아이가 생기면 양육비부터 시작해 교육비까지, 들어가야 할 돈은 점점 많아질 것이다. 게다가 아내나 자신이나 언제까지 일을 할 수 있을지 알 수 없다. 이런 걱정은 곧 미래에 대한 불안감으로 이어졌다. 남수 씨는 당분간 펀드와 주식은 접고 위험이 닥쳤을 때를 대비해 보험을 몇 개 더 들어야겠다고 결심했다.

보험은 수익을 바라고 드는 상품은 아니다. 앞으로 닥칠 수 있는 위험을 조금이나마 방지하고자 마련하는 삶의 안전장치일 뿐이다. 그런데 보험도 펀드와 마찬가지로 몹시 많은 종류가 있는 데다 특정 보험을 선택했다 해도 그 약관이 너무 복잡하고 길어 완벽히 이해하는 데 어려움이 따른다.

남수 씨는 일단 지은 씨와 의논을 한 후 그들 가족에게 가장 필요한 보험의 유형부터 찾아보았다. 그러다 그들의 눈에 띈 것이 저축성 보험이다. 저축성 보험은 말 그대로 저축도 할 수 있으며 위험이 생겼을 때 보장도 받을 수 있는 것이다. '위험이 생기지 않을 수도 있다'고 생각하니 매달 나가는 보험료가 그냥 사라지는 게 아까워 견딜 수가 없었던 것이다. 그런데 예전에 재무설계사 일을 하다 지금은 남수 씨와 한 직장에 다니는 동료가 저축성 보험은 되도록 들지 말라고 귀띔해 주었다.

"왜?"

돌다리도 두드려본 다음에 건너겠다는 심정으로 물어본 것일 뿐 저축성 보험에 마음이 거의 기울어 있었던 남수 씨는 의아해서 물었다.

"저축성 보험이라는 게 뭐야. 보험에 들면서도 저축을 하겠다는 거 아니야? 그런데 꿩도 먹고 알도 먹을 수 있을 거라 생각하면 오산이야. 꿩은 꿩이고 알은 알이지. 두 가지가 결합된 상품은 각자의 장점이 합쳐지기보다 각자의 단점이 합쳐졌다고 보면 돼. 매달 10만 원을 20년 동안 납입해야 하는 저축성 보험에 들었다고 쳐. 그중 7만 원을 저축 보험료로 지불하겠지. 그럼 보험회사는 7만 원의 돈을 펀드에 투자해 수익을 얻어 그것을 20년 후에 되돌려 주지. 그런데 20년 후면 지금보다 물가는 올라 있을 거야. 게다가 그냥 저축을 했을 때는 떼지 않아도 될 사업비, 수수료 등의 비용도 나가게 되어 있지. 결국 저축성 보험에서 받는 저축금은 얼마 되지 않는다는 말이야. 저축을 할 거면 차라리 진짜 저축을 하는 게 좋아. 보험을 들 거면 꼭 필요한 보장이 되는 것으로 선택하는 게 좋고."

"그럼 어떤 보험을 선택하는 게 좋을까?"

남수 씨가 물었다.

"보험도 종류별로 장단점이 있지. 어떤 보험은 무조건 좋고, 어떤 보험은 무조건 나쁘다고 할 수는 없어. 사람마다 각기 다른 상황에 놓여 있고, 각자 중요하다고 생각하는 게 다르니까. 옷도 그렇잖아. 모든 사람에게 정장이 다 어울리지는 않아. 어떤 사람은 캐주얼이, 또 어떤 사람은 운동복이 어울리는 것처럼 보험도 각자의 사정에 맞는 걸 찾는 게 좋겠지. 하지만 기준점이라는 게 분명히 있기는 해. 그 기준점은 최소의 비용으로 최대의 보장을 받을 수 있는 것이야."

"최소의 비용으로 최대의 보장을 받을 수 있는 보험이라……. 이런 보험을 어떻게 알아낼 수 있는 거야? 전문가가 아닌 이상 이런 보험은 찾기 힘들지 않을까?"

"너도 알다시피 세상의 모든 상품이 그렇듯 판매자와 소비자의 이해관계는 늘 달라. 보험 상품도 마찬가지지. 고객의 입맛에 딱 맞게 무조건 유리하고 좋은 상품이라는 건 없어. 그래서 자신에게 필요한 상품이 무엇인지 파악하는 것이 제일 중요하다는 거야. 하지만 그 전에 꼭 알아야 하는 것이 있지. 보험은 크게 '정액보장 상품'과 '실손보장 상품'으로 구분되는데 이 둘을 정확하게 구분하고 있어야 해."

"어째서?"

"실손보장 상품은 여러 개를 가입해 봤자 고객이 받을 수 있는 돈은 정해져 있어. 실제 일어난 손실에 비례한 보상만 받기 때문이지. 예를 들면 병원비가 100만 원이 지출됐을 때 실손보장 상품을 한 개 가입해 두었든 세 개를 가입해 두었든 나오는 돈은 100만 원이라는 거야. 하지만 정액보장 상품은 여러 개의 상품에 가입해도 중복보상을 받을 수 있지. 만약 정액보장 상품을 3개 들었다면 각 100만 원씩, 총 300만 원을 받을 수 있는 거야. 그래서 보험 상품을 선택할 때 내가 드는 보험이 실손보장 상품인지부터 체크를 해야 해. 이미 하나를 들어놓았다면 더 이상 들 필요가 없으니까. 그래 봤자 받을 수 있는 보장이 달라지지 않으니까."

"아!"

남수 씨는 동료의 충고를 받아들여 저축성 보험은 들지 않기로

보장도 받고 만기환급도 되는 보험이 당신에게 유리할까?
기억하라. 보험은 재테크 수단이 아니다.

1억을 보장받는 정액보험 3개를 들었다면 세 군데에서 다 보상받을 수 있다.
1억을 보장받는 실손보험 3개를 들었다면 2개는 해약하라. 다 합해도 보장금은 1억이다.

약관을 꼭 살펴라. 차 타고 가다 다친 사고는 보장이 되는데
자전거 타고 가다 다친 사고는 보장이 안 될 수도 있다.

했다. 그리고 실손보장 상품은 딱 한 개만 들고 정액보장 상품은 그들 부부에게 필요한 걸 다시 찾기 시작했다. 그러다 보니 아무래도 여타의 광고나 홈쇼핑에서 보험 상품을 판매하는 것을 볼 때마다 절로 관심이 갔다. 그런데 이상한 일은 관심이 많아질수록 선택은 훨씬 어려워진다는 것이다. 대부분의 보험 회사들은 그들이 파는 상품은 모든 보장이 잘될 뿐 아니라 보장 혜택이 높다는 식으로 말하고 있었기 때문에 이 상품인가 싶으면 저 상품이 눈에 보이고, 저 상품인가 싶으면 또 다른 상품에 현혹되기도 했다.

그런 와중에도 몇 가지 상품을 골라 막상 상담을 받으면 광고나 홈쇼핑에서 들은 말과는 다른 말이 나오곤 했다. 심지어 재무설계사가 보여준 팸플릿에 기입된 약관은 굉장히 복잡하고 까다로워 도통 무엇이 중요하고 중요하지 않은지 골라낼 수가 없었다. 그나마 신경 쓰이는 부분이 있어 조금 더 깊게 물어보기라도 하면 재무설계사는 자신감 있는 표정을 짓고는 있었지만 남수 씨의 질문과는 전혀 상관없는 말을 길게 늘어놓기 시작했다. 그러자 동료의 충고가 생각났다.

"보험을 고를 땐 판매자의 말이나 광고의 문구에 의지하지 않는 게 좋아. 자기가 스스로 꼼꼼하게 약관을 살펴봐야 하는 거지. 대부분의 재무설계사들은 고객이 진짜 알아야 하는 중요한 사실은 말해주지 않거든. 보험 약관에서도 진짜 중요한 사실은 잘 보이지 않는 곳에 작은 글씨로 써놓아. 그러니까 약관을 읽을 땐 세세한 부분까지

다 따져가며 읽어야 해. 보험은 한 번 들면 기본이 10년, 20년이잖아. 그리고 그렇게 오랜 시간 납입금을 부어도 정말 좋은 보험인지 아닌지는 위험이 닥쳤을 때에만 알 수 있는 경우도 많고. 위험이 닥친 후엔 보험회사 측이 약관을 들먹이며 내가 생각한 보험금보다 훨씬 적은 돈을 지불하거나 아예 지불하지 않는 경우도 있어.

보험은 문제가 있는 걸 알아채고 반품할 수 있는 다른 상품들과는 달리 반품 자체가 불가능하다는 사실을 잊지 마. 물론 중도에 해약할 수는 있지. 하지만 만기일 전에 해약하면 지금까지 납입한 금액을 아예 돌려받지 못하거나 돌려받더라도 총 납입금의 10%, 20% 정도 수준인 경우도 허다하니까 어떤 식으로든 피해를 볼 수밖에 없어. 그러니까 보험은 시간이 많이 들고 귀찮더라도 가입할 때 세세한 부분까지 신경을 써야 하는 거지."

남수 씨는 재무설계사를 찾는 일부터 동료의 도움을 받기로 했다. 처음부터 동료에게 부탁하지 않았던 것은 좋은 재무설계사를 찾기 위해서 되도록 많은 재무설계사를 만나 그들의 말을 들어보고 직접 선택하고 싶어서였다. 보험 가입 시 보험 상품을 스스로 꼼꼼하게 체크하는 것도 중요하지만, 그만큼이나 중요한 건 자신의 분야에서 꾸준히 전문적으로 일하고 있는 재무설계사를 선택하는 거라 생각했다. 그런데 FC, FP 등 이름도 다양한 재무설계사를 대여섯 명 가까이 만났지만 누구 하나 믿음이 가지 않았다. 결국 동료가 이전에 그 일을 한 적이 있으니 알고 있는 재무설계사도 많을 거라는 생각에 소개를 부탁했다.

동료가 소개해준 재무설계사는 자신의 일에 자부심을 가지고 있으면서도 과장되게 말하는 스타일이 아니었다. 그래서 믿음이 갔다. 그렇지만 남수 씨는 긴장감을 늦추지 않았다. 어쨌든 매달 보험료를 납입해야 하는 것은 그가 아니라 남수 씨 자신인 것이다. 아무리 좋은 재무설계사라 해도 그 역시 보험 상품을 팔아 수당을 받는 입장이라는 사실에는 변함이 없다. 당연히 이왕이면 더 높은 수당을 받을 수 있는 상품을 권하는 게 사람 마음일 것이다.

"사실 우리 사회가 노후를 보장하는 사회는 아니잖아요. 그래서 개인이 노후를 준비할 수밖에 없는데, 그나마 가장 확실한 방법은 연금보험에 가입해두는 거죠. 연금보험은 한 살이라도 젊을 때 가입하는 것이 유리해요. 연금보험은 보험료를 내는 기간과 연금을 받을 수 있는 기간으로 나뉩니다. 아무래도 보험료를 내는 기간이 길면 연금지급액을 결정하는 연금준비금이 복리로 늘어날 가능성이 높죠. 그래서 더 많은 연금액을 받을 수 있는 겁니다. 연금보험은 더 늦기 전에 드는 게 좋아요. 마침 이번에 새로 나온 연금보험은 세금 우대도 있는 데다 복리 효과도 높아 그만큼 배당금이 많이 나와요."

연금보험은 한 살이라도 어릴 때 드는 것이 좋다는 말은 다른 재무

금융자본주의 사회에서 빠지기 쉬운 착각

설계사들에게도 귀가 아프게 들었다. 그리고 세금 우대와 복리 효과도 꼭 하는 말 중 하나였다.

하지만 남수 씨는 세금 우대가 자신에게 그다지 유리하지 않다는 것을 이미 알고 있었다. 세금 우대는 연봉이 높은 사람들에게나 유리하다. 소득이 높을수록 절세 효과가 크기 때문이다. 남수 씨처럼 별로 연봉이 높지 않은 경우엔 세금 우대를 받아봤자 얼마 되지 않기 때문에 그것을 장점이라 생각하고 세금 우대 혜택을 받을 수 있는 연금을 선택할 필요는 없었다.

그리고 복리 효과도 마찬가지였다. 복리 효과란 매년 신규로 발생되는 이자가 원금에 반영되어 다시 추가로 이자를 발생시키는 것을 말한다. 따라서 납입기간이 길고 납입금액이 높으면 복리 효과로 받을 수 있는 금액도 더 커지기 마련이다. 하지만 남수 씨는 납입금이 높은 상품을 선택할 만한 여유가 없었다. 최소한의 비용으로 연금상품에 가입해야 하는 상황에서 설혹 복리이자가 붙어 조금 더 많은 돈을 받는다 해도 수십 년 후 연금을 받는 날이 왔을 때의 물가상승률을 따진다면 실질적으로 큰 도움이 되는 것은 아니다.

그럼에도 불구하고 남수 씨는 재무설계사가 권하는 대로 자신과 아내의 연금보험을 하나씩 들었다. 물론 그전에 재무설계사에게 충분히 자세한 설명을 들었고 본인 스스로도 약관을 꼼꼼히 따져보긴 했다. 그리고 자신이나 아내가 내기로 한 납입금이 그다지 많지 않기

변액연금으로 한 달에 20만 원을 내면

그중 위험보험료를 먼저 떼고

사업비, 수수료 등의 부가보험료를 뗀 뒤

나머지 88~95%를 저축보험료로 떼서 투자한다.

그러고 나서 펀드 투자에 수익이 나면

10년, 20년 후 연금 형태로 돌려준다.

금융자본주의 사회에서 빠지기 쉬운 착각

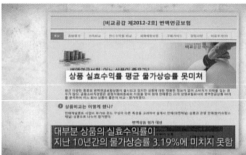

한동안 잘나가던 변액연금의 판매가 왜 주춤한 걸까.
실효수익이 물가상승 대비 낮다면 다시 생각해봐야 한다.

에 나중에 받을 수 있는 연금도 그다지 높지 않다는 것을 알았지만 어쨌든 노후를 대비해 아무것도 준비하지 않는 것보다는 훨씬 낫다는 생각을 했다. 그리고 확실히 불안했던 마음이 한결 편안해지기도 했다. 어쨌든 미래를 위해 무언가를 준비하고 있다는 생각이 들어서였다.

그렇게 심혈을 기울였는데도 불구하고 그로부터 6개월쯤 지나자, 남수 씨는 자동이체로 얼마의 보험료가 빠져나간다는 사실만 인지하고 있을 뿐 그들이 든 보험의 보장 내용이 무엇이었는지는 잘 기억이 나지 않았다. 게다가 잘 보관하겠다고 둔 보험증서나 약관도 어디에 두었는지 도통 생각나지 않았다. 그러다 보니 텔레비전 광고나 홈쇼핑에서 파는 보험 상품을 보거나 다른 재무설계사를 만나면 또 보험을 들어야 하는 것은 아닌지, 자신이 든 보험이 제대로 된 보험인지 등에 대한 불안감이 생기곤 했다. 그런데 이런 불안감은 남수 씨가 특히 귀가 얇거나 다른 사람에 비해 심성이 약해서 생기는 것은 아니었다.

이는 우리 사회가 의료복지, 연금복지 같은 복지 제도가 제대로 마련돼 있지 않기 때문이다. 적어도 인간은 한 사회의 구성원으로서 돈이 없어 병을 치료하지 못하거나 죽는 일은 없어야 하며, 더 이상 노동할 힘이 없을 때도 생계를 이어나가기 힘든 일은 없어야 한다. 하지만 이건 어디까지나 도덕 책에나 나올 법한 고루한 이야기가 되어 버렸다. 복지의 당위성과는 무관하게 현실은 가난한 사람들에게 몹시 가혹하다 못해 더 이상 이 세상에서 살아갈 수 없게 벼랑 끝으로 내몰고 있다.

2014년 현재 기준으로 한국은 OECD 국가 중에서 자살률이 높은 나라 1위에서 9년간 내려온 적이 없다. 2010년 통계로 한 해 동안 1만 5천여 명에 달하는 사람들이 자살했으며 10만 명당 자살률은 33.5명에 달한다. OECD 국가의 평균 자살률이 12.9명인 것을 생각한다면 거의 2.5배에 달하는 수준이다. 자살한 이유는 우울증, 스트레스, 경제적 문제, 질병 등 저마다 다르지만 공통점을 찾아보면 우리 사회에서 사는 게 행복하지 않았다는 점일 것이다.

특히 노인들의 자살률은 그냥 1위를 넘어서 압도적인 1위를 자랑

금융자본주의 사회에서 빠지기 쉬운 착각

한다. OECD 국가의 65세 이상 노인의 평균 자살률과 비교하면 4배에 이른다. 2011년 사망원인통계에 의하면 우리나라의 65세 이상 노인 10만 명당 79.7명이 자살했다. 노인들의 자살률이 높은 건 노인복지와도 밀접한 관계가 있다. 우리나라 고령층의 소득은 2012년 기준 OECD 30개국 중 29위로 꼴찌 수준이다. 노인 빈곤율은 45.1%로 OECD 국가 평균의 3배가 넘는다. 부모에게 물려받을 재산이 없고 딱히 노후대비책이 없다면 45.1% 안에 들어간다는 얘기다. 게다가 노후소득보장 제도도 미흡하다. 같은 해 국민연금, 공무원연금 등 공적연금을 받은 노인은 31.8%에 불과했다.

심지어 우리나라의 노인들은 그 어느 나라의 노인들보다 경제활동 참가율도 높게 나와 있다. 65세 이상 노인의 경제활동 참가율은 2위이며, 70~74세 노인의 경제활동 참가율은 1위다. 이는 LG경제연구원 통계청의 가계금융복지조사에서 '대한민국, 은퇴하기 어렵다'는 보고 자료가 나올 수밖에 없는 현실을 보여주는 결과이기도 하다. 프랑스 노인의 공적연금 소득이 86.7%, 근로소득 비중이 6.4%인 것과 비교된다.

우리는 나이가 들어서도 일을 해야 한다. 국민연금 제도가 있지만 20년 동안 월 18만 원을 내봤자 받을 수 있는 돈은 월 59만 원 남짓에 불과하다. 국민연금에 가입하지 못했던 노인들은 월 20만 원가량의 기초연금만 받게 된다. 한 달을 버티기엔 터무니없이 부족한 금액이다. 한겨울엔 난방비만 20만 원에 달하는 현실에서 이 같은 연금액이 어떻게 실질적인 도움이 될 수 있겠는가.

이처럼 노후복지 제도가 제대로 마련돼 있지 않은 사회에서 미래를 준비하는 책임은 오로지 개개인의 능력과 계획에만 맡겨져 있는 상황이다. 지금 준비하지 않으면 노후에 고통스러운 삶을 살게 되어 있다는 재무설계사들의 말에는 연금보험을 권장하기 위해 사람의 불안감을 자극시키려는 의도가 숨어 있지만, 어쨌든 그들이 진실을 말하고 있는 것만은 분명하다. 개인이 어떤 준비도 하지 않을 경우에 노후를 기다리는 건 가혹한 빈곤일 뿐일 테니까.

남수 씨는 이러한 이유로 무리가 따르더라도 연금보험만큼은 꼭 들어야 했다. 보험회사들이 고객들에게 제대로 된 약관을 알리려 하지 않고, 보장은 과장되게 설명하며, 불안감을 자극하고, 공포감을 조성한다는 것을 뻔히 알면서도 그가 할 수 있는 일이란 연금보험에 가입해 조금이라도 노후 준비를 하는 것이었다. 연금보험에 가입한 날 그는 아내 지은 씨에게 이렇게 말했다.

"그래도 다행이지. 당신과 내가 둘 다 일하니 그나마 연금보험이라도 들 수 있는 거잖아."

보편적 복지 방식으로
바꿔야 한다

"지금 우리나라 국민은 각종 의료보험을 사적으로 내고 있습니다. 의료보험 중에 커버가 안 되는 것이 많기 때문에 개인이 추가로 드는 보험이 많죠. 그래서 지금 가구당 평균 월 29만 원씩 내고 있어요. 놀라운 숫자죠. 월 29만 원이라는 돈을 개인이 불안해서 냅니다. 내가 혹시 큰 병 걸릴지도 모르는데 이런 걱정을 하면서요. 그런데 막상 또 큰 병에 걸리면 다 보장받지도 못합니다. 광고에서는 보장성이 높다고 하지만 실제로 복잡한 약관을 살펴보면 어느 구석에 어떤 조항이 걸려 못 받는 경우도 많이 생깁니다. 개개인이 사적 의료보험에 큰돈을 들이면서도 보장은 제대로 받지 못하는 것보다는 보편적 복지 방식으로 의료 방식을 바꾸는 게 차라리 낫죠. 29만 원을 세금으로 내면 거의 무상 의료가 가능한 수준이 됩니다. 그러면 어떤 큰 병에 걸리거나 사고를 당해 다치더라도 전액 무료로 치료할 수 있습니다. 의료보험 체계를 조금만 바꿔도 우리는 의료복지 사회가 될 수 있는 거죠."

이정우
경북대학교 경제통상학부 교수
저서 : 『불평등의 경제학』

복지는 민주주주의에 있어서
피할 수 없는 요인이다

"복지 시스템은 사회주의나 공산주의라고 비난받기도 해요. 분배의 문제니까요. 하지만 복지는 민주주의에 있어서 피할 수 없는 요인이라고 생각해요. 복지에 대해 아무 말도 없는 민주주의는 없을 거예요. 『국부론』의 저자 아담 스미스는 개인의 복지가 국가의 공적인 책임이라고 주장해요. 그가 말하는 국가의 부는 국민들의 부와 안녕, 행복을 말해요. 스미스에게 중요한 건 개개인이 더 나은 환경에서 사는 거였죠."

크리스토퍼 베리 Christopher Barry
글래스고대학교 정치학과 교수

05
내 삶의 불확실성은
국가가 책임지지 않는다

"종신보험까지?"

지은 씨는 깜짝 놀라 자신도 모르게 소리를 높이고 말했다.

실비보험, 암보험에다 몇 달 전 연금보험까지 가입한 것을 합하면 이미 각자 보험만 3개나 들어 있는 상황이었다. 그런데 부부가 오랜만에 집에서 영화를 보고 난 후 남수 씨는 살짝 망설이다 종신보험에 가입해야겠다고 말했다. 사실 지은 씨는 남수 씨가 종신보험 이야기를 왜 꺼내는지 그 이유를 짐작하긴 했다. 그들이 본 영화는 2007년에 마이클 무어 감독이 만든 다큐멘터리 영화 〈식코〉였다.

〈식코〉는 미국 의료보장 제도의 실태를 적나라하게 비판하며 그로 인해 얼마나 많은 사람들이 고통을 받고 있는지 보여주었다. 엄청나게 비싼 병원비 때문에 아파도 치료를 받지 못하는 사람들, 병원비를 감당하기 위해 집을 팔고 극빈자로 전락한 사람들, 보험을 들었는데 상상도 못할 정도로 비싼 보험료로 인해 빚을 지는 사람들을 보는 내내 남수 씨는 같은 말을 중얼거렸다.

"남 일 같지가 않아, 남의 일이 아니야."

그러고선 우리도 미국처럼 돼가고 있다고 덧붙였다.

우리나라의 의료보험 제도는 미국에 비해서는 잘 되어 있는 편이다. 국제 노인인권단체가 91개국의 노인복지 수준을 소득, 건강, 고용, 사회적 자립 등 네 가지로 평가한 바에 따르면 한국은 소득이 90위인 반면 건강은 8위를 차지한 것도 의료보험 제도 덕분일 것이다. 하지만 의료보험마저 민영화가 돼버린다면, 〈식코〉에 나온 노동자가 부족한 병원비 때문에 잘린 다섯 손가락 중 두 손가락만 붙일 수 있었던 비극적 경험을 우리가 하게 될지도 모른다.

미국은 전 국민 의료보험이 없는 나라다. 따라서 사람들은 민영 의료보험에 가입해야 하는데, 가입조건은 까다롭고 보험료는 비싸다. 게다가 의료보험에 가입해도 혜택은 별로 없어 치료비 지불이 안 되는 경우가 허다하다. 그러다 보니 의료비 지출은 세계 최대인데 의료 서비스 이용률이나 만족도는 형편없이 낮은 실정이다. 그런데도

금융자본주의 사회에서 빠지기 쉬운 착각

우리 정부는 미국처럼 의료보험을 민영화하려는 움직임을 보이고 있다. 정부에서는 의료보험 민영화가 아니라 의료 민영화를 할 뿐이라고 하지만 의료 민영화는 의료보험 민영화를 위한 기반이 될 수 있다는 것이 남수 씨의 생각이다.

현재 우리나라 대부분의 병원은 비영리 단체다. 영리를 추구하지 못하도록 법으로 막고 있기 때문이다. 이를테면 의료 서비스로 벌어들인 돈은 다른 곳에 쓰지 못하고 의료 서비스에 재투자하게 되어 있다. 하지만 민영화가 될 경우에 대학이 돈벌이에 맛을 들여 슬금슬금 등록금을 올리는 것처럼 병원도 돈을 버는 데만 혈안이 될 확률이 높아진다. 이는 곧 대규모 자본이 투자된 영리병원이 우후죽순처럼 생기는 것을 의미하며, 실력 있는 의사들은 고액의 연봉을 받을 수 있는 영리병원으로 갈 가능성이 그만큼 높아진다. 당연히 개인병원은 거대 자본이 투자되어 서비스의 질을 높인 영리병원과의 경쟁에서 살아남을 수 없다. 동네 곳곳에 있는 병원들은 문을 닫는 사태가 발생할 것이다. 이는 곧 대형병원의 독점으로 이어진다.

어떤 분야든지 간에 독점이 무서운 이유는 물건이나 서비스에 사람들이 지불해야 하는 비용이 높아지기 때문이다. 거대 영리병원이 독식을 하게 되면 사람들은, 서비스를 높여서 비용을 올린 것이라고 주장하는 영리병원에 가 울며 겨자 먹기로 비싼 병원비를 지불해야 할 것이다.

골목마다 거대 자본 슈퍼마켓이 들어선 후부터 동네 슈퍼들이 문 닫기 시작했다.
의료 민영화도 같은 수순을 밟게 될 것이다.

돈을 벌 목적의 거대 자본이 투자될 여지를 주는 의료 민영화는 병원의 서열화, 의료 이용의 양극화, 계층적 불평등을 유발하는 것으로 끝나지 않는다. 영리병원이 민간 보험사와 직접, 간접적으로 관계를 맺을 경우엔 결과적으로 의료재정 체계가 국민건강보험에서 민간의료보험으로 바뀔 가능성이 높기 때문이다. 이렇게 되면 미국의 의료보험처럼 가입된 보험회사에 따라 선택할 수 있는 병원이 달라져 실컷 보험료를 내고도 의료보험 혜택을 받지 못하는 상황이 발생할 수 있다. 게다가 국민의료보험료뿐만 아니라 민간보험료, 둘 다 내야 하는 이중 부담을 질 수도 있다.

정말 무서운 일은 의료 민영화가 의료보험 민영화로 가는 중간 단계라는 점이다. 의료보험 민영화까지 이뤄지면 상위 20%를 제외한 대다수의 국민들은 미국의 국민들처럼 치료비가 많이 드는 병에 걸리는 건 파산을 의미하는 사회에서 살게 될 수밖에 없다.

지금 당장은 의료 민영화를 반대하는 사람들의 목소리 때문에 의료 민영화를 하겠다고 나섰던 정부의 목소리가 슬그머니 들어가 버렸지만 의료 민영화를 원하는 기업의 물밑작업과 정치인들의 이해관계에 따라 또 언제 수면 위로 떠오를지 알 수 없다.

남수 씨는 의료 민영화가 돼서는 안 된다는 입장이지만 자신의 주장과는 별도로 언젠가 그렇게 돼버리는 것은 아닌지, 늘 걱정이었다. 그런 상황에서 영화 〈식코〉까지 보고 나니 지병처럼 숨어 있던 불안감이 또 번쩍 고개를 들었다. 만약 가장인 내가 죽기라도 하면 우리 아내는 어떻게 살지? 나중에 아이가 태어나면 그 아이까지 데리고 어떻게 생활을 하지? 나도 없는데 아프기라도 하면 병원비는 어떻게 감당하지? 병원비도 비싸질 텐데 혼자 모든 걸 감당해야 된다면? 결국 남수 씨는 자신이 가족을 돌봐주지 못할 때를 대비해 종신보험에 가입해야겠다는 생각이 든 것이다.

종신보험은 말 그대로 목숨이 다할 때까지 받는 보장이다. 하지만 가입자가 살아 있는 동안엔 어떤 보장도 받을 수 없다. 보험에 가입한 당사자가 죽은 후에야 그 가족들이 받는 보험이기 때문이다. 병에 걸려야 보장을 받을 수 있는 실손보험과는 달리 종신보험은 누구나 다 한 번은 보장을 받을 날이 오기는 한다. 어쨌든 사람은 한 번은 죽

종신보험의 첫째 목적은 유족의 생활보장이다. 형편에 따라 신중을 기해야겠지만
월 소득의 3% 내에서 가입할 것을 권하는 전문가가 많다.

는 것이고 자살까지 보장해주는 경우도 많으니까 암이나 사고처럼
복불복은 아닌 것이다.

　가족의 생계를 책임지는 가장이 죽으면 남은 가족들은 죽음에 대
한 슬픔뿐 아니라 경제적인 고통까지 겪게 된다. 그러니 남겨진 가족
들의 경제적인 고통을 덜어주고 싶은 가장은 종신보험을 하나쯤 가
입해두는 것이 좋지 않을까, 생각한다. 하지만 종신보험은 다른 보험
에 비해서 꽤 고액의 돈을 납입해야 한다. 살아 있는 동안도 아니고
죽고 나서야 받을 수 있는 보장이지만 15년에서 20년 가까이, 적어

금융자본주의 사회에서 빠지기 쉬운 착각

종신보험 가입 후 5년 이내에 해약하는 사람이 50%에 육박한다고 한다. 가입할 때
일시 납입중지, 중도 인출 등의 기능이 있는지 잘 살펴보고 활용하면 좋다.

도 매달 10만 원 이상을 꼬박꼬박 지불해야 하는 것이다.

남수 씨는 종신보험까지 들면 가계형편상 약간의 부담이 따른다는 것을 알지만 그래도 가장으로서 자신이 죽은 후까지도 책임지고 싶다는 생각을 하고 진지하게 말했던 것이다. 그런데 지은 씨는 "말도 안 돼. 그럴 돈이 어디 있어? 그리고 당신이 왜 죽어?"라며 일축해 버렸다.

사실 지은 씨는 종신보험 때문에 속이 상했던 기억이 있다.

처녀 시절에 고향에 계신 엄마에게 생활비 명목으로 매달 20만 원

씩을 드렸다. 그런데 엄마는 그 돈 중 15만 원을 지은 씨의 보험료로 지불하고 있었던 것이다. 엄마에겐 남편과 사별한 뒤 재무설계사 일을 하고 있는 사촌이 있었다. 그 사촌은 엄마에게 종신보험은 무조건 하나쯤 들어야 한다고, 그리고 보험은 조금이라도 젊을 때 드는 것이 좋다고, 온갖 말로 유혹했다. 엄마는 사촌의 말대로 누구나 다 드는 보험이면 우리 딸도 하나 들어줘야겠다는 생각과 함께 이왕이면 딱한 처지에 놓인 사촌에게 보험을 드는 게 좋겠다는 생각으로 덜컥 종신보험에 가입하고 말았다. 그리고 딸이 준 용돈을 고스란히 종신보험료로 부은 것이다.

지은 씨는 그 사실을 2년이나 지나서야 알게 되었다. 시집살이를 독하게 하느라 자신에게 투자하지 못하고 산 엄마에게 이제는 모셔야 하는 시부모님도 없고 보살펴야 하는 아이들도 없으니 자신을 위해서도 좀 쓰시라고 드린 용돈이었다. 그런데 엄마가 늘 화장기 없는 얼굴에 똑같은 옷만 입고 있기에 꼬치꼬치 캐물어서야 용돈이 종신보험료로 들어간 사실을 안 것이다.

지은 씨는 어이가 없었다. 당시 자신은 싱글이었으니 부양해야 할 가족도 없었다. 그런데 종신보험이라니. 그 길로 보험회사를 찾아가 해지해버렸다. 보험을 해약하면 얼마간의 손해를 볼 거라 각오를 했는데도 지은 씨는 정말 가슴이 쓰라렸다.

그제야 알게 된 사실이지만 가입을 한 후 2년 안에 해약할 경우엔

금융자본주의 사회에서 빠지기 쉬운 착각

보험에 들면 수수료와 사업비를 먼저 떼어가기 때문에
초기에 계약 해지를 하면 환급이 안 되는 경우가 대부분이다.

해약환급금을 거의 받을 수 없는 보험이 꽤 많았다. 해약환급금은 보험계약이 해지됐을 경우에 계약자에게 환급되는 금액을 말한다. 그런데 이 해약환급금이 납입한 보험료보다 아주 적거나 아예 없는 이유가 있다. 보험사에서 보험 시스템을 유지하는 데 드는 각종 사업비를 납입한 보험료에서 가져가기 때문이다. 또한 보험사는 가입한 지 얼마 안 되는 고객이 보험을 해약할 경우엔 해지손실이 발생한다는 이유로 가입 초기에 사업비를 선취하고 있기도 하다. 그러니까 단기간에 보험계약을 해지할 경우엔 고객이 어떤 식으로든 손해를 볼 수밖에 없는 구조다.

지은 씨는 그런 경험이 있기 때문에 보험료를 납입할 자신이 없다면 아예 보험에 들어서는 안 되겠다는 생각을 가지고 있었다. 중간에 해약을 해버리면 원금까지도 고스란히 잃어버릴 수 있으니 자신들의 경제 수준에 적합한 보험만 가입하는 게 좋지 않겠냐고 남수 씨에게 자신의 의견을 말했다.

"세상이 점점 살기 좋아진다면 나도 종신보험까지 들 생각은 안 하지. 하지만 〈식코〉에서 봤던 것처럼 앞으로 돈이 없으면 병원 가기는 더 힘들어질 거고, 생활은 더 팍팍해지겠지. 그런데 만약 당신 혼자만 남게 되었다고 생각해봐. 얼마나 절망적이야. 돈이라도 있으면 그나마 견딜 수 있을 텐데. 그리고 종신보험이라고 해서 무조건 죽을 때만 돈을 받을 수 있는 것도 아니야. 다른 보험에서 보장받지 못하거나 취약한 부분을 특약으로 넣으면 되지."

"알고 있어. 수술비나 암 특약을 넣기도 하겠지. 하지만 우린 이미 그런 보험에 가입돼 있잖아. 생활비가 넉넉하면 종신보험료를 지불하면서 여러 특약에 가입하는 것도 나쁘진 않아. 그리고 다른 보험에 가입하기 전에 종신보험을 먼저 고려했다면 몰라도, 지금 우리가 최소한의 보험을 들어놓은 상태에서 또 이중, 삼중으로 보험료를 지출하자니 계산이 안 나오잖아."

남수 씨는 아내의 말에도 쉽게 설득되지 않았다. 미래에 대한 불안감이 고개를 들기 시작한 이후로 믿을 건 보험밖에 없다는 생각에서 벗어날 수가 없었다. 만약 불의의 사고로 내가 죽기라도 하면 내 가족들은 어떻게 되는 거야? 연금보험이나 저축만 가지고는 도무지 안심이 되지 않았다.

게다가 남수 씨 아버지의 경우 매달 70만 원을 받을 수 있는 연금보험에 들었었는데 막상 보험료는 60만 원에 못 미치게 나왔던 사례

금융자본주의 사회에서 빠지기 쉬운 착각

보험은 재테크 수단이 아니다

노후자금으로 얼마가 필요하다는 등 불안을 자극하는 것이 보험 회사의 마케팅 방법이다.

가 있었기에 연금보험을 더욱 믿을 수 없었다.

"차라리 적금이 낫다니까."

지은 씨는 둘 중 하나가 죽을 수도 있다는 생각 같은 건 아예 하지 말자고 했다. 정 불안하면 이자는 약하지만 위험부담이 없는 적금을 들자는 의견을 굽히지 않았다. 그들은 그렇게 한동안 설전을 벌였지만 합의점을 찾아내지는 못했다.

사실, 그들의 미래를 위해 어떤 결정이 더 바람직한지는 알기 어렵다. 아직 일어나지 않은 미래를 준비한답시고 없는 살림에 허리띠를 졸라매 종신보험을 들었다 쳐도 언제 어떤 일로 해약하게 될지 모를 일이다. 중간에 해약하면 오히려 더 큰 손해로 돌아오고, 해약하지 않을 경우엔 경제 상황 악화로 매달 납입할 돈 때문에 허덕일

위험에 놓인다. 그렇다고 적금을 들자니 목돈이 모이기도 전에 돌발적인 상황이나 위기가 생겼을 경우엔 크게 도움이 되지 않는다.

결국 남수 씨는 이렇게 한탄하고 말았다.

"보험 대신 걱정인형이나 하나 사둬야겠다."

금융자본주의 사회에서 빠지기 쉬운 착각

한국은 불안한 사회여서
재테크가 필요하다

"북유럽 국가들은 교육이 대학까지 무료죠. 의료, 보육, 이런 것이 공짜입니다. 공짜니까 탈상품이죠. 상품에서 벗어난 사회입니다. 탈상품 사회니까 목돈이 별로 필요가 없습니다. 그래서 재테크의 필요성을 별로 느끼지 않는 겁니다. 한국은 불안한 사회니까 목돈이 언제 어디서 필요할지 모르거든요. 그러니까 재테크가 필요해지는 사회고요. 북유럽은 안심 사회이고 이쪽은 불안 사회이고 그 차이입니다."

이정우
경북대학교 경제통상학부 교수
저서 : 『불평등의 경제학』

복지가 사적인 저축보다
효율적이다

"복지와 사회보험 제도는 여러 위험 요소가 있는 사적인 저축보다 더 효율적이에요. 중국인들은 세계 경제가 균형을 잡을 수 있을 만큼 충분히 소비하지 않아요. 왜냐하면 중국에는 사회안전망이 없거든요. 바로 이게 정부가 할 일들이에요. 자유시장에서는 모두 각자 자신의 비용을 지불하고 스스로 저축해야 한다고 말해요. 하지만 개인의 복지를 각자의 저축에 의지하면 공동 출자하는 것보다 비용이 더 들어요. 복지 시스템을 위해서는 정부에 세금을 내야 하지만 당신은 복지 국가에 살 수 있죠. 40~45% 세율을 가진 나라라면, 좋은 복지 시스템이 있을 거예요. 이건 나라마다 아주 다르죠. 신자유주의자들은 빠르게 성장하는 나라는 세율이 낮다고 하지만, 사실이 아니에요. 세금과 경제성장은 상관관계가 없어요. 스칸디나비아 국가들은 항상 높은 세율을 갖고 있었지만 이 나라들은 지금 아주 부유하지요. 홍콩은 세율이 낮아요. 근데 역시 부유하죠. 여기엔 일반적인 규칙이 없어요."

로버트 스키델스키|Robert Skidelsky
워릭대학교 정치경제학 명예교수, 영국 상원의원
저서 :『존 메이너드 케인스』

06
내 집 마련을 일생의 목표로 둘 것인가

"전세금을 3천만 원 올리려다가 그냥 월세로 10만 원을 더 받기로 했으니까 다음 달엔 월세를 달라"는 집주인의 전화를 받고 지은 씨는 한참을 투덜거렸다. 돈도 돈이지만 집주인의 자세가 여간 고압적인 것이 아니었다.

"남들 다 올리는 집값을 내가 무슨 수로 그냥 내버려둘 수 있겠어. 그래도 젊은 사람들이 갑자기 목돈을 구하기 힘들 테니 당신들 생각해서 월세로 10만 원을 받기로 한 거야. 그리고 요즘 다 월세 받으려고 전세 계약이 끝나면 이사 내보낸다더라고. 그래도 나는 그런 집주인은 아니야."

무조건 군소리 없이 따라야 한다는 명령조의 말투나 이쪽에서 항의할 여지조차 주지 않고 공격적으로 쏟아붓는 말들이 기분을 확 상하게 했다.

"우리도 생애최초 주택구입자금 대출을 받아보는 건 어때?"

결국 지은 씨는 남수 씨에게 진지하게 제안했다.

"그렇게까지 할 필요가 있을까?"

남수 씨는 굳이 집을 구입할 필요가 있을지 되물었다. 자기 집 갖겠다고 한껏 대출을 받아 평생 빚만 갚으며 살고 싶지는 않았다. 게다가 이미 오를 대로 오른 아파트 가격은 이제 내려갈 일만 남아 있는 것 같았다. 가족이 거주할 집을 재테크로까지 생각하고 싶지는 않지만 적어도 손해 보는 장사는 하고 싶지 않았다. 그리고 집주인이 다음 계약 때 또 올려달라고 하면 그때 이사를 가면 되지 않겠냐고, 아내를 설득했다.

"요즘 전세 구하기 얼마나 힘든데. 다 월세로 전환하고 있는 추세란 말이야. 할 수 있으면 반월세라도 하려고 하지. 그나마 이 집주인이 월세로 못 바꾸는 건 우리한테 내줄 목돈이 없어서 그러는 거지. 만약 전세금을 내줄 수 있다면 계약도 끝났으니 우리더러 나가라고 할걸. 목돈을 넣고 은행이자를 받는 것보다 월세를 받는 게 훨씬 유리하니까."

사실 지은 씨의 말은 일리가 있었다. 요즘 대부분의 전세가 월세로

금융자본주의 사회에서 빠지기 쉬운 착각

전환되고 있는 데다, 앞으론 전세를 구하는 게 하늘의 별따기처럼 어려운 일이 될 것이다. 그렇다고 매달 월세를 내자니 보험금 지출로도 허리가 휠 지경인 그들 부부로서는 여간 난감한 일이 아니었다.

"마침 생애최초 주택구입자금 대출제도도 생겼다고. 이용해보는 건 어때?"

"그래 봤자 그것도 빚이야."

"그래도 생애 최초로 주택을 구입하는 무주택 가구에 대해 연 3.3%의 낮은 금리로 최고 2억 원까지 대출을 해준다잖아. 대출기간 도 10년, 15년, 20년, 30년 중에서 선택할 수 있고. 균등분할상환이라 한꺼번에 목돈이 들어갈 일도 없고. 이때가 아니면 우리가 어떻게 이렇게 싼 이자에 대출을 받을 수 있겠어? 생활비를 조금만 더 절약하면 충분히 갚아나갈 수 있어. 집주인에게 이 소리 저 소리 들을 일도 없고. 계약 때마다 전세금을 올리면 어떡하나, 월세를 달라고 하면 어떡하나 마음 졸일 이유도 없고 말이야. 그냥 이참에 사버리자."

지은 씨는 월세를 집주인에게 주느니 차라리 은행에 주는 게 속 편하다고도 했다. 어쨌든 은행은 매달 대출이자만 잘 내면 집주인 노릇은 하지 않는다는 게 그녀의 생각이었다. 하지만 남수 씨는 지은 씨와 달리 생애최초 주택구입자금 대출을 그다지 좋은 기회라고 생각지 않았다.

아무리 이자가 적어도 빚은 빚이었다. 그리고 그 빚은 그들 부부가 고스란히 갚아나가야 하는 것이다. 빚을 갚다 보면 언젠가 온전히 그들의 집이 되긴 힐 것이다. 하지만 사는 내내 빚과 이자를 갚아야 하는 일 자체가 부담스럽기만 했다. 게다가 그는 2008년 미국에서 발생한 '서버프라임 모기지 사태'를 떠올리고 있었다.

서브프라임 모기지(subprime mortgage, 비우량주택담보대출)는 저소득층을 대상으로 부동산 담보 대출을 해주는 것이다. 저소득층 사람들이 부동산을 담보로 대출을 받을 수 있었던 건 미국의 초저금리 정책 때문이었다. 미국 정부는 모든 사람들이 자기 집을 가질 수 있는 사회를 만든답시고 사람들이 매우 싼 금리에 부담 없이 대출을 받아 집을 구입할 수 있도록 부추겼다. 그로 인해 많은 사람들이 집을 샀으며, 자연스럽게 주택 가격은 상승했다. 주택 가격이 계속 상승하자 많은 사람들은 자신이 부자라고 생각했다. 가치가 높은 주택을 자산으로 가지고 있었기 때문이다. 그래서 사람들은 모기지 대출을 더 많이 받아 더 크고 비싼 집을 구입하기 시작했다. 게다가 자산이 많다는 생각에 소비를 늘렸고 저축에는 별 관심이 없었다. 주택가치가 상승해 순자산이 매년 늘어났기 때문에 저축의 필요성이 없어져 버린 것이다.

그런데 2007년부터 주택가격이 하락하기 시작했고 시장에는 몹시 많은 주택이 매물로 나오기 시작했다. 그나마 대출금을 갚을 능력이

금융자본주의 사회에서 빠지기 쉬운 착각

있으면 다행이었지만 그렇지 못한 사람들은 헐값에 집을 팔아 자신들이 살지도 못하는 집의 대출금을 갚아야 하는 신세가 되었다. 집은 집대로 잃고 빚은 빚대로 남은 것이다. 대출금을 갚지 못하는 사람들이 늘기 시작하자 은행에도 영향을 미쳤다. 은행 대부분의 대출 자산이 부동산에 기반을 두고 있었기 때문에 부동산 가격이 하락하면 대출 자산의 담보물이 사라지는 것을 뜻했다. 은행 역시 위험한 상황에 처할 수밖에 없었던 것이다.

주택 가격의 하락이 미친 악영향은 그뿐이 아니었다. 가계 경제가 어려워지면서 소비까지 줄어들자 경제위기로 이어져버린 것이다. 그리고 경제위기는 금융위기로 번져 미국뿐 아니라 전 세계를 금융위기에 빠뜨리는 상황까지 확산돼버렸다. 마치 작은 불씨 하나가 걷잡을 수 없는 큰불로 번진 것과 같았다.

그런데 주식 시장 가치의 2%에 불과한 모기지 시장의 붕괴가 어떻게 이처럼 세계 금융위기로까지 번지게 된 것일까.

이 위기의 중심에는 연방저당권협회와 연방주택대출저당공사가 있다. 두 금융기관은 모기지 대출을 사들여서 은행이 더 많은 대출을 해줄 수 있게 도왔다. 이는 곧 두 기관이 스스로 주택 거품을 일으키는 엔진이 된 것과 같다. 그와 동시에 두 기관은 자기자본에 비해 차입금이 지나치게 많아지게 되었다. 자산보다 30~40% 높아진 차입

미국은 신용등급이 낮은 사람도 대출을 해주었고, 글로벌 금융회사들은
그걸 또 채권으로 만들어서 전 세계에 팔았다.

금으로 결국 파산하면서 세계 경제에도 큰 타격을 입혔다. 왜냐하면
이들 기관은 자산가치가 6조 달러에 달할 정도로 매우 규모가 컸기
때문인데 이는 미국 부채의 절반에 가까운 금액이기도 했다.

두 기관이 파산한 후엔 엄청난 오버행overhang이 발생했다. 오버
행은 유가증권과 통화, 원자재 등의 공급과잉을 일컫는 말로 주식 시
장에선 언제든지 매물화할 수 있는 대량의 대기물량을 뜻한다. 오
버행이 일어나면 개인투자자들이 예상치 못한 잠재물량이 한꺼번
에 터져나와 주가에 부담을 주게 되며 당연히 주식 가격은 하락하게
된다. 이런 위기가 단지 미국의 일로 끝나지 않았던 건 하루에 5조
달러에 이르는 엄청난 금액이 이 나라에서 저 나라로 움직이는 금융
의 세계화 때문이기도 하다. 미국은 금융자본의 중심으로서 세계 금
융에 지나치게 큰 영향을 미치고 있다. 그로 인해 미국의 금융 산업
에 의지하지 말고 독립적으로 세계 금융을 재구성해야 한다는 주장

금융자본주의 사회에서 빠지기 쉬운 착각

도 나오고 있는 실정이다.

예를 들면 미국 달러 대신 새로운 기축통화를 찾는 식이다. 하지만 아직까진 기축통화로 쓸 만큼 경제 규모가 큰 나라는 없다. 그리스, 이탈리아, 스페인 등 유럽의 많은 나라들이 경제위기를 겪고 있으며 그와 더불어 유로(EURO)는 안정적이지 않은 상황이라 앞으로 무슨 일이 발생할지 아무도 알 수 없다. 중국의 위안(CNY) 또한 기축통화로 활용하기엔 문제가 있다. 중국 경제는 급속히 성장하고 있지만 자유 무역이 이뤄지지 않고 있으며 중국 정부의 통제가 강하기 때문에 위안을 기축통화로 바꾸기엔 아직까진 무리가 따르는 실정이다.

싫든 좋든 앞으로도 우리는 미국의 달러를 기축통화로 할 수밖에 없으며 미국의 금융 산업에 의존할 수밖에 없다. 따라서 미국의 경제 시스템이 휘청거리면 세계 경제도 따라 휘청거리는 상황에서 쉽게 벗어나지 못하는 것이다.

남수 씨는 생애최초 주택구입자금 대출이 그들 부부에게 마냥 좋은 기회라고 생각지 않는다. 2008년 미국의 서브프라임 모기지 사태가 미국의 중산층에게 집 대신 빚을 떠안게 함으로써 그들을 하층민으로 전락시켰던 것처럼 생애최초 주택구입자금 대출 역시 마찬가지 위험을 안고 있다는 생각 때문이다. 어차피 공짜로 주는 돈도 아니며 그나 아내가 갚아나가야만 하는 돈이다. 또한 기껏 빚을 지고

미국 달러 대신 새로운 기축통화를 찾자는 주장도 있지만, 여의치 않다.
미국의 경제 상황에 따라 세계는 너무나 큰 영향을 받고 있다.

아파트를 구입했는데 아파트 가격이 하락하기라도 하면 빚은 빚대로 갚으면서 주택의 자산적 가치는 전혀 보장할 수 없게 될 것이다. 결국 하우스 푸어로 전락할 수도 있는 노릇이다.

하우스 푸어는 말 그대로 '비싼 집에 사는 가난한 사람들'을 뜻한다. 여기에 해당하는 사람들이 우리나라에선 전체 인구의 약 20%에 해당하는 248만 가구다. 집값이 오를 것을 염두에 두고 무리하게 대출을 받아 집을 구입했지만 주택 가격의 하락으로 미국인들처럼 대출이자와 빚만 떠안게 된 것이다. 하우스 푸어 문제가 여전히 사회의 불안요소로 지적되고 있는데 이자율 낮은 주택자금 대출을 덜컥 받았다가 어떤 후폭풍을 맞을지, 남수 씨는 불안했다.

"당신 말도 일리가 있어. 하지만 집이 없으면 계속 높은 월세를 내게 될 텐데, 그 월세를 어떻게 감당해? 그리고 월세는 그냥 버리는 돈이지 모으는 돈은 아니잖아. 하지만 대출금은 갚다 보면 결국 우리 자산이 되잖아."

"집값이 떨어지는 건 생각 안 해?"

"집을 사고팔면서 재테크로 활용할 생각이라면 문제가 있겠지. 하지만 우리가 평생 살 집이라면 좀 떨어져도 상관없다고 생각해. 집을 구입하지 않으면 어차피 대출이자보다 높은 월세를 내게 되니까. 매달 집값으로 일정 부분 빠져나가는 건 피할 수 없는 일이잖아. 그럴 바에야 집을 구입하는 게 낫지. 적어도 집 한 칸은 남을 테니까. 그리고 우리 경제 수준에 비해 과도하게 높은 대출을 받자는 것도 아니잖아. 우리 둘 다 일을 하고 있으니 월세 낸다고 생각하면서 갚아 나갈 수 있는 정도의 돈만 대출하자고. 서울 중심에 있는 평수 넓은 비싼 아파트가 아니라 그다지 생활에 불편함이 없는 적당한 크기의 아파트를 구입하는 거라면 1억 정도만 대출해도 되잖아."

남수 씨는 여간해서 의견을 굽히지 않는 아내 지은 씨의 말을 들으며 고개를 끄덕였다. 남수 씨가 생각하기에도 지은 씨의 말은 일리가 있었다. 사실 두 부부가 일을 하고 있으니 1억 정도의 돈을 싼 이자로 빌려 30년가량 갚아나가는 게 월세를 내는 것보다 훨씬 나

월세냐, 대출이자냐. 우리는 신중하게 생각할 수밖에 없다.

은 일인 것 같기는 했다. 하지만 문제는 늘 그렇듯 현재가 아니라 미래였다. 지금은 괜찮지만, 둘 중 하나가 직장을 그만두기라도 한다면 또는 둘 다 직장을 다니지 못하는 불상사가 생기기라도 한다면 어떡할 것인가. 월세집인 경우엔 더 낮은 월세로 옮기면 그만이지만, 담보대출을 갚지 못하면 결국 집을 헐값에 팔아넘겨야 하지 않나. 그렇게 되면 모기지 대출 사태로 집을 잃은 미국인들처럼 집도 없는데 집값을 수십 년간 갚아나가야 하는 현실에 가슴앓이를 할 수도 있다.

"어휴. 무슨 놈의 미래를 그렇게 걱정하니? 걱정한다고 달라지는 것도 없는데. 둘 다 정년퇴임할 때까지 직장 다니면 되지."

"요즘 회사가 우리가 다니고 싶다고 다닐 수 있는 게 아니잖아. 그리고 미국인들은 자기네들이 그렇게 될 줄 알고 집을 샀겠어? 우리나라의 하우스 푸어들은? 그들 역시 충분히 대출금을 갚아나갈 수 있을 거라 여겼겠지. 나만 잘한다고 되는 것도 아니잖아. 세계 경제

금융자본주의 사회에서 빠지기 쉬운 착각

든, 한국 경제든 언제 어떤 일이 발생할지 모르고, 무슨 일이라도 터졌을 때 결국 피해를 입는 건 우리 같은 서민들인데. 어떻게 걱정 없이 대출을 받을 수 있겠어?"

남수 씨는 여전히 걱정을 떨쳐버리지 못한 얼굴을 하고선 항변했다.

"알았어. 더 생각해보자. 어떤 게 우리 미래를 위해 더 좋은지."

결국 지은 씨는 한발 물러섰다. 그렇다고 주택자금 대출을 받아 집을 구입하려는 생각이 변한 것은 아니었다. 남수 씨의 걱정을 덜 수 있게 좀 더 알아보고 신중하게 생각할 시간을 가지기로 한 것이다.

우리는 물고기입니다.

누군가가 다가옵니다.

이제 살았구나 싶습니다.

물과 양분을 주듯 돈을 풉니다.

우리는 금융자본이 쏟아 붓는 빚을 먹고

몸집이 커집니다.

그러나 때가 되면

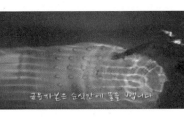

금융자본은 순식간에 물을 뺍니다.

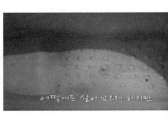

어떻게든 살아남으려 하지만

이미 커져버린 몸집은

어찌할 도리가 없습니다.

이미 죽은 목숨입니다.

금융자본주의 사회에서 빠지기 쉬운 착각

과도한 주택담보 대출이
위기를 가져왔다

"미국인들은 주택을 목마 타기piggyback로 이용했어요. 주택의 가치가 상승하면 모기지를 더 받아서 지분을 빼냈어요. 너무 많이 빌렸어요. 일자리를 잃고 주택가치가 하락하자 어려운 상황에 부닥치게 된 거죠. 게다가 월가의 회사들은 모기지를 사들이고 증권화해서 채권bond을 만들었습니다. 처음엔 도움이 됐어요. 주택 소유주들에게 자본을 모아주었으니까요. 하지만 대출 기준lending standard에 부주의해졌습니다. '자택 소유는 좋은 것이니 자금이 넉넉지 않은 사람들을 돕자'는 거였죠. 거기에 거품이 있었습니다. 부실한 모기지 대출이 너무 많았습니다. 부실한 모기지 대출이 증권으로 밀려들어 갔습니다. 사람들은 좋은 증권이라고 생각했지만 부실한 걸로 판명됐죠."

리처드 실라 Richard Sylla
미국 뉴욕대학교 금융사학과 교수
저서 : 『금리의 역사』

부동산과 금융이 결합하면서
위기는 시작됐다

"2008년 미국발 금융위기는 결국 부동산과 금융이 결합되면서 사고가 터진 것입니다. 칼 폴라니는 그의 저서 『거대한 전환』이라는 책에서 위대한 말을 했어요. '이 세상의 모든 상품 중에서 상품이 돼서는 안 되는 것이 세 가지가 있다. 그게 뭐냐면 노동, 화폐, 토지다. 이 세 가지는 인간이 상품으로 만들어서는 안 되는데 잘못 만들어서 이것이 큰 재앙을 불러일으킨다.' 그래서 이걸 악마의 맷돌이라 불렀습니다. 악마의 맷돌이 계속 돌아간다, 그런 이야기입니다. 미국발 금융위기는 칼 폴라니가 말한 상품화해서는 안 된다고 말한 토지(부동산)와 화폐(금융)에서 문제가 터진 겁니다."

이정우
경북대학교 경제통상학부 교수
저서 : 『불평등의 경제학』

"소비는 우리에게 행복을 주지만,
생각했던 것만큼 행복하게 해주지는 않는다."

– 댄 애리얼리 듀크대학교 경제학과 교수 –

소비자가
마케팅 전쟁에서
살아남는 법

금융과 소비는 현대 자본주의의 양대 축이라고 할 수 있다. 기업이 수익을 늘리기 위해서는 끊임없이 소비를 늘려야만 한다. 아껴 쓰고 나눠 쓰고 바꿔 쓰는 방법으로는 기업의 수익을 꾸준히 늘릴 수 없고, 그 안에서 일하고 있는 직원들의 월급도 오를 수 없다. 소비자인 우리의 지갑을 열기 위해 기업은 우리의 무의식으로 들어와 '나도 모르는 사이'에 소비하게끔 만든다. 이 상황에서 어린아이들도 예외는 아니다.

TV에서 좋아하는 만화를 보고 나면 그와 관련된 상품이 어김없이 광고를 탄다. 아이는 그
때마다 습관처럼 말하곤 한다. "엄마, 나 저거 사주세요!" 어른의 경우는 어떤가? 홈쇼핑
을 보다가 굳이 안 사도 되는 물건을 사놓고 후회한 적은 없는가? 갖고 싶은 물건을 다 사
도 될 만큼 당신은 부자인가? 그게 아니라면 도대체 어떻게 소비해야 한단 말인가? 먼저
당신 자신을 알아야 한다. 이 장을 읽기에 앞서 다음 페이지의 질문에 대답해보기 바란다.

당신의 소비 유형은 어떻습니까?

- 월말에 카드명세서를 보고 내가 이번 달에 쓴 금액이 생각보다 많아서 당황한 적이 있습니까?

- 우연히 본 홈쇼핑 방송에서 저렴하지만 질이 좋아 보이는 상품이 나왔습니다. 잘 생각해보면 딱히 필요한 물건은 아니라 망설여집니다. 그런데 '매진 임박' 자막이 뜨고 쇼호스트가 "어쩌나, 지금 물량이 얼마 남지 않았습니다"라고 하자 나도 모르게 마음이 급해지고 불안했던 적이 있습니까?

- 장을 보러 대형마트에 갔습니다. 떠먹는 요거트가 10개 골라 담아 2천 500원에 파는 게 있네요. 그런데 원래 먹고 싶었던 제품은 4개들이 3천 500원에 팔고 있습니다. 당신은 어떤 걸 선택하겠습니까?

- 장보기 전 구매목록을 작성할 때 정말 자신에게 필요한 것만 쓰고 있습니까?

- 옷장을 열어보면 한 번도 입지 않았던 옷이나 패션 잡화가 있습니까?

- 옷, 가방, 신발, 지갑 등 패션 아이템이라면 명품 브랜드를 어느 정도는 구비하고 있어야 마땅하다고 생각합니까?

- 스트레스를 받거나 우울할 때 무언가를 사게 됩니까?

- 카드로 구매할 때 '무이자할부'가 붙어 있으면 일시불 대신 할부를 선택합니까?

■ 돈을 쓸 때 지출을 관리하기 위해 현금보다 카드를 주로 씁니까?

■ 전기밥솥, 믹서기, 휴대전화, 오디오 등 가전제품을 한참 쓰다가 고장이 났습니다. 나는 고쳐 쓰고 싶은데 매장 점원은 부품 값이 비싸다며 새 제품을 사는 게 더 유리하다고 구매를 권합니다. 겪어본 적 있는 상황입니까? 그때 어떤 선택을 했습니까?

■ 방문판매를 하는 화장품 세일즈맨을 만났습니다. 어느 말에 더 끌리는지 선택해보세요.
"배우 전지현 씨도 이 제품을 써요." vs "화상 환자에게 임상실험을 해서 증명된 피부 재생 성분으로 만들었어요."

■ 당신은 이성적 소비자입니까, 감성적 소비자입니까?

■ 광고를 보고 나서 그 상품이 사고 싶거나 궁금해졌을 때, 당신이 어떻게 그 광고에 설득됐는지 생각해본 적이 있습니까?

01
카드 명세서는 **예상치** 못한 **목록**을 **품고** 온다

    혼자 사는 여자 가영 씨는 결코 사치스러운 사람이 아니다. 우유 하나를 사더라도 여러 가지 제품의 가격을 꼼꼼하게 살핀다. 옷이나 가방을 살 땐 소득에 비해 가격이 과도하면 절대 구입하지 않는다. 비싼 화장품엔 눈도 돌리지 않고, 파마를 할 때도 동네 미장원을 이용한다. 점심을 먹을 땐 1만 원 이상 쓰지 않고 점심 후 커피는 사무실의 커피믹스를 마신다. 따라서 그녀가 생각하기에 자신은 꽤 알뜰하게 소비하는 사람이다. 그렇다고 자기 돈만 아끼고 남의 돈 쓰기 좋아하는 깍쟁이는 아니다. 좋은 사람들과 만나면 맛있는 밥 정도는 흔쾌히 사주며 친구들의 생일엔 기꺼이 괜찮은 선물을 해주는 등 써

자본주의 사용설명서

야 할 때는 쓸 줄도 안다. 그래서 그녀는 많지 않은 월급이지만 일정 금액을 저축하면서도 돈 때문에 인심을 잃지는 않는다.

그런 그녀지만 매달 날아오는 카드 명세서의 결제금액을 보고 적 잖이 놀랄 때가 많다. 나름대로 이성적인 소비를 한다고 자신하며 분에 넘치게 비싼 물건은 쳐다보지도 않는다. 기분에 따라 돈을 쓰는 일도 거의 없는 데다 은행 계좌에 남은 잔액을 늘 염두에 두고 있다. 그런데도 막상 명세서를 보면 자신이 생각한 것 이상으로 자잘한 물건을 제법 많이 구입했을 뿐 아니라 도대체 그 물건을 왜 구입했 는지 생각이 나지 않을 때도 있다. 그랬더니 어느 순간부터는 카드 명세서를 받으면 겁부터 났다. 이번 달엔 또 얼마나 나왔을까. 나름 각오를 하고 있었는데도 가영 씨는 깜짝 놀라 자기도 모르게 탄성을 내지르고 말았다.

"어!"

'결제하실 총 금액'이라는 문장 옆에 124만 원이 찍혀 있었던 것 이다. 다시 봐도 역시 마찬가지였다. 지난달엔 여느 달과 달리 이리 저리 들어갈 돈이 많아 결제금액이 웬만큼 높을 거라 예상은 했다. 하지만 그래 봤자 100만 원 조금 넘을 거라 생각했는데 20만 원 이 상이 초과된 것이다. 그녀는 카드 이용 목록을 하나하나 짚으며 살펴 봤다. 어느 것 하나 그녀가 구입하지 않은 것은 없었다.

"도대체 뭘 이렇게 많이 산 거야?"

이제 가영 씨가 이해할 수 없는 건 '결제하실 총 금액'이 아니라 자신이 샀던 물건들이다. 정말 필요해서 산 물건들이 많았지만 그중에 몇 개는 구입하자마자 후회했던 것도 있고, 한 번만 사용한 채 옷장이나 서랍 속으로 직행한 것도 있다. 이미 두 개나 가지고 있는데도 저렴한 가격에 혹해서 덜컥 구입한 스니커즈 운동화, 귀찮아서 잘 끼고 다니지 않지만 한눈에 반해 구입하게 된 반지, 조금 살집이 있는 자신의 체형에 어울리지 않지만 70%나 세일해서 혹여 입지 못해도 그다지 아깝지 않을 것 같은 원피스 등이 그런 물건이었다.

사실 이 같은 경험이 반복될 때마다 같은 실수를 또 저지르지 말아야겠다는 결심을 하곤 했다. 그런데 정말 이상한 일은 어떤 물건이든 물건을 구입하는 그 순간에는 그것이 꼭 필요하며 그 장소 그 시간에 사지 않으면 두고두고 후회할 것 같은 기분이 든다는 것이다. 막상 집에 가서 보면 꼭 필요한 것도 아닐뿐더러 처음 봤을 때만큼 예쁘지도 않다. 결정적으로 그녀의 취향도 아니다. 구입할 땐 아주 저렴해서 알뜰한 소비를 했다고 생각했는데 카드 명세서를 보면 그냥 쓸모없이 나간 돈에 불과하다. 그런데 어떻게 그 순간엔 마법에 걸린 것처럼 선뜻 그 물건들에 대한 가격을 지불했을까.

그 이유는 소비에 관한 한 뇌의 감정적인 부분이 매우 강력하게 작용하기 때문이다. 뇌의 감정적인 부분을 인간의 이성으로 이겨내기는 쉽지 않다.

사람들은 4가지 유형에 의해 물건을 구매한다. 첫째는 없어서.

둘째는 지금 가지고 있는 게 망가져서.

셋째는 더 좋아 보여서. 저게 있으면 나는 훨씬 일을 더 잘할 거야, 같은 합리화가 일어난다.

넷째는 그냥. 비슷한 걸 사고 또 사는 것을 과소비라고 부른다.

어떤 물건을 보고 반해서 그 물건을 가져야겠다는 마음이 이미 들어버렸다면 그 물건이 사실은 그다지 필요하지 않으며 앞으로 사용할 일이 거의 없다고 속삭이는 이성의 말을 애써 외면하게 된다. 또한 소비의 순간 느끼는 일종의 희열은 마치 마약처럼 거부할 수 없는 유혹으로 따라온다.

그런데 우리는 이런 유혹에 전혀 대응할 수 없는 것일까. 이에 대해 세계적인 브랜드 컨설턴트인 마틴 린드스트롬은 이렇게 이야기했다. "소비자로서 가장 먼저 필요한 것은 매일 조종당한다는 사실을 인지하는 것입니다. 아니라고 생각한다면 매우 약하다는 뜻이에요. 자신은 괜찮다고 생각하는 사람이 가장 연약합니다. 괜찮지 않다고 생각하면 항상 주의를 하죠. 그게 첫걸음입니다."

오늘날 미디어는 매우 정교하게 소비자의 갈망을 자극하며, 사람들은 무의식적으로 그 갈망을 받아들인다. 이를테면 현대의 쇼핑몰과 슈퍼마켓이 더 많은 소비자들을 유인하기 위해 설계해놓은 방식에서도 우리는 자유롭지 못하다. 현대의 쇼핑몰이나 슈퍼마켓은 반드시 시계 반대 방향으로 걷도록 설계돼 있다. 그 이유는 대부분의 사람들이 오른손잡이기 때문이다. 그래야 상품을 집어들기 쉬우며 멀리 있는 상품까지 손을 뻗을 수 있다. 실제로 시계 반대 방향으로 매장을 돌 때 7% 더 많이 구매한다는 연구 결과도 나와 있다. 매

마트에서 우리는 카트를 가득 채운다. 그래서 카트의 크기는 점점 커진다.

소비자가 마케팅 전쟁에서 살아남는 법

장에 과속 방지 턱을 설치하는 것 또한 구매를 유도하는 장치다. 과속 방지 턱은 쇼핑 카트를 밀 때 고객이 천천히 걷게 함으로써 더 많은 상품을 사게 만든다. 그리고 더 많은 구매를 유도하기 위해 쇼핑 카트의 크기는 점점 더 커지고 있다. 이런 계산된 장치들 속에서 우리는 자신의 이성적인 선택으로 소비하고 있다고 굳게 믿는다.

소비를 부추기는 요인 중에는 세계적으로 저렴한 제품의 생산이 훨씬 쉬워진 면도 있다. 18세기 후반부터 시작된 산업혁명 직후 대량생산이 가능하게 되었고, 이는 곧 물건의 가격이 떨어지는 것으로 이어졌다. 보다 많은 사람들이 보다 많은 소비를 할 수 있는 계기가 된 것이다.

오늘날엔 세계화가 상품의 가격을 낮추는 데 크게 일조를 했다. 인건비가 싼 나라에서 상품을 매우 낮은 가격으로 생산한 후 그것을 사용할 사람들이 있는 나라로 보낸다. 컨테이너 수송선, 인터넷 등이 이런 일들을 가능하게 했다. 그리고 이러한 기술 혁명은 세계적으로 값싼 제품의 생산을 훨씬 쉽게 만들었으며, 싼 가격은 마케팅의 필수 요소가 됐다. 그와 더불어 사람들은 더 많은 물건을 싸게 접할 수 있는 기회를 만나고 있다.

프랑스의 소설가 조르주 페렉의 소설 『사물들』에서는 우리가 얼마나 많은 것을 소비하고 싶어 하며, 또 소비하는지 적나라하게 보여

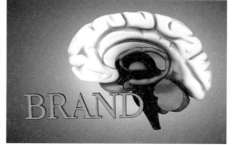

당신의 의지로 그 물건을 샀다고 생각하는가? 쇼핑은 무의식이다.

준다. 주인공들은 집 안이 멋진 양탄자와 고급 가구, 첨단 제품들로 가득 차 있기를 바라지만 그건 어디까지나 꿈에 불과하다. 그들의 현실은 가난한 비정규직의 삶일 뿐이다. "그들은 부자가 되고 싶었다."로 시작되는 이야기에서 그들은 원하는 해피엔딩을 마지막까지 얻지 못한다. 그렇다고 욕망 자체를 거세시키지도 못한다. 자본주의가 우리의 뇌에 심어둔 칩은 '무엇이든 소비하라'이며 우리의 생활에 심어둔 칩은 '이것은 꼭 필요한 물건이다'이기 때문이다.

우리의 의지와 상관없이 우리가 기꺼이 비싼 가격을 지불하는 것

소비자가 마케팅 전쟁에서 살아남는 법

중에 휴대전화가 있다. 휴대전화가 없던 시대엔 휴대전화 가격뿐만 아니라 통신비용이 들어갈 일도 없었다. 그런데 어느 순간 현대인의 필수품이 돼버린 휴대전화를 사용하기 위해 매달 벌어들이는 돈의 일정 부분을 지불해야 한다. 이런 일은 몹시 당연하게 여겨져 이젠 더 이상 '휴대전화가 나에게 필요한 물건인가'에 대한 고민을 하지 않는다. 대신 어떤 종류의 휴대전화를 갖고 싶은지, 그것을 가지기 위해 얼마를 지불해야 하는지에 대해서만 생각할 뿐이다. 그런데도 우리는 우리가 소비하는 많은 것들에 대해 스스로의 의지가 작용했다는 것을 믿어 의심치 않는다.

"우리는 이미 부를 벌어들여서 소비하는 힘으로 생각하는 사회에 살고 있다"는 독일의 철학자 한나 아렌트의 말처럼 소비는 단지 필요한 물품을 적절한 가격에 구입하는 행동 이상의 것이다. 또한 기업은 물건을 파는 대신 이미지나 서비스 같은 것을 팔며 사람들에게 '소비의 수준'이 '당신의 수준'을 결정짓는다고 끊임없이 속삭인다. 마치 인간이 만든 기계들이 인간을 지배하는 공상과학 영화의 세상처럼 우리 스스로가 사물들에게 예속되는 삶을 살고 있다고 느껴지는 건 우리가 사물에서 자유롭지 못하기 때문일 것이다.

가영 씨는 설혹 현실이 그렇다 해도 자신은 물건에 집착하지 않으며 물건을 통해 자신의 가치를 결정할 정도로 자존감이 떨어지진 않는다고 여겼다. 하지만 그녀는 직장 동료의 명품 가방이 몹시 부러울 때가 많으며 친구들이 하고 나온 액세서리가 비싼 것임을 알고 나면 괜히 기가 죽기도 했다. 갖고 싶다는 갈망을 애써 누른 후 그 아쉬움을 저렴한 물건들을 소비하는 것으로 달래면서도 그녀는 자신의 소비가 다분히 계획적이라고 생각했다.

대부분의 결정은
무의식에서 일어난다

"놀랍게도 우리가 매일 결정하는 것들 대부분이 뇌의 무의식을 관장하는 부분에서 일어납니다. 매일 하는 결정 대부분을 의식조차 하지 않은 채 그저 원한다는 느낌 때문에 하죠. 왜 그런지 이유는 모르죠. 왜 갑자기 나가서 코카콜라를 사고 싶은지, 왜 티파니 액세서리가 좋고, 롤렉스 시계를 갖고 싶은지, 왜 슈퍼마켓에서 그 브랜드를 고르는지 말입니다. 이 모든 것을 알고 싶은데 소비자에게 물어볼 수는 없어요. 소비자 자신도 모르니까요."

마틴 린드스트롬 Martin Lindstrom
세계적인 브랜드 컨설턴트
저서 : 『쇼핑학』, 『오감 브랜딩』

내가 소유한 것에
가치를 높게 매긴다

"우리는 실험에서 학생들에게 머그잔을 나눠줬어요. 그리고 2분 정도 후에 머그잔을 다시 거두었죠. 그런데도 학생들의 뇌에서는 여전히 '소유효과'가 나타났습니다. 인간의 뇌 작용으로 일어나는 편향이죠. 우리는 무언가를 소유하면 즉각적으로 그것의 가치를 높게 여깁니다. 보다 넓게 사회 전체적 차원에서 보면 이것이 경제 활동에 있어서 온갖 문제를 일으킬 것을 예상할 수 있죠. 집을 팔려는 사람은 사려는 사람이 지불하려는 값보다 더 많이 받기를 원합니다. 보편적인 사실이에요. 단순한 탐욕이 아니에요. 인간의 정신 작용으로 인한 심리적인 사실입니다. 이렇게 우리가 소유한 것의 가치를 높게 여기는 다양한 현상이 있습니다."

제니퍼 러너Jennifer Lerner
미국 하버드대학교 공공정책학과 교수, 심리학자

02
할인 자체가
쇼핑의 **이유**가 된다

가영 씨는 카드 명세서 목록을 자세히 살펴보고서야 그동안 잊고 있었던 기억 하나를 떠올렸다. 3주 전 유난히 잠이 오지 않던 날, 거실 소파에 앉아 텔레비전 리모컨만 만지작거렸다. 다음날 아침 출근하려면 억지로라도 잠자리에 들어야 했지만 잠이 오지 않는데도 잠을 청하는 건 더 괴로운 일이라 그냥 화면이 바뀌는 텔레비전만 멍하니 쳐다봤다. 그러다 그녀는 한 홈쇼핑 방송에 채널을 고정시켰다. 스타일이 예쁜 데다 들기 편해 보이는 가방이 눈에 띈 것이다. 쇼호스트는 "유럽에서 한정물품만 가져왔기 때문에 이번 방송이 마지막 기회이며, 이 기회를 놓치면 앞으로 반년 동안은 접할 수 없는 것"이라며 열띤 목소리로 말하고 있었다.

하지만 그녀는 그 유혹에 쉽게 넘어가지 않았다. 똑같은 스타일의 가방을 이미 두 개나 가지고 있었기 때문이다. 그래도 채널은 돌리지 않았다. 비록 지금 사지는 않더라도 가방에 대한 설명을 듣는 것만으로도 좋았다. 자신이 갖고 있는 가방들과 뭐가 비슷하고 뭐가 다른지 비교해보는 재미도 쏠쏠했다. 그런데 빨간색, 초록색, 검은색의 세 가지 색상 중 검은색 가방이 매진돼버렸다. 뒤이어 그녀가 눈여겨 본 빨간색 가방에 '매진임박'이라는 글자가 깜박이기 시작했다. 그러자 갑자기 모든 게 급해졌다. 쇼호스트는 격앙된 어조로 이제 단 몇 분만이 이 혜택을 받을 수 있다며 빨리 전화기를 들라고 했다. 그녀의 말을 듣지 않으면 진짜로 두고두고 후회가 될 것 같았다. 그 순간 가영 씨는 전화기를 들고 급하게 화면에 뜬 전화번호를 누르기 시작했다. 그러는 동안에도 가방을 구입하기 전에 매진되면 어떡하나 초

쇼호스트는 당신이 충동구매할 수 있도록 감성을 자극한다.

조했지만 다행히 그녀가 물건을 주문하고 나서야 매진이 되었다.

가영 씨는 자신이 단 1분이라도 결정을 늦게 했다면 이처럼 좋은 가방을 구입할 수 없었을 거라는 생각에 아주 흡족했다. 또한 절대 충동구매는 아니라고 자신에게 변명 아닌 변명까지 했다. 가방을 보고 구매까지 소요된 시간은 30여 분이었다. 그 30여 분 동안 충분히 생각하고 분석했기 때문에 온전히 자신의 의지로 선택을 한 것이라 여겼다. 하지만 막상 배송된 가방을 보고 그녀는 가방이 생각보다 예쁘지 않으며 실용적이지도 않다는 것을 깨닫고는 크게 실망했다. 반품 신청을 하자니 지난 한 달 동안 이미 두 번이나 같은 홈쇼핑에서 반품한 이력이 있다는 게 생각나 망설여졌다. '별로 비싸지 않잖아. 언젠가는 쓸데가 있겠지' 하고 또 한 번 자신의 마음을 다독이며 그 가방을 그대로 옷장 속에 넣어버리곤 까맣게 잊어버렸다. 그런데 무이자 할부보다 2만 원 저렴한 일시불 결제가 '결제하실 총 금액'의 숫자를 13만 원이나 높여버린 것이다.

문제는 지금은 터무니없이 높은 가격으로 느껴지지만 그때는 정말 저렴한 가격이라 생각했다는 점이다. 이유는 간단하다. 일시불 할인도 할인이지만 스마트폰으로 홈쇼핑에서 팔고 있는 가방을 검색해보니 여타의 쇼핑몰에 비해 1만 5천 원가량이 저렴했다. 그녀는 정말 신속하고 정확한 판단력으로 싸게 가방을 구매한 것일까.

소비는 무의식이고, 감정이다. 당신이 산 물건은 그 가격이 정말 맞는가?

인간은 무언가를 소비할 때 뇌에서 여러 반응을 일으킨다. 특히 가격이 저렴한 물건을 보는 순간 뇌에서 쾌락과 흥분에 관여하는 부위에 마치 크리스마스 트리처럼 불이 반짝 들어온다. 가격 자체가 소비자를 유혹하는 것이다. 그런데 흥미로운 사실은 구매를 하고 나면 쾌락을 유도한 이 부위에 더 이상 불이 들어오지 않는다는 것이다. 쇼핑하는 순간의 짜릿한 흥분은 곧 사라져버리는 신기루와도 같은 것이다. 그래서 쇼호스트와 같은 마케터들은 소비자의 이런 심리를 최대한 이용하려 든다. 높은 가격을 미끼로 내걸어 물건을 구입하게 만드는 '준거가격reference price 마케팅'도 그중 하나다.

백화점의 진열대에 캐시미어 스웨터가 하나 있다고 해보자. 캐시미어 자체가 고급 원단이기 때문에 소비자들은 캐시미어 스웨터가 아주 비쌀 거라 예상한다. 그런데 5만 원의 가격표가 붙어 있으면 물건에 하자가 있는 것은 아닌지 의심하게 된다. 하지만 만약 20만 원이라고 쓰여 있는 가격표에 X자를 긋고, 그 아래에 5만 원이라고 쓰여 있는 것을 보면 좋은 물건을 싼 가격에 구입할 수 있는 기회를 잡았다고 생각한다.

실제로 이와 같은 실험을 해본 결과, 처음부터 5만 원이라고 쓴 스웨터는 팔리지 않았지만 20만 원이라고 쓴 후 X자를 하고 다시 5만 원이라고 쓴 스웨터는 매진되었다. 이 같은 준거가격 마케팅은 백화점, 대형마트뿐만 아니라 재래시장, 편의점 등에서도 널리 쓰이는 기술이다. 사람들이 좋은 가격에 물건을 산다는 생각을 하게 만들고 상품에서 주의를 분리시키는 것이다. 정작 그 스웨터를 보면 그리 품질이 좋지 않거나 색감이 나쁠 수도 있다. 하지만 소비자는 상관없다고 생각한다. 20만 원짜리를 5만 원에 구입했으니 크게 손해를 본 것은 아니라고 생각하는 것이다.

이와 같은 전략은 일종의 '할인의 함정'이지만 소비자는 함정으로 여기지 않는다. 대체로 사람들은 숫자를 완전히 객관적이라고 생각하기 때문이다. 20만 원이 5만 원이 되려면 15만 원의 숫자가 빠져야 한다. 이때 소비자는 자신이 15만 원의 이득을 본 것으로 계산해버린다. 그 계산은 숫자와 연관을 가지고 있기에 감정은 배제돼 있었다고 착각하는 것이다. 하지만 가격에 관한 한 사람들은 대단히 감정적이다.

가영 씨는 출근할 때 홈쇼핑에서 구입한 가방을 들고 갔고, 동료들

광고를 보기 전엔 당신은 그 물건이 필요하지 않았다.

에게 아주 싼 가격에 좋은 제품을 구입했다고 자랑했다. 그런데 누군
가가 자신은 똑같은 가방을 더 싸게 구입했다고 말하는 것을 들었다.
이때 가영 씨는 순식간에 기분이 나빠졌다. 그 이유는 간단하다. 자
신이 속았다는 기분이 들기 때문이다. 쇼호스트가 다른 어느 곳에서
도 만날 수 없는 가격이며 이번이 마지막 기회라고 말했고, 그걸 진
짜로 믿었기에 매진이 임박했으니 빨리 전화기를 들라는 재촉에 그

대로 따른 것이다. 그런데 사실은 다른 어느 곳에서도 나올 수 있는 가격이며 마지막 기회도 아니라는 걸 자신과 똑같은 가방을 구입한 직장 동료의 증언을 통해 알게 되었다. 당연히 기분이 좋을 수 없다.

중요한 건 쇼호스트와 같은 마케팅 업계 사람들은 소비자의 이런 심리를 잘 알고 있으며, 아는 만큼 잘 활용해서 어떻게든 소비자가 구매하게 만든다는 것이다. 그리고 아마도 많은 사람들은 몇 번의 반복된 경험으로 이 같은 사실을 알고 있을 것이다. 그런데도 여전히 같은 실수를 반복한다. 이성적으로는 쇼호스트가 팔려고 하는 물건이 필요하지 않으며 나중에라도 언제든 구입할 수 있다는 걸 알지만 세일 상품인 데다 매진 임박이라는 글씨까지 보게 되면 나도 모르게 이성보다는 감성이 앞서기 때문이다.

소비자들의 감성을 자극하는 이 같은 할인 전략에는 마법의 숫자 9도 있다. 숫자 9는 마케터들이 아주 유용하게 활용하는 숫자다. 예를 들어 티셔츠 한 장 값이 9천 900원이면 소비자들은 1만 원도 채 되지 않는 돈으로 티셔츠를 구입했다고 생각한다. 그래 봤자 단 100원의 차이지만 소비자 입장에선 천 원대에 티셔츠를 구입한 것과 만원대에 티셔츠를 구입한 것이 전혀 다른 가격대처럼 느껴진다. 놀라운 일이지만 우리는 이 100원의 차이가 얼마 되지 않는다는 걸 알면서도, 티셔츠를 천 원대에 싸게 산 것에 대해 생각보다 큰 만족감을 얻는다.

따라서 우리는 소비에 관한 한 자신이 합리적이라고 쉽게 말할 수 없다. 오히려 합리적이지 않다는 걸 인정하는 것이 마케터들의 유혹에서 벗어날 수 있는 가장 좋은 방법이 된다.

어쩌면 가영 씨의 가장 큰 실수는 홈쇼핑에서 불필요한 가방을 구입한 게 아닐지도 모른다. 그녀는 타인에 비해 자신이 비교적 이성적이라는 믿음을 가지고 있었고, 그 믿음은 소비에 관해서도 마찬가지로 적용됐기 때문이다. 그래서 항상 친구들에게도 자신은 분수에 맞는 소비를 하는 사람이라는 걸 경험을 들어 내세우곤 했다. 하지만 실제로 그녀는 자신이 생각한 것 이상으로 많은 부분에서 감성적인 소비를 하고 있으며 그녀가 인식하는 것 이상으로 마케터의 유혹에 자주 넘어갔다. 그런데 사실을 인정하기란 쉽지가 않다. 『국부론』의 저자 아담 스미스가 자유시장을 움직이게 하는 힘을 '보이지 않는 힘'으로 명명했듯 그녀의 소비 또한 '보이지 않는 힘'에 의해 많은 부분 관장되고 있었다는 사실은 그녀의 자존감을 꽤 예민하게 건드리는 일이기 때문이다.

다른 사람들의 행동을 통해
나의 행동을 점검한다

"우리가 왜 비합리적인 행동을 하는지 이유를 안다면 우선 그런 행동을 보다
명확하게 관찰할 수 있겠죠. 일반적으로 인생을 살면서 무엇이 합리적이고
비합리적인지 잘 알지 못합니다. 그 이면의 이유를 안다면 자신의 비합리적
인 행동을 보다 뚜렷하게 볼 수 있겠죠. 제가 책을 쓸 때 바라는 것이 그것
입니다. 사람들에게 거울을 보여주는 것이죠. 다른 사람들의 비합리적인 행
동을 한번 보라고 하면서요. 다른 이들의 행동을 보고 나면 자신의 모습도
보이기 시작할 겁니다."

댄 애리얼리 Dan Ariely
듀크대학교 경제학과 교수
저서 : 『상식 밖의 경제학』

더 잘 소비하고,
더 적게 소비해야 한다

"책임 있는 소비에서 매우 중요한 것 하나가 소유의 자부심이라고 생각합니다. 앞으로 사용할 것을 구매했다는 의미죠. 지금 사는 것이 단순한 기술이 아니라 잘 활용할 기기여야 합니다. 원피스나 바지를 산다면 앞으로 자주 입을 것이고 언제 사용할지 정확히 알고 있어야 하죠. 21세기 소비자는 더 잘 소비하고, 더 적게 소비해야 합니다. 더 좋은 것을 적게 사서 훨씬 더 꾸준히 사용하는 것이죠."

파코 언더힐 Paco Underhill
쇼핑컨설팅사 인바이로셀 CEO
저서 : 『쇼핑의 과학』

03
원 플러스 원 상품의 구입이
합리적 소비일까

가영 씨가 장을 보러 대형마트에 갔다. 그런데 오늘은 그녀가 좋아하는 A사의 요거트를 장바구니에 담지 않았다. A사의 요거트는 4개들이 3천 500원인데 10개를 골라 담아 2천 500원에 파는 B사의 요거트가 눈에 띄었기 때문이다. 얼마 전에도 같은 이유로 C사 요거트를 구입했다가 입에 맞지 않아 억지로 몇 개 먹고는 나머지는 버렸던 적이 있다. 그런데도 '저렴한 가격과 많은 양'이라는 유혹적인 조건을 그냥 지나치지 못했다.

'원 플러스 원'은 아주 흔한 마케팅 전략이다. 대형마트뿐만 아니라 동네 구멍가게에서도 볼 수 있으며, 피자나 치킨 등의 배달 음식이나 카페에서도 접할 수 있다. '원 플러스 원'은 말 그대로 어떤 상품을 구입하면 똑같은 상품이나 유사상품을 하나 더 주는 것이다. 같은 가격에 하나를 더 주다니. 얼핏 생각하면 판매자는 손해를 보고 소비자는 공짜를 덤으로 얻는 것 같다. 만약 시장 상인이 "밑지고 파는 거예요. 원가도 안 나와요. 거저 주는 거나 다름없어요." 같은 말을 하면 대부분의 사람들은 믿지 않을 것이다. 장사의 기본은 이윤 창출이라는 걸 알기 때문이다. 그런데도 원 플러스 원 상품은 판매자가 아니라 소비자인 자신이 이득을 보는 것 같은 기분이 든다. 분명 내 지갑 속에서 돈이 빠져나갔는데도 덤으로 얻은 물건 한 개의 가격만큼 돈을 벌었다는 계산속이 작용한다.

그런데 기업은 정말 손해 보는 장사를 각오하면서까지 '원 플러스 원 행사'를 하는 것일까. 당연하게도 기업이 원 플러스 원 행사를 하는 데에는 분명한 목적이 있다. 이를테면 재고 정리, 창고비용 절감, 쓰레기 처리비용 절감 등과 같은 비용 문제를 해결하기 위한 목적이거나 신제품 홍보, 인기 없는 상품을 끼워 팔기 등의 판매 효과를 높이기 위해서다. 시장에서 손해를 보고 판다는 상인에게 "에이, 손해 보고 하는 장사가 어디 있어요?"라고 반문하듯 기업 역시 손해 보고 장사를 하지는 않는다. 자본주의 사회에서 기업은 어떤 식으로든 이윤 창출을 목적으로 움직이지만 그 방법이 때로는 넓은 아량으로 소비자에게 이익을 주는 것처럼 보이기도 한다.

그렇다면 소비자인 우리는 원 플러스 원을 어떻게 받아들이는 것이 좋을까.

원 플러스 원은 잘만 활용하면 소비자에게도 유리한 전략이다.

첫째, 신제품을 싼 가격에 구입해 사용해볼 수가 있다. 기업이 신제품을 출시했을 때 마케팅에서 가장 중요하게 생각하는 것은 신제품의 인지도다. 아무리 좋은 품질의 우수한 제품이라 하더라도 소비자들이 그런 제품이 있는 것조차 모른다면 판매로 이어지지 않기 때문이다. 소비자에게 인지도를 높이는 가장 좋은 방법은 소비자가 직접 그 제품을 써본 후 다시 선택을 하도록 유도하거나 입소문을 내게 하는 것이다. 광고에 비해 저렴한 비용으로 인지도를 높일 수 있기 때문에 소비자는 물론 기업에도 아주 좋은 마케팅이 될 수 있다.

둘째, 유통기한이 얼마 남지 않은 상품이라도 가족이 많아 많은 양을 단시간에 소비할 수 있는 경우엔 원 플러스 원 상품이 큰 도움이 된다. 하지만 혼자 사는 가영 씨는 유통기한이 짧고 양이 많은 식료품들을 구입했다가 결국 음식물 쓰레기통으로 직행하는 경우가 많았다. 그런데 아직도 같은 가격일 땐 이왕이면 하나보다는 둘, 둘보다는 셋으로 묶여 있는 식료품을 곧잘 구입한다. 그나마 화장지, 치약, 칫솔, 세제 등의 생활용품은 두고 쓸 수 있어 버려질 걱정은 없지만 가뜩이나 좁은 데다 보관 장소도 부족한 원룸의 한쪽 자리를 차지하고 있는 게 영 거슬렀다.

그럼에도 가영 씨가 원 플러스 원 상품을 포기하지 못하는 또 다른 이유는 싸고 양 많은 제품을 뻔히 앞에 두고 다른 제품을 선택하면 어쩐지 알뜰하지 않은 것 같은 기분이 들어서다. 원래 좋아하던 요거트를 선택하지 못하고 보다 저렴한 요거트를 선택한 것에도 이 같은 이유가 작용했다. 그런데 그녀는 싸고 양이 많은 요거트를 선택함으로써 정말 알뜰하게 장을 본 것일까.

선호하는 맛 대신 저렴한 가격과 많은 양을 선택했을 때만 해도 유통기한 안에 얼마든지 다 먹어 치울 수 있을 거라 생각했다. 아침엔 식사 대신 먹고 저녁엔 샐러드 드레싱으로 쓰면 10개쯤이야 금방 없어질 거라고. 하지만 아침에 눈 뜨자마자 출근 준비하느라 바쁘고 퇴근 후에도 바로 집에 들어온 적이 거의 없다. 냉장고에 가지런히 정렬돼 있는 요거트가 유통기한을 넘기다 못해 곰팡이까지 폈을 때에야 그녀는 '아, 맞다. 요거트를 샀었지.'라고 아주 오래전 일처럼 기억해냈다.

그나마 요거트는 구입 목록에 있었고 구입하자마자 하나는 바로 먹기라도 했다. 하지만 어떤 물건들은 당장 필요하지 않아도 단지 원 플러스 원이라는 이유만으로 냉큼 시장 바구니에 넣기도 했다. 심지어 전혀 관심도 없으며 앞으로도 필요하지 않을 물건들을 살 때도 있었다. 견물생심이라고 싸게 파는 물건을 보면 없던 소비 욕구도 생

소비자가 마케팅 전쟁에서 살아남는 법

긴다. 지금 당장 그 물건을 사지 않으면 손해를 볼 것 같다. 그러니 머릿속에선 다분히 변명이 섞인 계산을 하기도 한다.

'지금 이 물건까지 사면 당장은 시장 보는 비용이 높아지겠지. 하지만 멀리 내다봤을 땐 결국 비용 절감이야. 어차피 다 나중에 필요한 물건들이니까.'

하지만 집에 돌아와 장바구니를 풀고 그 안에 가득 들어 있는 물건들 중 몇 개를 보고는 이런 질문을 던진다.

"어, 이걸 왜 샀지?"

시장을 보기 전만 해도 전혀 필요하지 않았던 물건이 어째서 장바구니에 담겨 있는 것일까. 원 플러스 원으로 싸게 구입한 건 분명하지만 애당초 지출할 필요도 없는 물건 값을 지출하는 것으로 전체 비용을 높여버린 것이다. 하지만 시장을 볼 당시엔 원 플러스 원으로 이득을 보는 덤 가격만 따지게 된다.

기존의 경제학에선 사람들이 소비를 할 때 그 물건의 정보를 제대로 파악해 합리적으로 구입하는 것으로 여겨왔다. 그런데 행동경제학의 창시자라 부르는 대니얼 카너먼과 아모스 트버스키는 다른 의견을 제시했다. 인간은 소비에 대해 이성적이지 않으며 비합리적으로 의사를 결정한다는 것이다. 하지만 원 플러스 원 제품을 구입하는 순간에 우리는 스스로 꽤 합리적인 결정을 했다고 믿는다. 4개의 요

EBS 다큐프라임 〈자본주의〉 자문위원 곽금주 교수는 "쇼핑할 때는 의식적인
상태(알파)에서 합리적으로 하기보다 뇌의 베타 상태에 있는 경우가 많다"고 말한다.

과소비를 할 때는 뇌의 고통 중추가 마비된 상태가 된다.

합리적인 소비습관은 자본주의 사회에서 스스로를 지키는 방패다.

거트가 3천 500원이고 10개의 요거트가 2천 500원이다. 이때 가격과 양을 따지면 10개의 요거트를 구입하는 게 훨씬 합리적인 것만은 분명하다. 그런데 내가 원했던 제품이 아니며 심지어 다 먹지 못해 몇 개는 버려질 가능성이 높다. 처음엔 개당 가격이 더 쌌을지 모르지만 버려진 제품을 빼고 계산하면 개당 가격이 높아진다. 또한 원했던 제품이 아니기에 만족도는 매우 낮다. 그렇다면 10개의 요거트에 지불한 가격이 과연 합리적이라고 할 수 있을까.

인간은 전적으로 합리적으로 행동할 수 없으며, 합리적인 행동이 무조건 올바른 행동으로 이어지는 것은 아니다. 어떤 경우에는 비합리적인 행동이 오히려 좋은 목적으로 활용되기도 한다. 이를테면 어떤 일을 했을 때 자신에게 이익이 되지만 다른 이에게 불이익이 된다면 인간은 그 일을 과감하게 포기할 수 있는 선한 의지도 가지고 있다. 이때 누군가는 자신의 이익을 따지지 않았기에 합리적이지 않다고 비난할 수 있지만, 타인을 배려하고 타인의 고통을 덜어주려는 그 행동이 결과적으로는 더 바람직한 상황으로 전개될 수 있다. 그리고 합리성은 꼭 행복과 비례관계에 있는 것도 아니다. 경제적인 측면에서 예를 들면 합리성은 부를 최대화하는 것과 연관이 된다. 이익의 최대화라는 동기는 인간을 행동하게 할 수 있지만 그것이 곧 행복의 최대화가 된다는 뜻은 아니다.

소비에 있어서도 마찬가지다. 합리적인 소비이든 비합리적인 소비이든 그것이 바로 행불행으로 연결되진 않는다. 비합리적인 소비를 했다고 해서 크게 자책하거나 합리적이지 못했던 것에 대해 반성해야 하는 것도 아니다. 하지만 매일 무엇인가를 구입하고, 그 무엇인가를 구입하기 위해 선택을 할 땐 적어도 잠시 멈춰 서서 무엇이 자신에게 옳은 일인지 생각해볼 필요는 있다. 합리적인 소비란 그 소비의 현재가치를 고려하고 이 소비를 위해 무엇을 포기해야 하는지 생각해보는 것이다. 또한 우리가 인지하는 것 이상으로 개인의 소비에 영향을 미치는 많은 요소들을 따져보고 스스로가 제어하는 것도 필요하다. 그래야 기업의 의지가 아니라 내 의지에 의해서 내가 필요로 하고 원하는 물건을 위해 돈을 지출하는 소비에 가까워진다.

우리는 지금 당장 소비하라는
유혹 속에 산다

"자본주의란 누군가 나의 돈, 관심, 시간을 지금 당장 얻기를 원하는 것이
죠. 나중이 아닙니다. 장기저축이나 의료 서비스 분야 같은 경우는 장기적
인 측면이 조금 있겠지만 나머지는 모두 우리가 지금 무언가 하길 원해요.
지금 당장 소비하고, 돈을 쓰라는 유혹에 둘러싸여 살고 있죠. 기업은 온갖
전략을 동원해요."

댄 애리얼리 Dan Ariely
듀크대학교 경제학과 교수
저서 : 『상식 밖의 경제학』

INTERVIEW

소비자가 마케팅을
통제해야 한다

"적극적으로 행동하는 것이 소비자의 의무라고 생각합니다. 미래에는 브랜드가 제조사의 소유가 아니라 소비자의 소유가 될 것이기 때문이죠. 소비자가 블로그에 쓰고, 입소문을 냅니다. 특히 한국은 블로그, 트위터, 페이스북을 매우 활발하게 사용하는 나라죠. 소비자가 진지하게만 생각한다면 엄청난 영향력을 행사할 수 있어요. 하지만 좀 더 깨어나야 하죠. 지나친 마케팅을 통제하는 것은 정부가 아니라 소비자의 역할입니다. 가만히 앉아서 모든 게 안전하다고 생각하면 안 돼요. 균형이 필요합니다. 결국 브랜드는 돈을 벌기 위해 존재한다는 걸 깨달아야 해요."

마틴 린드스트롬 Martin Lindstrom
세계적인 브랜드 컨설턴트
저서 : 『쇼핑학』, 『오감 브랜딩』

04
주위 사람들의 행동이
과소비를 부른다

가영 씨는 이제껏 귀찮아서 잘 쓰지 않았던 구매목록을 작성하기로 마음먹었다. 장을 보러 마트에 갈 때마다 계획에 없던 물품을 자꾸만 구입하게 되는 것을 막을 방법은 그것뿐이라고 생각했기 때문이다.

그녀는 정말이지 감정의 영향을 받지 않는 소비를 하고 싶었다. 며칠 전 100만 원이 넘는 노트북과 60만 원에 달하는 태블릿 PC를 동시에 구입한 후로는 그 생각이 더 간절해졌다. 사실 그녀는 회사에서나 집에서나 데스크톱을 사용하고 있었기 때문에 노트북은 전혀 필요하지 않았다. 그런데 주변 사람들 대부분이 노트북을 가지고 있다는 것을 알게 된 후엔 갑자기 노트북이 절실히 필요해졌다. 친구 말마따나 가끔 카페에서 커피 한 잔 마시며 노트북으로 작업하는 즐거움도 누리고 싶었고, 집에 있는 데스크톱보다 더 사양이 높은 노트북으로 느릿느릿 답답한 인터넷에서도 탈출하고 싶어졌다. 그렇게 한번 마음을 먹으니 당장 구입하지 않으면 안 될 것처럼 조급해졌다. 그래서 직장 동료가 사용하는 것을 보고 한 달 전부터 구입하기로 마음먹었던 태블릿 PC를 구입하면서 노트북까지 질러버린 것이다. 다행히 둘 다 무이자 12개월 할부가 가능했기에 당장 큰돈이 들어가지는 않았다. 하지만 앞으로 12개월 동안 그녀의 통장에서 13만 원가량의 돈이 매달 빠져나갈 것이다. 그런데 더 큰 문제는 노트북이든 태블릿 PC든 구입한 첫날 사용하면서 자신에게 그다지 필요치 않다는 것을 깨달아버린 것이다.

실제로 그 후에 가영 씨는 화면 모니터가 큰 데스크톱을 내버려두고 굳이 노트북의 작은 화면을 쳐다보지 않았다. 태블릿 PC는 도대체 왜 샀는지 이유조차 알지 못할 지경이었다. 그런데도 그녀는 그 물건들을 인터넷 중고 사이트에 내놓을 생각은 절대 없다. 그녀가 생각하기에 이제 노트북이나 태블릿 PC는 휴대전화처럼 누구나 하나쯤은 가지고 있는, 또는 가지고 있어야 하는 필수품이다. 그래서 지금 당장은 유용하게 활용하지 못해도 언젠가는 사용하게 될 것이라고 막연하게 믿었다.

가영 씨의 이 같은 소비를 두고 행동경제학에서는 이렇게 해석한다. '우리는 자신의 선호가 분명하며, 그에 따른 소비를 한다고 생각하지만 사실은 그렇지 않다. 우리는 무엇을 보고, 어떤 환경에 놓이느냐에 따라 선호를 형성한다. 또한 주변 사람들이 어떤 행동을 하는 것을 보면 자신도 함께할 가능성이 많다.'

이는 일종의 앵커링 효과(anchoring effect, 정박 효과)로 최초 습득한 정보에 몰입하여 새로운 정보를 수용하지 않거나 부분적으로만 수정하는 인간 행동의 특성이기도 하다. 실제로 주변 사람들이 모두 한 가지 행동을 하고, 하나의 음식, 한 가지 옷을 산다면 우리는 혼자 다른 걸 하기보다 그것을 따라할 확률이 높다. 그리고 기업이나 마케터들은 더 많은 소비자의 구매를 유도하기 위해 이 같은 행동양식을 충분히 활용한다.

가장 대표적인 예로 '밸런타인데이'와 '화이트데이'가 있다.

밸런타인데이는 여자가 남자에게 초콜릿을 선물하는 날이다. 이날의 초콜릿 판매량은 여느 날의 몇십 배다. 밸런타인은 원래 고대 로마의 그리스도교 성인 발렌티누스를 기리는 축일이다. 로마 황제 클라우디스 2세가 군대의 기강이 문란해질까 봐 병사들의 결혼을 금지했는데도 불구하고 발렌티누스는 이를 어기고 혼인성사를 집전했다가 순교한 날이라는 설이 있다. 그래서 밸런타인데이에는 사랑하는

연인에게 초콜릿이나 사탕을 주는 문화는 기업의 마케팅에 의해 탄생했다.

사람들끼리 선물이나 카드를 주고받는 풍습이 생겼는데, 요즘처럼 여자가 남자에게 초콜릿을 선물하는 것으로 변한 건 일본의 제과회사에서 시작한 상업적 마케팅 때문이다.

1958년 일본에서는 여자가 남자에게 쉽게 사랑을 고백하지 못하는 분위기였다. 이때 모리나가 제과에서 '이날 하루라도 여자가 남자에게 사랑을 고백하자'라는 캠페인을 벌이며 '초콜릿을 선물하면서'라는 문구를 끼워 넣었다. 당시엔 그다지 인기를 끌지 못했지만 이 전략을 지속적으로 이어간 결과 1970년대 들어 유행처럼 번지기 시작했다. 그러자 모리나가 제과에선 자사의 비인기 상품인 마시멜로를 팔기 위해 '2월 14일에 초콜릿을 받은 사람은 3월 14일에 마시멜로로 보답하라'는 전략적인 광고를 냈다. 화이트데이의 화이트는 마시멜로가 흰색인 것에서 비롯되었다.

소비자가 마케팅 전쟁에서 살아남는 법

**쌓여 있는 택배 상자들을 보며 감정적인 소비를 했다는 걸 스스로 인정하면
유혹에서 벗어날 확률이 높아진다.**

이 기념일들은 이젠 하나의 문화가 돼버렸다. 심지어 초콜릿이나 사탕을 주거나 받지 못하면 우울한 날처럼 여겨지기까지 한다. 특수를 누리려는 많은 판매자들이 저렴한 재료로 아무렇게나 만들기도 하고 평상시보다 비싼 가격으로 판매하기도 하지만, 사람들은 초콜릿이나 사탕을 구입해 연인에게 선물로 주는 일을 멈추지 않는다. 또한 이 모든 일의 배경엔 기업의 마케팅이 있다는 것을 알아도 여전하다. 밸런타인데이나 화이트데이는 이젠 누구도 의심할 수 없는 하나의 문화로 자리잡았기 때문이다.

가영 씨는 이런 분위기에 휩쓸려 소비를 하는 것이 싫다. 마케터들의 유혹에 쉽게 넘어가는 것이나 분위기에 휩쓸리는 것이나 다른 사람이 구입하면 따라 구입하던 일들은 결국 자신이 원하는 게 무엇인지 생각해볼 기회를 빼앗아버렸다. 더군다나 경제적으로도 아주 큰 부담으로 다가왔다.

그래서 생각해낸 것이 구매목록을 쓰는 것이지만 목록을 작성하는 첫날부터 난관에 부딪혔다.

'어, 이게 진짜 필요하나? 정전기 청소포?'

지난 2년 동안 그녀는 정전기 청소포를 계속 사용해왔다. 정전기 청소포를 알기 전에는 빗자루와 걸레로 청소를 했지만, 한 홈쇼핑 채널에서 정전기 청소포를 파는 걸 보고 구입한 이후로 그 편안함에 놀라워하며 매달 일정 비용을 지불하면서 구입해온 것이다. 이런 물품은 생각보다 많았다. 테이프 클리너, 섬유탈취제, 일회용 변기 클리너 등이 그랬다. 이런 물품들을 알기 전까지는 그녀의 생활에서 없어서는 안 되는 물품이 아니었다. 그런데 언제부터인가 테이프 클리너로 침대 청소를 하기 시작했고, 외출에서 돌아오면 무조건 섬유탈취제를 뿌리기 시작했고, 변기솔로 청소하던 것도 일회용 클리너로 대체하기 시작한 것이다.

최소한의 필요한 물품만 적어 가 장보기 비용을 좀 줄이려 해도 그 '최소한의 필요한 물품'이라는 것부터 적은 편이 아니었다. 목록대로만 구입해도 적정 예산을 훨씬 뛰어넘고 있었다.

'정말 꼭 필요한 물건이란 뭘까. 필요하지 않은 물건이 있기나 한가.'

가영 씨의 이 같은 고민을 똑같이 한 사람이 있다. 바로 『굿바이 쇼핑』의 저자 주디스 러바인이다.

주디스는 쇼핑을 좋아하고 즐기는 사람이었다. 특히 추수감사절 다음 날인 블랙 프라이데이를 기점으로 연말까지 이어지는 할인행사 기간에는 정말 신 나게 쇼핑을 즐겼다. 그동안 가지고 싶었던 것 또는 가져야 했던 것을 마음껏 구입하느라 그 달의 카드 결제액은 여느 때보다 훨씬 높게 나왔지만 그다지 신경 쓰지 않았다. 원래 가격에서 할인 가격을 빼면 그만큼의 이익을 챙긴 것이나 마찬가지이기 때문이다. 그러던 어느 날이었다. 매년 그랬듯 그녀는 할인행사 기간을 놓치지 않고 물건들을 잔뜩 구입했다. 그리고 그 물건들은 어김없이 종이 쇼핑백을 가득 채웠다. 그녀는 무거운 쇼핑백을 들고 집으로 향하던 중 길모퉁이에서 장갑을 한 짝 떨어뜨리고 말았다. 장갑을 줍기 위해 허리를 굽히고 고개를 숙였다. 그와 동시에 쇼핑백의 모서리도 바닥에 닿아 웅덩이의 물기를 머금게 됐다는 건 미처 알아차리지 못했다. 뒤이어 장갑을 들려는 순간 갑자기 무언가가 와르르 쏟아지는 느낌을 받았다. 종이 쇼핑백의 아랫부분이 찢어지며 그 안에 있는 물건들이 어이없이 바닥으로 내동댕이쳐진 것이다.

"아!"

그녀는 순간 확 치민 짜증에 어쩔 줄 몰라 했다. 길바닥에 흩어져 있는 물건들을 내려다보는 그녀의 머릿속에 한 가지 의문이 들었다.

'인생이 이런 것만은 아닐 텐데……. 도대체 소비가 내 인생에서 차지하는 역할은 무엇일까.'

더할 나위 없이 가벼워진 종이 쇼핑백을 든 채 그녀는 생각했다.

'이렇게 살 수는 없어.'

그리고 그날의 경험은 그녀 인생의 전환점이 돼버렸다. 그녀의 남자친구인 폴 칠로와 함께 진지하게 의논을 하고 그들의 삶을 바꿀 만한 실험을 해보기로 한 것이다. 그 실험은 '1년간 쇼핑하지 않기'였다. 책으로 출간된 『굿바이 쇼핑』은 바로 1년간 쇼핑을 하지 않고 어떻게 살 수 있는지를 보여주는 기록이다.

쇼핑을 하지 않고 어떻게 살 수 있을까. 얼핏 생각하기엔 실현 불가능한 일이다. 정말 아무것도 구입하지 않고 살 수 있을까. 다른 건 몰라도 식료품은 구입해야 하지 않을까. 당연한 말이지만 사람은 생

나에게 꼭 필요한 물건을 사고 있는 걸까?

존을 위해서라도 기본적인 음식은 섭취해야 한다. 또한 최소한의 생활을 유지하기 위해 필요한 물건들이 있다. 주디스가 '1년간 쇼핑하지 않기'를 결심한 것은 생필품이 아니라 사치품에 대한 것들이다. 어떻게 보면 아주 단순하면서도 간단한 결심인 것 같기도 하다. 하지만 여기엔 한 가지 문제가 있다.

'어떤 것이 생필품이고, 어떤 것이 사치품인가.'

그녀는 자신의 결심을 실행에 옮기기 전에 생필품과 사치품을 구분하는 일부터 시작해야 했다. 이를테면 매일 먹는 빵, 화장지, 비누 등은 생필품으로 아이스크림이나 비싼 옷은 사치품으로 분류하는 식이다. 그러니까 '1년간 쇼핑하지 않기'의 정확한 의도는 '필요 없는 물건이나 사치품을 구입하지 않기'다.

가영 씨도 구매목록을 작성하기 전에 생필품과 사치품을 구분 지을 필요가 있었다. 그런데 생각처럼 쉽지가 않았다. 주디스에겐 필수품이지만 그녀에겐 사치품일 수도 있고, 또는 그 반대의 경우도 있을 수 있다. 이를테면 주디스에겐 우유가 생필품이지만 그녀에겐 전혀 그렇지 않은 식이다. 또한 가영 씨가 사치품으로 분류한 노트북이 다른 누군가에게는 필수품일 수도 있을 것이다.

사람들은 각자 다른 문화, 다른 생활권에서 살 뿐 아니라 각자의 경험치나 가치관, 행동방향 등도 다르다. 따라서 무엇이 필수품이고 무엇이 사치품인지, 그에 대한 절대적 기준을 정한다는 것 자체가 모호한 것이다. 누군가는 이렇게 질문할 수도 있다.

'나한텐 꼭 필요한 물건인데 왜 그걸 사치품이라고 하지?'

가영 씨도 자신의 기준이 절대적이라고 생각하지 않는다. 다만 주디스가 자신의 소비에서 거품을 빼기 위한 작업을 한 것처럼 다분히 개인적이지만 그런 선택으로 자신의 소비에서 스스로 주도권을 잡고 싶은 것이다. 적어도 어디로 향하는지 모르는 소비의 속도에 휘말리고 싶지는 않았다.

이런 의지를 가지고 있지만 필요한 물건과 그렇지 않은 물건을 분류하는 작업은 여전히 어려웠으며 꽤 많은 시간이 소요됐다. 결국 그녀는 한탄하고 말았다.

'이렇게 따지면 나한테 필요한 물건이 있기나 한 거야? 식료품을 빼면 결국 다 없어도 되는 물건들이잖아.'

소유보다 획득하는 행위를 통해 만족감을 얻는다

"사람들 사이에 '쇼핑 병'이라고 부르는 것이 분명히 있습니다. 소유에 대한 자부심보다 획득하는 행위를 통해 만족감을 얻는 것이죠. 우리가 살고 있는 소비문화 속에서 열심히 일한 데 대한 보상은 종종 소비하는 능력입니다. 여기서 문제는 나이가 들면서 경제적인 힘을 어떻게 우리 자신과 가족, 그리고 인류에 이로운 방향으로 쓰느냐는 것입니다."

파코 언더힐 Paco Underhill
쇼핑컨설팅사 인바이로셀 CEO
저서 : 『쇼핑의 과학』

INTERVIEW

브랜드 구매를 통해
우월감을 느낀다

"애플은 내가 누구인지 보여주는 강력한 도구죠. 최신 아이패드를 가지고 싶고, 신제품 아이폰 5를 원하는 것은 세상에 내가 멋지고 우월하다는 것을 보여주기 때문이죠. 제 의견이 아니라 신경과학이 보여줍니다. fMRI(자기공명영상장치)를 통해 실제로 대뇌전두극부(Brodmann area 10)의 활성화를 볼 수 있죠. 뇌에서 '쿨 스팟'이라고도 불리는 영역입니다. 사람들은 아이패드 신형을 살 때 세상의 다른 사람들을 향해 우월감을 느껴요. 자신감을 높여주는 브랜드 구매를 통해 세상에 내가 누군지, 어떤 사람인지 보여주는 거죠. 멋지고 세련되게 보이고 싶은 마음, 그 열망이 드러나는 겁니다."

마틴 린드스트롬 Martin Lindstrom
세계적인 브랜드 컨설턴트
저서 : 『쇼핑학』, 『오감 브랜딩』

05
필요 없어도
이미지에 현혹되어 산다

　'나에게 필요한 것과 그렇지 않은 것'을 고민하기 시작한 이후로 가영 씨는 이제까지 구입했던 모든 물건들에 대해서도 의심하기 시작했다. 좀 더 정확하게는 현재와 미래의 소비를 위해 과거의 소비를 살펴보고 분석하기 시작한 것이다. 그래야 그녀 자신이 사실은 어떤 소비자였다는 걸 알 수 있을 것 같아서다.

　그녀는 첫 번째로 옷장부터 살폈다. 옷은 그녀가 가장 많이 구입하며, 구입하고 싶어 하며, 구입했을 때 기분이 좋아지는 품목이었다. 그리고 구입했을 당시엔 자신에게 어울린다고 생각했지만 집에 들고 와서는 차마 입지 못해 옷장 구석에 넣어둔 적이 많은 품목이기도 했다. 가영 씨는 옷들을 바닥에 다 꺼내놓고 나서 적잖이 놀랐다. 그냥 사두기만 했을 뿐인 셔츠나 치마, 바지가 열 벌은 족히 넘는 것도 문제였지만 생전 처음 보는 듯한 옷도 두 벌이나 되었다. 정말 기억 속에서 깡그리 지워진 옷들이었다.

'이걸 내가 언제 샀지?'

곰곰이 생각해보니 두 벌 다 기억이 나긴 했다. 하나는 백화점 마네킹에 걸려 있는 옷을 보곤 첫눈에 반해 구입했던 것이고, 다른 하나는 광고에서 유명 연예인이 입은 옷을 보고 그날 바로 인터넷 쇼핑으로 구입한 것이다. 두 옷은 스타일도 구입처도 다르다. 하지만 그녀에게 어울리는지 따지지 않고 옷 자체가 주는 이미지에 유혹되어 선뜻 구입했다는 사실만큼은 똑같다. 그리고 막상 그녀가 입었을 때 전혀 어울리지 않으며 필요한 옷도 아니라는 걸 알았지만 굳이 환불하지는 않았다. 그때 그녀가 구입했던 것은 옷이 아니라 옷에 따라붙는 이미지였기 때문이다. 그녀는 그 이미지를 소유할 수 있는 것에 만족감을 느꼈다. 또한 잘 보관하고 있으면 언젠가는 입을 일이 생기리라 여겼다. 하지만 결국 그런 일은 일어나지 않았기에 둘 다 옷장 깊숙이 처박힌 채 기억 속에서도 사라져 버렸다.

이런 물건은 옷뿐이 아니었다. 가방 보관함, 신발장, 책상 서랍, 싱크대 서랍 등 물건이 들어 있을 만한 정리함들을 다 살펴본 결과 잊혀졌던 물건들이 튀어나왔다. 딱 한 번 들어본 적이 있는 가방 하나,

한 번도 신지 않은 신발 세 켤레, 처음 보는 것 같은 귀걸이 두 쌍, 아무리 생각해도 구입한 기억 자체가 없는 향초 세트까지 그 종류도 다양했다. 하지만 가장 가관은 냉동실 안이었다. 냉동실 안에 있는 식료품들 중엔 1년도 훨씬 전에 구입했던 미숫가루, 냉동만두 같은 것들이 굴러다니고 있었다.

사실 이런 상황은 그리 놀랄 만한 일도 아니었다. 어쩌면 집안 곳곳을 채우고 있는 물품들을 일일이 다 기억한다는 게 더 놀라운 일인지도 모른다. 백화점이나 마트에 갔다 하면 마치 습관처럼 자잘한 물건 하나라도 구입하곤 했다. 길거리를 걷다가도 눈에 띄는 물건이 가격까지 싸면 일단 사두곤 했던 사례는 일일이 손에 꼽을 수 없을 정도로 많았다.

우리가 살고 있는 이 세상은 그 어느 시대보다 많은 물건들을 만들어내고 있으며, 어디에 가든 물건들로 넘쳐나고 있다. 필요하지 않아도 혹할 정도로 예쁘거나 어떻게든 소유하고 싶은 물건들의 유혹을 그냥 지나치기란 매우 어려운 일이다.

게다가 우리가 유혹되는 건 단지 물건만의 가치가 아니다. 이제 물건은 하나의 사물이 아니다. 그 물건에 부여된 사회적 이미지가 중요해졌다. 기업은 '당신이 이 제품을 쓰는 순간 다른 사람보다 높은 가치를 지닌 존재로 거듭난다'고 끊임없이 속삭이며, 우리 역시 그 속

물건들이 넘쳐나는 세상에서 당신은 어떤 존재인가?

삭임을 들으며 물건에 또 다른 가치를 입혀버린다. 실제로 그런 물건을 가져도 자신의 삶에서 손톱만 한 변화도 일어나지 않는다는 걸 깨달을 때가 많지만, 적어도 그 물건을 사는 순간만큼은 이제까지 의 자신과는 다른 무엇이 된 것 같은 기분마저 든다. 밤 12시가 되면 마법에서 풀려 초라한 소녀로 돌아가야 하는 신데렐라처럼 그 시간은 매우 짧고 허무하지만 그나마 그런 감정을 한 번이라도 느끼기 위해서라면 우리는 지갑을 여는 데 크게 주저하지 않는다.

흔히 어떤 물건이 필요하다고 말하는 건 그 물건의 소용 때문이다. 쓸모 있게 사용할 수 있으며 만약 없을 경우엔 큰 불편을 겪는다. 이를테면 옷, 손톱깎이, 밥그릇 등이 그러하다. 그런데 이건 어디까지나 실용적인 관점에서만 판단한 것이다. 인간은 신체뿐 아니라 마음과 영혼까지 있는 복잡한 존재다. 프랑스의 시인 발레리가 표현한 것처럼 "대도시의 문명인이 고립 상태로 되돌아가 개인들의 유대감을

넘쳐나는 물건들 더미에서 빠져나오기란 쉽지 않다.

상실하게 되는" 현실에서 정신의 허전함을 채우고자 사물들을 이용
하는 것이 어떻게 필요하지 않은 일이라고 말할 수 있을까. 생활에
직간접적으로 필요한 물건들이 있듯 사람의 마음을 채우는 데 필요
한 것들도 있다. 얼굴이 곱지 않아 자존감이 떨어진 사람이 성형수술
을 받은 후에 자신감이 생기는 사례도 있지 않은가. 마찬가지로 타인
에겐 전혀 필요해 보이지 않으며 심지어 사치하는 것처럼 느껴지는
것도 본인이 그 물건을 통해 만족감과 자신감을 얻을 수 있다면 그
것은 필요한 물건이 되는 것이다.

　독일의 철학자 한나 아렌트는 "소유는 인간의 세계성을 위한 가장
기본적인 정치적 조건"이라고 표현했다. 욕망의 생산이 상품의 구매

보다 먼저 일어날 수밖에 없는 것도 바로 이런 맥락과 같이한다. 기업은 단순히 상품을 판매하는 것에만 중점을 두지 않고, 상품에 새로운 가치를 덧입혀 지속적이면서도 사회 전체로 번지는 욕망으로 이어지게 유도한다. 그것이 곧 끊임없이 돈이 나오는 화수분이 되기 때문이다.

하지만 가치를 덧입힌 물건을 소유하며 느끼는 만족감은 일시적이다. 또 다른 만족을 얻기 위해서는 새로운 가치를 지닌 것처럼 보이는 또 다른 물건이 필요하다. 단 몇 분 또는 단 며칠의 기쁨 뒤에 슬그머니 찾아올 공허함을 다시 또 다른 사물로 채우는 반복은 끊임없이 바위를 산꼭대기까지 밀어올려야 하는 시지포스의 형벌과 별반 다를 것이 없다.

그래도 사람들은 쉽게 물건들의 더미에서 빠져나오지 못한다. 어딜 가든 넘쳐나는 물건들과 그 물건들로 치장한 사람들과 특정한 물건의 소유가 어떤 가치를 주는지 시도 때도 없이 세뇌시키는 세상에서 자기 의지로 그 속을 빠져나오기란 쉽지 않기 때문이다. 이미 세상은 자본주의적 가치 안에서 사람들에게 소비를 부추기고 있으며 그 소비가 당신의 허전한 영혼을 채울 수 있다고 말하고, 사람들은 그 가치에 자의적이든 타의적이든 함몰되어 있다. 그런데도 소비를 단지 개인의 욕심으로만 치부하고 개인의 나약한 의지를 탓하는 건 정말 가혹한 일이지 않은가.

소비자가 마케팅 전쟁에서 살아남는 법

자본주의 사회의 역기능을 걱정하며 '당신은 왜 그렇게 사들입니까? 왜 물건의 가치로 자신의 가치를 결정합니까?'라고 비난하기는 어렵지 않다. 우리는 물질의 가치보다 정신적 가치를 중요시해야 하며, 그렇지 못해서 이 사회가 천민자본주의가 되어 간다며 땅을 치며 한탄하는 것도 그리 어려운 일이 아니다.

우리의 소비가 브레이크가 고장 난 기관차처럼 끝없이 달리는 것을 멈추게 하려면 단순한 비난이나 한탄만으론 어림도 없다. 쓰지도 않은 물건들을 한순간에 혹해 구입하고 바로 죄책감을 느끼는 일이 반복되는데도 우리는 여전히 같은 실수를 또 하게 될 것을 알고 있다. 이제 우리는 자신에게 이 같은 질문을 할 수밖에 없다.

'소비자본주의 사회에서 소비를 개인의 책임으로만 몰아붙일 수 없다고 해서 우리는 우리의 책임에 대해 간과해도 되는 것일까.'

사실 우리는 원하는 만큼 소비할 능력을 가지고 있지 못하다. 그러니 소비의 수준이 신분을 나누는 하나의 기준점이 된다고도 말하는 것이다. 소비를 따라갈 경제력이 한정적이기 때문에 우리는 시스템을 탓하기에 앞서 먼저 자신의 생활을 책임지기 위한 소비를 해야 한다. 아무리 사회 시스템이 부러움과 시기심을 부추겨 우리를 힘들게 만들어도 내지르기보다는 참아야 할 때가 더 많다.

스스로를 다스리는 힘은 우리가 반드시 가지고 있어야 할 자질이

자본주의 사회에서 살아남기 위해서라도 스스로 소비를 다스릴 수 있어야 한다.

되었다. 모든 본능이나 욕망을 뒤엎을 만큼 인간에게 가장 절실한 건 사회 속에서 어떻게든 살아남는 일이다. 그리고 자본주의 사회에서 살아남는다는 건 파산하지 않고 자신의 생활을 최대한 꾸려나가는 것이다. 소득을 넘어서지 않는 소비와 미래를 준비하는 저축은 각개 전투의 총검처럼 우리에게 필수적인 요건이 되었다.

가영 씨는 쓰지 않았거나 잊혀졌던 물건들이 널브러진 방을 보면서 이런 생각을 했다.

'이게 다 얼마야?'

그 돈을 다 모았다면 통장에는 지금보다 더 많은 액수가 찍혀 있었을 것이다. 그런데 그 와중에도 그녀는 스스로를 위로할 만한 꽤 좋은 변명거리를 바로 찾아냈다.

'그래도 난 명품 같은 건 안 사잖아.'

광고를 보며 소비자는
꿈꾸는 상태가 된다

"광고 모델을 보면 그 사람과 동일시하고, 그 사람이 되고 싶어지죠. 판매나 광고에서는 모델을 내세워 '나도 저 사람이 될 수 있다'고 느끼게 만듭니다. 그러면 소비자는 꿈꾸는 상태가 되죠. 꿈꾸는 상태가 되면 자신의 모습을 거울에 비춰 보는 게 아니라 그 모델을 통해서 봅니다."

마틴 린드스트롬 Martin Lindstrom
세계적인 브랜드 컨설턴트
저서 : 『쇼핑학』, 『오감 브랜딩』

자존감을 높여야
돈을 덜 쓰게 된다

"어떤 사람들은 자존감이 낮아지면 소비로 그것을 채우려고 합니다. 기분이 안 좋기 때문에 스스로를 부풀리는 거죠. 내적인 감정이 안 좋으니 겉보기에 좋게 만들어야 해요. 자존감 문제를 해결하는 것은 자신을 보다 깊이 사랑하게 만듭니다. 그래서 돈을 덜 쓰게 해줄 수 있습니다."

올리비아 멜란 Olivia Mellan
임상심리학자, 머니 코치

06
명품이 나의 가치를
높여준다는 착각

가영 씨가 명품을 구입하지 않는 이유는 딱 하나다. 월 200만 원 남짓 받는 월급으론 감당하기 힘들기 때문이다. 친구 중에는 월급이 많지 않지만 24개월 할부를 해서라도 명품 가방을 구입해서 들고 다니는 이도 있다. 또 어떤 친구는 카드 대출을 받아 중고 명품을 구입하기도 한다. 가영 씨도 손에 돈이 없어도 명품을 구입하는 방법이 없지 않다는 것을 안다. 또 실제로 당장 돈을 빌려주겠다는 유혹도 많이 받는 편이다.

신용카드 회사에서는 매달 카드론 대출이자를 특별히 할인해 준다는 우편물을 보내고, 대부업체들은 온갖 매체를 통해 당신이 필요하면 언제든 돈을 빌려준다고 광고한다. 이런 우편물을 받거나 광고물을 보면 괜히 안심될 때도 있다. 사람 일이란 알 수가 없으니 언젠간 진짜 돈 100만 원 때문에 아쉬운 상황이 생길 수도 있을 것이다. 막막하고 힘들 때 친구들에게 우는소리를 하느니 몇 푼의 이자를 얹어주더라도 금융권의 힘을 빌리는 게 더 낫다는 게 그녀의 생각이다. 물론 장기적으로 은행 빚을 갚지 못해 불어나는 이자를 감당해야 하는 불상사만 없다면 말이다. 급한 불 정도는 끌 수 있는 돈을 빌려주겠다니 참으로 고맙기도 하다. 하지만 그건 어디까지나 최악의 순간에나 생각할 일이다. 적어도 명품을 구입하기 위해 빚을 지고 싶지는 않다. 그런 그녀에게 이렇게 말하는 친구도 있었다.

"흔히 자기 팔자는 자기가 만든다고 하잖아. 어떤 옷을 입고, 어떤 신발을 신고, 어떤 가방을 드는지에 따라 그 사람의 가치가 결정되는 법이야. 처음 만난 사람이 상대방을 평가할 수 있는 잣대는 내면이 아니라 외모니까. 일단 외모에 관심이 가야 그 사람의 내면에도 관심을 가질 수 있지 않겠어? 그리고 명품으로 치장을 하면 자신감도 생겨. 자신감은 상대방에겐 매력적으로 어필하는 요소거든. 사회생활에서 가장 중요한 건 사람들과의 관계잖아. 그 관계에서 일단 기가 죽지 않으려면 명품이 필요할 때가 있지. 이게 현실이야."

가영 씨는 친구 말에 전적으로 동의하지는 않았다. 하지만 이왕이면 좋은 물건, 오래 쓸 수 있는 물건, 남들도 알아주는 물건을 사용하

소비자가 마케팅 전쟁에서 살아남는 법

는 것이 좋지 않겠냐는 말에는 고개를 끄덕였다. 그녀 역시 여러 개의 싼 물건보다는 좋은 물건 하나가 훨씬 낫다고 생각한다. 하지만 자신의 현실에 맞지 않게 굳이 빚을 지면서까지 명품을 가져야 한다고 생각하지는 않는다. 또한 친구의 말대로 명품을 가지고 있다고 해서 없던 자신감이 갑자기 생길 것 같지도 않고, 그것이 그녀의 가치를 올려줄 것 같지도 않다. 그래서 묻는다.

"명품 옷을 입거나 명품 신발을 신고 명품 가방을 들면 정말 가치가 올라간다고 생각하니? 다른 사람은 몰라도 자기 자신에 대해서는 자기가 제일 잘 알고 있는데. 무리해서 명품을 사고 그 빚을 갚기 위해 마음 졸이고 있는 자신의 상황도 말이야."

친구는 1초의 망설임 없이 말한다.

"내가 어떤 사람인지 내가 알고 있는 건 중요하지 않아. 다른 사람들은 모르니까. 일단 시선이 달라져. 나를 바라보는 시선만으로도 호감도가 상승되고 있다는 걸 느낄 수 있지."

친구는 예전엔 사람의 눈빛이나 말투 같은 것으로 호감도가 좌우됐다면 지금은 그 사람이 입은 옷, 시계, 구두에 따라 좌우된다는 말도 덧붙였다. 하다못해 백화점, 레스토랑에 가더라도 명품으로 치장했을 때와 그렇지 않을 때의 서비스가 다르다는 것이다.

"명품은 그 사람의 가치를 결정하는 게 맞아. 실제로 대우가 달라지니까. 그런 대우를 한 번 받고 나면 명품을 구입하지 않을 수가

도파민은 신경전달물질로
게임을 하거나, 술을 마시거나, 쇼핑할 때 많이 분비됩니다

나의 가치는 타인의 시선에 의해 정해지는 것일까. 명품을 손에 넣는 순간
짧은 시간 동안 쾌감을 느끼게 하는 도파민이 뇌에서 분비된다.

없어. 명품을 구입할 땐 내가 쓸 물건을 구입하는 게 아니라 나를 높여줄 가치를 구입하는 거니까. 아무리 돈이 많이 들어도 아깝지가 않지."

확신에 찬 친구의 눈이 살짝 빛을 발한다. 그 눈빛을 본 순간 가영 씨는 영화 〈블링링The Bling Ring〉의 청소년들이 떠올랐다.

〈블링링〉은 십대 청소년들이 빈집털이를 하다 결국 붙잡히게 된 실화를 영화화한 것이다. 주인공들은 패리스 힐튼, 린제이 로한 같은 할리우드 스타들이 장시간 집을 비우며, 심지어 거대하고 넓은 저택의 문을 일일이 닫고 다니지 않는다는 것을 알게 되었다. 그들은 할리우드 스타들의 저택으로 들어가 에르메스, 루이비통, 샤넬 등 최고급 명품들을 훔쳤다. 하지만 그들의 목적은 돈이 아니었다. 할리우드 스타들처럼 멋지게 명품을 차려입고 폼 나게 사는 것이었다. 그래서 그들은 훔친 명품을 휘감은 채 거리를 활보하거나 클럽을 돌아다녔다. 또래 아이들의 부러운 시선을 마음껏 즐기며 정말 그 순간만큼은 대단한 사람이라도 된 듯 한껏 들떴다. 심지어 자신들의 모습을 매일 밤 SNS에 올려 자랑하기까지 한다. 그 덕에 그들의 빈집털이는 꼬리를 밟히고 말았지만, 타인에게 자신들이 얼마나 값비싼 물품을 소지하고 있는지 보여주려면 감수해야 하는 위험이었다.

그들이 생각한 명품의 가치는 물건의 가치와 그것을 사용하는 사람의 만족도보다 '타인의 시선'에 의해 결정되는 것이었다. 누군가 봐주지 않으면 그것은 명품이어도 명품이 아닌 것이다.

그런데 타인의 시선이 그렇게 중요할까. 이번에도 가영 씨의 친구는 그렇다고 답변한다.

자본주의 이전의 시대는 계급이나 신분이 명확하게 구분돼 있었다. 아무리 돈이 많은 사람이라도 신분이 높지 않으면 집의 규모나 마차의 수준을 올릴 수 없었다. 하지만 이젠 소비를 통해 자신의 신분과 계급을 높일 수 있다고 믿는다. 그러니 타인과 같은 물건을 소유하거나 소비하는 것은 그다지 큰 만족감을 주지 못한다. 누구나 옷을 살 수 있지만 내가 사는 옷은 달라야 하며, 누구나 가방을 들 수 있지만 내가 들고 다니는 가방은 달라야 한다. 일종의 '구분 짓기'다.

'구분 짓기'는 기본적으로 배타성을 함의하고 있다. 나와 네가 다르고, 우리와 너희가 다르다. 그런데 이 다름은 다양함을 의미하는 것이 아니다. 이쪽과 저쪽의 줄을 긋는다. 보다 많은 것을 가질 수 있는 자와 그렇지 못한 자, 명품을 가질 수 있는 자와 그렇지 못한 자 등으로 소비가 이쪽과 저쪽의 경계선이 되는 것이다. 북 치고 장구 치며 소란스럽게 선을 긋는 대신 조용하고 음흉하게, 어느 순간 우리와 너희는 다른 세상 속에서 살고 있는 것이다. 그것이 소비하는 집과 소비하는 차와 소비하는 물품의 차이로 나타나는 것을 이젠 그 누가 아니라고 할 수 있겠는가.

폴란드 출신의 사회학자 지그문트 바우만은 『쓰레기가 되는 삶들』에서 이 같은 현실을 한마디로 정리했다.

"사회적 위계에서의 상승 정도는 원하는 바(그것이 무엇이든)를 지체 없이 당장 얻을 수 있는 능력의 향상에 의해 측정된다."

이런 현실에서 인간은 새로운 욕구를 충족하지 못해 뒤처질지도 모른다는 공포감을 항상 가지고 있다. 구분 짓기는 어떤 면에서 폭력적으로 각 개인의 삶을 불안하게 만들 수 있다. 바로 '무언가를

소비자가 마케팅 전쟁에서 살아남는 법

가지지 못했다는 이유만으로, 쓰레기가 되는 물건들처럼 '쓰레기가 되는 삶'을 조장할 수도 있기 때문이다.

그 틈에서 가장 큰 덕을 보는 것은 의심할 여지 없이 많은 물건들을 생산해내는 기업이다. 산업혁명 이후 영국이 쏟아지는 상품들을 국내 소비만으로는 감당할 수 없어 식민지에 갖다 파는 것으로 탈출구를 만들었듯 오늘날 기업은 광고 마케팅으로 수많은 물품들을 소비하도록 이끈다. 그리고 그 방법은 『쓰레기가 되는 삶들』에서도 지적했듯 '자동차를 열정과 욕망에 결부시키며, 휴대전화를 영감과 욕망에 결부시키는' 식이다. 우리가 우리의 가치를 물건과 동일시하기까지 광고 마케팅은 기업들에게 아주 유용한 도구가 돼주었다.

특히 광고에서 주로 사용하는 '뉴로 마케팅'(신경과학을 의미하는 '뉴로'와 '마케팅'의 합성어)은 인간의 무의식적 반응을 이끌어내 소비로 연결시킨다. 미국 하버드대학교의 제럴드 잘트먼 교수는 인간은 95%의 무의식 속 잠재의식에 의해 판단하고 행동한다는 연구 결과를 발표한 적이 있다. 그리고 이를 재빠르게 활용한 분야가 바로 광고다. 소비자의 무의식적 반응이나 심리, 행동의 메커니즘을 파악해 마케팅에 응용하기 시작하면서 기업은 이전보다 훨씬 높은 매출을 올릴 수 있었다.

뉴로 마케팅은 제품의 명칭, 디자인 기능 등 개발 단계에서부터 시작된다. 로고나 광고, 디스플레이를 통해 브랜드의 이미지를 형성하고 사람의 눈동자와 머리가 움직이는 방향까지 측정해 시장을 분석한다. 한마디로 소비자의 두뇌를 읽고 그것을 잘 활용해 매출로 이어지게 하는 것이 뉴로 마케팅이다. 이를테면 같은 제품이라도 그 제품에 어떤 이미지를 입히고, 어떤 방식으로 포장하고, 어떤 식으로 배열하는지에 따라서 소비자들의 선택이 바뀐다. 이는 소비자인 우리 자신도 알지 못하는 반응을 마케팅이 이끌어내는 것이기 때문에 극단적으로 말하면 우리의 무의식은 자신도 모르게 조종당하고 있는 것이다. 명품이 단순히 질 좋은 물건이 아니라 타인의 시선에 대해 나의 가치를 높여주는 물건으로 거듭난 데에도 마케팅의 역할은 결코 작지 않다.

가영 씨는 친구에게 마지막으로 이렇게 물었다.

"그런데 명품이 자신의 가치를 높인다는 건 네 생각이 맞니?"

감각적인 경험으로
고객을 유인한다

"현대 마케팅에서 일어난 변화 한 가지가 고객들을 유인하는 데 있어서 환경 전체에 집중하고, 오감 모두를 전면적으로 사용할 수 있게 됐다는 것입니다. 저는 고객이 특정한 것을 보게 하고, 고객이 듣도록 음악 소리를 조절하죠. 특정한 맛도 느낄 수 있게 하고 싶습니다. 몸에 닿는 촉감도 느끼기를 원하고요. 이 모든 감각적인 경험을 물리적인 환경에 포함시키는 것은 고객의 충성도, 소비와 지출의 습관과 직접적 연관이 있습니다."

파코 언더힐 Paco Underhill
쇼핑컨설팅사 인바이로셀 CEO
저서 : 『쇼핑의 과학』

소비자는 행복을
극대화시키기 위해 소비한다

"소비자로서 우리는 일하면서 소득을 얻습니다. 저는 대학에서 일하고요. 다른 사람들은 기업에서 일합니다. 그런데 돈을 벌면 돈을 쓰고 싶습니다. 경제학자들은 이렇게 말하겠죠. 가장 효용이 있는 상품과 서비스를 가지려고 소비합니다. 행복을 극대화하기 위해 돈을 이용합니다. 사업은 이윤을 극대화하기 위해 노력합니다. 개개인은 일을 하여 돈을 벌고 행복을 극대화하려고 소비합니다. 이게 자본주의입니다. 시장경제에서 돈은 점수를 내는 방법입니다."

리처드 실라 Richard Sylla
미국 뉴욕대학교 금융사학과 교수
저서 : 『금리의 역사』

07
감정을 스스로 통제할 수 있는가

    가영 씨는 토요일 오후를 백화점에서 보내고 있다. 백화점은 정말 모든 고민을 날려버릴 정도로 편안하고 안락한 장소다. 적당한 습도와 온도, 쾌적한 공기, 편안한 조명 속에 있다 보면 세상 전체가 잘 정리돼 있는 기분까지 든다. 다리가 아프면 구석구석에 마련된 의자에 앉을 수 있고, 목이 마르거나 배가 고프면 지하나 고층 식당가에서 음료수나 음식을 먹으면 된다. 직원들은 더할 나위 없이 친절해 그다지 눈살 찌푸릴 일도 없다.

    하지만 가영 씨의 마음을 가장 편하게 하는 건 백화점엔 창과 시계가 없다는 사실이다. 바깥이 보이는 창이 없고 시간을 바로 알 수 있는 시계가 없으니 외부와 단절된 것 같은 시간과 공간에 온 듯한 느낌이 들어서 좋았다. 비록 소비자가 소비에 집중하도록 만든 장치일지라도 우울함을 떨쳐버리고 싶어 찾은 공간일 때는 그런 판매자의 의도 따윈 중요하지 않았다. 만약 그냥 집에 있었다면 한없이 가라앉은 기분으로 우울한 하루를 보냈을 것이다.

그녀의 우울함을 유발한 건 한 통의 전화였다. 지방에 사는 엄마는 아침부터 전화를 걸어 사촌의 결혼 소식을 전하고선 가영 씨의 자존심을 긁어대기 시작했다. 이제 갓 서른이 넘었지만 그녀는 꽤 오랫동안 엄마의 결혼 성화에 시달려왔다. "얼마나 못났으면 다른 애들 다 가는 시집을 못 가냐", "더 나이 들면 재처 자리밖에 안 난다", "남편도 자식도 없이 혼자 초라하게 늙고 싶냐" 같은 말을 듣다 보면 자기도 모르게 화부터 냈다. 그러면 엄마는 엄마대로 화가 난 상태에서 전화를 끊어버리고 가영 씨는 가영 씨대로 더욱 화가 나는 것이다.

통화가 끝난 뒤에도 한참 동안 감정이 추슬러지지 않아 기분전환삼아 외출한다고 한 것이 집 근처 백화점이었다. 딱히 살 물건은 없었다. 심지어 무언가를 구입하면 안 되는 사정이었다. 이번 달 카드 결제액이 만만치 않은 데다 다음 달엔 나가야 할 돈이 더 많았던 것이다. 사촌 결혼식 축의금, 엄마 생일 선물 등에 나갈 비용을 생각하면 조명 아래에서 매끈한 바닥을 우아하게 걸으며 예쁜 옷들을 구경하는 것으로 만족해야 했다.

소비자가 마케팅 전쟁에서 살아남는 법

그런데 아주 예쁜 원피스 하나가 눈에 들어왔다. 할인이 전혀 적용되지 않은 신상품이라 가영 씨에겐 지나치게 비싼 가격이었다. 이제껏 원피스에 이처럼 많은 돈을 지불해본 적은 없었다. 그런데도 그녀는 할부이자를 낼 각오까지 하고 6개월 할부로 원피스를 구입해버렸다. 만약 그 자리에서 사지 않으면 두고두고 생각나 그녀의 마음을 괴롭힐 거라는 생각이 들었다. 또한 그녀의 마음을 위로해주기 위한 뭔가가 필요하기도 했다. 하지만 무엇보다 '내가 이런 옷 하나도 못 사?'라는 생각이 들어 더 이상 망설이고 싶지가 않았다. 계속 망설이면 진짜 사는 게 너무 비참해질 것 같았다.

그런데 가영 씨가 미처 몰랐던 사실이 하나 있다. 자신은 그냥 편안하고 안락하며, 화려한 장소에서 우울한 마음을 달래려고 했을 뿐이었다. 하지만 집을 나섰을 때부터 그녀는 무엇이든 구입할 확률이 굉장히 높은 상태였다. '엄마 말이 맞아. 이렇게 살다 혼자 초라하게 늙을 수도 있겠지'라는 생각에 과도하게 우울한 상태였고 평상시보다 비싼 가격을 지출할 수 있는 상태였다.

이는 물건을 비싸게 팔고 싸게 구입하려는 '소유 효과'와는 전혀 반대되는 행동이다. 소유 효과는 자신이 소유한 물건의 가치를 더 높게 인식하는 것이다. 인간의 판단과 의사결정에서 흔히 나타나는 편향이다. 이를테면 친구에게 선물받은 인형을 되팔 땐 원래 가격보다

우울한 당신은 이미 무언가를 사도록 예정돼 있었다.

높게 팔고 싶어 한다. 우리의 뇌는 즉각적으로 소유물의 가치를 높게 여기는 편향성이 있다. 이와 같이 '소유 효과'로 인해 우리는 물건을 살 때보다 팔 때 더 높은 값을 요구한다.

하지만 우울한 상태에선 전혀 다른 현상이 나타난다. 인간은 우울하면 현재를 과대평가하는 경향이 있다. 또한 '현재 집중성'과 '물질적 자아'의 충족 욕구를 일으킨다. '현재 집중성'은 자신에 대한 집중이다. 자신에게 집중하면 슬픔의 영향력은 더욱 강화된다. 이때 누군가에게 구입하라는 권유를 받거나 쇼핑몰 안에 있으면 평소와 달리 더 쉽게 물건을 구입한다. 그리고 가격도 꼼꼼히 따지지 않는다. 설혹 물건의 가치에 비해 훨씬 더 비싼 가격이 붙어 있어도 깎아달라

런던대학교 펀햄 교수에 의하면 불안할 때, 우울할 때, 화가 났을 때 등
부정적인 감정에 있을 때 인간은 소비를 생각한다.

는 말 한마디 없이 그냥 지불해버린다. '자신에게 집중하는 것'은 자아를 만족시키려는 욕구와 관련이 있기 때문이다. 자아를 만족시키려는 욕구는 어느 때보다 간절히 뭔가 가지기를 원하는 것으로 이어진다. 이는 '물질적 자아'를 충족시키기 위해서다.

'물질적 자아'를 충족시키고 싶은 건 자존감이 바닥까지 떨어졌기 때문이다. 그런 자존감을 제자리에 돌려놓거나 높이는 방법으로 인간은 소유물의 획득을 선택한다. 환경을 바꾸고 싶다는 욕구가 일어나 '헌 것을 버리고 새것을 채우는' 식이다. 따라서 우울할 땐 자신이 소유한 물건은 더 낮은 가격에 팔려고 하고, 다른 물건을 사는 경우엔 평상시보다 더 많은 돈을 지불한다. 그런데 흥미로운 것은 본인은 이런 상황에 대해 전혀 인지하지 못한다는 점이다. 무의식적으로 더 많은 지출을 하는데도 자신은 정확한 가격을 지불했다고 생각한다.

슬픔과 우울함이 이 같은 영향력을 행사할 수 있는 이유는 앞으로 무슨 일이 일어날지 모른다는 느낌을 주고 자기 통제력을 거세시키기 때문이다. 이는 분노를 느낄 때와는 확연한 차이를 보인다.

슬픔이 가치 평가에 강한 영향력을 행사한다면 분노는 뇌에서 일어나는 여러 복잡한 과정으로 인해 자신이 상황을 통제할 수 있을 뿐 아니라 사건들을 예측할 수 있다고 느끼게 한다. 화가 난 상태이기 때문에 좋은 일만 생길 거라 믿지는 않지만 무슨 일이 일어나든 자신이 우세할 것이라 생각하는 것이다. 분노의 이런 특성은 확실히 슬픔처럼 소비를 유발시키지는 않는다.

오래전부터 경제학자나 마케터들은 특정한 감정이 경제적 의사결정에 미치는 영향에 관심을 가져왔다. 어떤 감정일 때 사람들이 얼마를 투자하고, 저축하고, 소비하는지 알아내기 위해서다. 하지만 정신 작용의 영향력을 구체적으로 증명하기엔 어려움이 따랐다. 최근에서야 혁신적인 과학의 힘을 빌려 다양한 뇌 작용을 연구할 수 있고, 각각의 감정에 따라 유발되는 행동을 정확하게 측정할 수 있게 되었다.

사람들이 느끼는 각각의 감정은 '인지렌즈'가 된다. 사람들은 그 렌즈를 통해 세상을 보며, 그에 따라 행동한다. 일상의 소비뿐 아니라

소비자가 마케팅 전쟁에서 살아남는 법

금융 시장, 정치적 결정, 선거에도 인지렌즈는 아주 큰 영향을 미친다. 하지만 의사결정자인 우리는 그 렌즈의 존재를 인식하지 못한다. 마치 안경을 머리에 얹어놓고도 그것을 인식하지 못하는 것처럼.

이 같은 사실은 누가 어떻게 우리의 감정을 조절하는지에 따라 우리의 행동에 영향을 미칠 수 있으며, 부정적인 힘으로도 작용할 수 있음을 의미한다. 오늘날의 미디어는 이미 금융 시장과 정치적 의사결정에 엄청난 영향력을 가지고 있다. 사람들을 분노하게 만들, 두려워하게 만들, 슬프게 만들 이야기를 방송했을 경우 사람들은 그때 느끼는 감정에 따라 행동한다. 즉 힘을 가진 누군가가 작정하고 그들이 원하는 감정으로 사회적 분위기를 몰아넣었을 때, 그들이 원하는 무엇인가를 우리 스스로도 알지 못하는 사이에 내줄 수 있다는 것이다.

다시, 가영 씨로 돌아가보자.

가영 씨는 우울함 때문에 자신에게 집중하고 있었으며 물질적 자아를 만족시키고자 소유물의 획득을 선택했다. 그리고 그 순간엔 어느 정도 위로가 되기도 했다. 하지만 이런 행동은 종종 소비자들에게 경제적 피해를 입힌다. 때로는 쓸 수 있는 돈보다 훨씬 많이 지출하기 때문이다. 가족이 죽었을 때의 상황을 예로 들면, 장례식에 필요한 크고 작은 물품들을 선택할 때마다 결정이 필요하다. 그때 사람들은 감정적으로 무척 연약하기에 상당한 금액을 선뜻 지출하게 된다.

슬플 때 뭔가를 얻기 위해 지나치게 많은 비용을 쓰는 일들이 개인에 한하는 것이 아니라 사회적 현상이 되기라도 한다면, 시장엔 심각한 편향이 나타날 수 있다. 이혼이나 죽음을 겪는 수많은 사람들이 슬픔에 빠진 상태에서 소비를 하는 일들이 누적될 경우 그와 관련된 것들의 시장 가격이 오르기 때문이다.

비가 와도 우산이 있으면 덜 젖는다.

폭풍우처럼 쏟아지는 마케팅의 공격에서

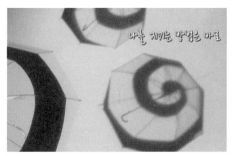

나를 지키는 방법은 바로

자존감의 우산을 펴는 것이다.

쇼핑은 뇌에서
도파민을 얻는 방법이다

"많은 소비자에게 쇼핑은 뇌에서 도파민을 얻는 방법입니다. 도파민은 신경전달 물질로 게임을 하거나, 술을 마시거나, 쇼핑할 때 분비가 증가하죠. 짧은 시간 동안 기분을 좋게 만들어줘요. 우리는 쇼핑을 하며 지속적으로 그 도파민 분비를 일으키려 하는 겁니다. 쾌감과 기쁜 감정을 느끼는 순간 그 상태를 유지하기 위해 더욱 많이 사고 싶어져요."

마틴 린드스트롬 Martin Lindstrom
세계적인 브랜드 컨설턴트
저서 : 『쇼핑학』, 『오감 브랜딩』

감정은 소비에
영향을 준다

"슬픔은 매우 흥미로운 감정입니다. 문화를 초월해 보편적이죠. 슬플 때의 얼굴 표정은 미국에서도 파푸아뉴기니에서도 서로 비슷합니다. 사람들은 슬프거나 자아에 집중하면 더 비싼 것을 사려고 하는 경향이 있습니다.

슬픔과 비교하기에 흥미로운 감정 중 한 가지는 역겨움(혐오)입니다. 역겨움 역시 문화를 초월해 공통적으로 나타나는 감정이죠. 또 매우 강력하고요. 역겨움을 느끼면 뭔가를 제거하고 싶어질 것으로 예상되는데, 실험 결과 그러한 것이 드러났습니다. 수프를 뱉어내는 등의 행동을 해요. 물건을 살 때 비용을 더 내게 만드는 슬픔과 달리 역겨울 때는 새로운 것을 받아들이기 싫어집니다. 한 식당에서 역겨운 장면을 보고 그곳에서 음식을 먹지 않기로 결정하면 옆 식당에 가서도 먹기가 싫어지죠. 경제적 활동의 실험에서도 같았습니다. 역겨움을 느낄 때 구매 가격을 얼마나 내고 싶은지 봤더니 평상시보다 적은 돈을 내길 원했습니다."

제니퍼 러너 Jennifer Lerner
미국 하버드대학교 공공정책학과 교수, 심리학자

08
아껴쓰고 싶어도
아껴쓸 수 없는 사회에서

"고장 안 나고 오래 사용할 수 있는 프린터였으면 좋겠어요."

가영 씨는 프린터를 구입하기 위해 가전제품 매장을 찾았다. 한 단계 업그레이드된 복합기를 권하는 직원에게 단지 프린터 기능만 있으면 된다고 말하며 그녀가 원하는 조건을 덧붙였다.

"요즘 웬만한 제품들은 고장이 잘 안 나요. 물건을 얼마나 잘 만드는데요."

직원은 웃으면서 대꾸했다. 그 순간 직원은 절대 거짓말을 한 것은 아니지만 중요한 사실 한 가지는 말하지 않았다.

'고장은 나지 않지만 때가 되면 알아서 멈추고 말 겁니다. 더 이상

사용할 수 없게요.'

아주 비극적인 일이지만 프린터는 애당초 긴 수명을 타고 태어나지 못했다. 프린터의 목숨을 쥐고 있는 건 그 안에 내장된 마이크로 칩이다. 이 칩은 1만 페이지를 인쇄한 후엔 기계 작동이 멈추도록 프로그램돼 있다. 그러니까 성능과 상관없이 더 이상 프린터를 사용할 수 없게 되는 것이다. 프린터는 '동작 그만!'이라는 칩의 명령을 칼같이 수행하기 때문이다. 그렇다면 프린터를 다시 움직이게 할 방법은 없는 걸까. 고장이 난 것이 아니니 당연히 방법이 있다. 프린터에 내장된 칩을 재부팅해 새 소프트웨어를 설치하기만 하면 된다.

직원은 이 같은 사실을 알아도 굳이 설명해주지는 않을 것이다. 그런데 프린터는 어쩌다 이처럼 잔혹한 칩을 달게 되었을까.

칩의 명령에 따라 기계 작동을 멈추는 아이디어는 한 전구 회사에서 나왔다. 오래전에 발명됐지만 상용화된 것은 필립스가 이 아이디어를 넘겨받아 '수명제한 칩'을 달기 시작하면서부터다. 이를테면 1천~2천 시간만 불을 밝히는 것이다. 그래야 소비자가 새 프린터를 구입할 것이고, 소비자의 호주머니에 있는 돈을 기업이 냉큼 받아 챙길 수 있을 것 아닌가.

이처럼 수명이 짧은 대표적인 물건으로 휴대전화가 있다. 새로운 기능과 새로운 디자인으로 중무장한 휴대전화는 바로 몇 달 전에 출시된 모델조차 구식으로 만들어버리는 힘이 있다. 고장이 나지 않아도 새 휴대전화를 갖고 싶고, 주기적으로 바꿔줘야 신세대 감각에 뒤처지지 않는 것 같다. 그런데 이러한 유혹을 잘 이겨낸다 해도 우리는 우리의 소유가 된 휴대전화를 오래 사용하지는 못한다. 휴대전화의 배터리는 2년가량 사용할 정도의 수명이기 때문이다.

시간이 지날수록 수명이 줄어드는 휴대전화 배터리는 2년이 지나면 반나절밖에 사용하지 못하는 상태가 된다. 한시라도 휴대전화가 없으면 안 되는 현대인들에겐 몹시 불편한 일이다. 그런 이유로 기존의 휴대전화는 버려진다. 새 배터리를 구입하는 가격보다 새로 나온 휴대전화를 구입하는 게 훨씬 싼 경우도 많다. 설혹 그렇지 않더라도 구식 모델이 된 휴대전화에 수리비용을 들여 살리고 싶은 생각은 별로 들지 않는다. 이전 제품은 감히 따라올 수 없는 새로운 기능들로 탑재된 신제품을 굳이 선택하지 않을 이유가 없다. 그로 인해 많은 휴대전화들은 멀쩡한 상태로 서랍 속에 들어앉거나 가차 없이 버려진다.

사실 이처럼 멀쩡한데도 불구하고 버려지는 물건들은 헤아릴 수 없이 많다. 마치 버려지기 위해 만들어진 것 같은 이 물건들로 인해 우리는 놀라운 속도감을 경험하기도 한다. 예전 우리의 부모들이 손때 묻은 물건에 깃든 추억을 소중히 여기고, 물건 하나를 구입해도 오랫동안 두고 쓸 수 있는 걸 선택하는 진중함을 보였다면, 지금은

시대에 뒤처지지 않기 위해 구매하는 물건들이 많고도 많다.

매일같이 새롭게 나오는 물건들에 대한 정보를 빠르게 분석하고 습득하느라 바쁘다. 최신 유행 패션부터 최신 유행 전자기기까지, 알지 못하면 세상살이에 뒤처지는 느낌이 들고, 실제로 그런 취급을 받기도 한다. 어떤 제품에 대한 정보가 곧 지식이나 상식은 될 수 없지만 태블릿 PC가 무엇인지, 어떤 기능을 가지고 있는지 등에 대해 알지 못하면 그 사람은 유행에 뒤처지는 사람일 뿐 아니라 세상 돌아가는 일을 잘 모르는 사람이 돼버리는 것이다.

이제 우리는 단지 소비하기 위해 물건을 구입하는 것이 아니라 체험을 높이기 위해 소비하는 단계까지 도달해 있다. 특히 각종 전자제품의 경우엔 혁명이라고까지 일컬어지는 기술을 경험하지 않고는 못 배길 정도로 그 자체가 문화가 되었다. 즉 이제까진 인간의 삶을 보다 풍요롭고 아름답게 만들어가고자 사회 구성원들이 정신적 가치나 물질적 가치를 생산해냈다면, 지금은 기업이 만들어낸 전자기기들이 기업이 입혀준 가치에 따라 문화를 선도하는 역할까지 하는 것이다.

사회학자 지그문트 바우만은 이런 일들에 대해 "소비 시장은 즉시 소비할 수 있고 재빨리 버리고 대체할 수 있는 제품을 제공한다. 그러므로 현재 제공되는 제품이 '바로 이것'이라고 할 만한 물건, '잘 나가는 것', '꼭 가져야 하는 것', '갖고 있음을 보여줘야 하는 것'이라는 감언을 받아들여야 한다"라고 말했다. 소비 자체가 물건의 필요성에 따라 선택하는 일이 아니라 끝없이 체험하고 바꿔야 하는 필연이 돼버린 것이 현실이다.

따라서 만들 때부터 짧은 수명으로 프로그램되어 나오는 물건들에 대해 우리는 어떤 선택권도 없다. 계속 쓸 것인지, 아니면 버릴 것인지 선택하는 게 우리의 몫이 아니란 얘기다. 아니, 그전에 어떤 물건을 선택하는 것 자체가 우리의 몫이 될 수 없다. 소비자본주의 사회가 우리에게서 제일 처음 빼앗아버린 것은 바로 이 선택권이었다.

가영 씨가 만약 텔레비전이나 냉장고를 구입하기 위해 매장을 찾았다고 해도, 그녀는 원하는 조건의 제품을 쉽게 구하지 못했을 것이다. 그녀가 원하는 조건은 기본적인 기능만 갖추고 있는 그다지 비싸지 않은 제품이다. 튼튼해서 고장이 잘 나지 않는 것으로 만족할 뿐 굳이 여러 기능이 장착돼 있는 것을 원하지 않는다. 좀 더 솔직하게 말하면 구식 모델이어도 상관없다.

그런데 구식 모델을 전부 치워버린 매장에는 비싼 평면 텔레비전이나 양문 냉장고 위주로 진열돼 있다. 구석에 구식 모델의 텔레비전이나 한 문형 냉장고가 있긴 하다. 하지만 그녀는 더 비싼 돈을 주고 신제품들을 구입하고 말 것이다. 신제품을 보고선 갑자기 없던 욕심이 생겨서는 아니다. 그녀가 그런 선택을 하는 이유는 오로지 에너지 소비 효율 등급 때문이다. 신제품들은 에너지 소비 효율 등급이 1등급이거나 2등급이지만 구식 모델들은 에너지 소비 효율 등급이 4등급이거나 5등급이다. 에너지 소비 효율 등급은 전기세에 영향을 주기 마련이다. 그녀 역시 잘 아는 사실이지만 직원이 옆에서 귀띔까지 해준다.

문화도 역시 소비의 일환이다.

"초기 비용이 들더라도 멀리 내다봤을 땐 이 제품이 이익이죠. 구식 모델들은 에너지 먹는 하마라 전기세가 정말 많이 들거든요. 3년 내지 4년 전기세만 모아도 신제품 가격이랑 별로 차이가 안 날걸요. 이후엔 오히려 구식 제품이 더 비싸게 쳐지는 셈이죠. 그럼 더 손해잖아요. 오히려 신제품을 구입하는 게 비용을 줄이는 거라니까요."

결국 가영 씨는 멀리 내다봤을 땐 더 이익이라는 신제품을 선택하고 말 것이다. 그 선택으로 인해 꽤 많은 돈이 지출됐지만 전기세는 아낄 수 있을 거라 자위하면서.

사실 특별한 경우를 제외하고 대부분의 집에는 텔레비전이나 냉장고, 전기밥솥 등의 가전제품들이 웬만하면 구비돼 있다. 내구력이 강해 오래 쓸 수 있는 제품이라면 소비자 입장에서도 굳이 돈을 들여 새 제품을 구입할 필요가 없다. 하지만 기업은 끊임없이 물건을 팔려고 하며 그렇게 남긴 이윤으로 공룡처럼 몸집을 부풀린다. 문화를 선도하는 기업이니, 새로움을 추구하는 기업이니 하며 멋진 말로 꾸며도 그들이 원하는 것은 단 한 가지다.

'어떻게 해야 소비자들을 잘 유혹해 물건을 사게 만들 것인가.'

수명을 제한하는 칩부터 새로운 물품을 개발하는 일까지, 그 목표는 하나다. 되도록 많이 팔고 되도록 많은 이윤을 남기는 것. 그러기 위해선 기업이 앞장서서 문화를 선도하는 것처럼 흉내라도 낼 수밖에 없다. 그리고 우리는 그 흉내에 기꺼이 동참한다.

이탈로 칼비노의 소설 『보이지 않는 도시들』은 이런 현실을 좀 더 적나라하게 보여준다. 매일 새로운 물건들로 채워지는 한 도시에서 사람들은 아침마다 포장지에 감싸인 비누를 사용하며 최신 라디오에서 흘러나오는 최근 소식을 듣는다. 그 밖에 모든 물건들도 그날 포장을 뜯어 사용하며 어느 하나도 헌것이 없다. 어제의 것은 이미 쓰레기로 배출됐고, 이른 아침 배송된 오늘의 물건들만 사용한다. 그러다 보니 사람들은 매일 새로운 물건을 생산하고 판매하고 구매하는 데 아주 많은 시간과 노력을 들이게 됐다. 도시 밖으로 배출되는 쓰레기들이 점차 높은 산을 이루고, 결국엔 무너질 위기에 놓여 있어도 사람들은 매일 새로운 물건을 소비하는 걸 멈추지 못한다.

그리고 이젠 우리가 그 실험대에 올라와 있다. 수많은 물건들이 생산되고, 소비되어 결국엔 쓰레기 산을 높이 세워 올리는 '보이지 않는 도시'를 그대로 답습하고 말 것인가. 아니면 문제의식을 가지고 힘겹게 싸워볼 것인가.

문화를 선도하는 기업의 목적은 결국 이윤이다.

미국에서는 1929년 생산, 유통, 소비, 폐기라는 구조 속에서 소비자의 권리나 환경문제 등을 인식하고 소비자 운동을 펼쳤다. 1957년에는 영국에서도 소비자협회가 설립되어 소비자 운동이 본격적으로 전개됐다. 우리나라에서는 1970년 한국소비자연맹이라는 최초의 소비자 운동 전문 민간단체가 설립됐다. 이후 소비자 교육부터 시작해 환경운동이나 에너지 절약 생활화 등의 활동을 펼치며 소비자 운동의 기반을 닦아왔다.

소비자 운동은 단지 소비자의 권리만을 지키기 위한 것이 아니다. 거대기업의 독과점을 감시하고, 환경을 오염시키는 폐기물을 반대함으로써 보다 나은 세상을 아이들에게 물려주기 위한 일이다.

게다가 우리는 부를 쌓고 만족할 만한 소비를 계속하는 것 외에도 함께 생존하기 위한 또 다른 윤리를 가져야 한다. 그리고 이 모든 것에 앞서 우리가 해야 할 일은 세상을 바라보며 '나는 어떻게 소비할 것인가?' 하는 물음에 스스로 생각해 보고 답해 보는 것이 아닐까.

인류의 역사 500만 년을

하루 24시간으로 환산했을 때

자본주의가 출현한 시간은

23시 59분 56초

자본주의 250년

끊임없이 쏟아져나오는 생산품 속에서

소비는 그저 미덕일까.

우리는 왜 소비를 멈출 수 없을까.

소비자가 마케팅 전쟁에서 살아남는 법

충분한
소비는 없다

"모두들 더 많은 것을 원해요. 얼마만큼 있어야 충분한 건가요? 한 사회가 어떤 수준의 부를 넘어서면 충분할까요? 이런 질문들이 제기됩니다. 개개 인에게도 이런 고민이 생기죠. '이제 충분해. 지금부터 인생을 즐겨야겠어. 더 많이 쓰려고 한 주에 16~17시간 동안 일하고 싶지 않아.' 이렇게 생각 하지만 다른 사람이 더 가지는 것을 보면 소비를 그만둘 수 없죠. 나도 더 원하고, 다른 사람들도 더 원하고……. 점점 상승하는 거죠. 그게 자본주의 가 제공하는 거예요. 비효율적이죠. 부를 축적하는 윤리 말고 다른 윤리를 가져야 해요."

로버트 스키델스키|Robert Skidelsky
워릭대학교 정치경제학 명예교수, 영국 상원의원
저서 : 『존 메이너드 케인스』

이제 소비자가
중심이고 주인공이다

"앞으론 소비자가 브랜드 형성에서 권력의 중심이 되는 것을 볼 수 있을 겁니다. 권력이 제조사에서 소비자에게로 옮겨오는 것이죠. 소비자의 힘이 세져서 브랜드를 형성하는 것뿐 아니라 부족하면 무너뜨리는 것 역시 소비자가 될 거예요. 두 가지 현상 모두 일어날 것입니다. 소비자가 중심이고, 소비자가 주인공입니다. 전 이것을 MSP(Me Selling Proposition)라고 불러요. 예전에는 ESP(Emotional Selling Proposition)였는데, 이제 MSP죠. MSP란 내가 변화를 이끄는 원동력이 되는 거예요. 저 브랜드가 성공할지, 아닐지 내가 정하는 것이죠."

마틴 린드스트롬 Martin Lindstrom
세계적인 브랜드 컨설턴트
저서 : 『쇼핑학』, 『오감 브랜딩』

충동구매 자가 진단표

(출처 : 프랑스 소비자 정책 저널)

	전적으로 동의 (5점)	어느 정도 동의 (4점)	찬성, 반대 없음 (3점)	어느 정도 동의하지 않음 (2점)	전적으로 동의하지 않음 (1점)
돈이 있을 때 그 돈을 쓰지 않고는 못 배긴다.					
충동적으로 물건을 구매하는 경우가 많다.					
쇼핑으로 스트레스를 푼다.					
가끔 쇼핑을 해야 할 것만 같은 생각이 든다.					
충동적으로 쇼핑하고 싶을 때가 있다.					
쇼핑 후 죄책감을 느낀 적이 있다.					
내가 비이성적으로 쇼핑했다는 것을 들킬까 봐 숨기는 물건이 있다.					
무엇인가를 사야 될 것 같은 충동이 자주 있다.					
백화점에 가면 쇼핑 욕구를 참을 수 없다.					
나는 광고 메일에 반응한다.					
돈이 있으면 불필요한 제품을 사곤 한다.					
돈을 헤프게 쓴다.					
가끔 내가 한 행동이나 말을 후회한 적이 있다.					

*위 질문에 대한 점수가 42.2점 이상이면 충동구매자다.

쇼핑중독 체크 리스트

(출처 : 미국 정신의학회)

습관처럼 물건을 사고 있다면 한 번쯤 점검해봐야 한다.

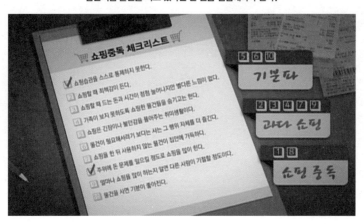

1	쇼핑습관을 스스로 통제하지 못한다.	
2	쇼핑할 때 죄책감이 든다.	
3	쇼핑할 때 드는 돈과 시간이 점점 늘어나지만 별다른 느낌이 없다.	
4	가족이 보지 못하도록 쇼핑한 물건들을 숨기고는 한다.	
5	쇼핑은 긴장이나 불안감을 풀어주는 취미생활이다.	
6	물건이 필요해서라기 보다는 그 행위 자체를 더 즐긴다.	
7	쇼핑을 한 뒤 사용하지 않는 물건이 집 안에 가득하다.	
8	주위에 돈 문제를 일으킬 정도로 쇼핑을 많이 한다.	
9	얼마나 쇼핑을 많이 하는지 알면 다른 사람이 기절할 정도이다.	
10	물건을 사면 기분이 좋아진다.	

* 위의 문항 중에서 5번, 6번, 10번에 해당되면 당신은 기분파이다.
* 위의 문항 중에서 2번, 3번, 4번, 7번, 9번에 해당되면 당신은 과다쇼핑을 하고 있다.
* 위의 문항 중에서 1번, 8번에 해당되면 당신은 쇼핑중독일 가능성이 높다.

"금전적 안정은 인생의 균형이라는
맥락 안에서 가져야 한다."

– 올리비아 멜란 미국 임상심리학자 –

PART

3

당신은 돈과
얼마나 친합니까

재테크 신화는 이미 끝났다. 돈을 불리기 위해서는 종잣돈부터 커야 한다는 사실을 이제 많은 사람들이 깨닫고 있다. 적은 돈을 가지고 돈을 불려봐야 큰돈을 만들 수 없다. 우선은 몸값을 높여야 하는 것이다. 게다가 재테크는 아무 노력 없이 얻을 수 있는 공짜점심이 아니다. 엄청난 노력과 에너지, 시간을 쏟아부어야 가능한 것이다. 제대로 하고 싶다면 말이다. 따라서 건강한 금융생활, 소비생활을 위해서는 무엇보다 돈을 대하는 자세가 중요하다.

당신은 지갑에 지폐를 넣을 때 돈을 정리해서 넣는 습관이 있는지 묻고 싶다. 세종대왕, 율곡 선생, 퇴계 선생, 신사임당 선생이 거꾸로 꽂히거나 바로 서 있거나 상관없이 지갑에 지폐를 마구 넣고 있지는 않은가? 어느 부자학 교수가 이런 말을 했다. "당신의 지갑에 거꾸로 꽂혀 있어야 한다면 세종대왕께서 당신의 지갑에 들어가고 싶겠습니까?" 다음 페이지의 물음에 답하면서 돈에 대한 나의 태도를 점검해보자.

돈에 대한 당신의 생각은 어떻습니까?

■ 월급의 몇 %를 저축하고 있습니까?

■ 매달 가계부를 씁니까?

■ 당신 가정의 월 지출 규모와 식비, 주거비, 교육비, 의복비, 의료비 등의 품목별 규모가 어느 정도인지 알고 있습니까?

■ 금융상품을 꼼꼼히 살펴서 고르는 편입니까? 금융상품을 권하는 재무설계사를 고르는 편입니까?

■ 1인당 국민소득이 올랐다거나 삼성전자 직원들이 올해 사상 최고의 인센티브를 받았다는 얘기를 들으면 당신도 기분이 좋습니까?

■ '나는 언제든 필요한 만큼 돈을 벌 수 있다'라고 생각합니까?

■ 베이커리에 갔습니다. 아이가 좋아하는 소시지 빵을 3개 사고, 내가 먹을 크림빵 2개, 샌드위치를 만들 식빵을 하나 샀습니다. 계산하면서 점원이 "영수증은 드릴까요? 버려 드릴까요?" 하고 묻습니다. 당신은 영수증을 받는 쪽입니까?

■ 적금을 해약해본 적이 있습니까?

■ 적금이 만기되면 꼭 써야 할 데가 생깁니까?

- 시중금리가 3% 이하로 낮은데 적금을 드느니 쓰고 싶은 데 쓰고 사는 게 훨씬 낫다고 생각합니까?

- 은행 직원이 마이너스 통장을 만들 수 있다고 권합니다. 별로 필요가 없을 것 같긴 한데 하도 권하니까 만들어놓을까 하는 생각이 듭니다. 당신의 선택은?

- 비과세 상품은 아무래도 유리할 거라고 생각합니까?

- 전기세, 수도세, 보험료, 아이들 학비 등 매달 지출하는 돈이 나가는 통장과 급여 통장이 따로 있습니까?

- 신용카드보다는 체크카드를 이용합니까?

- 당신이 자영업자라고 해봅시다. 가계 지출 통장과 사업자 지출 통장이 따로 있습니까?

01
나에게 돈이
모이지 않는 이유

평범한 회사원 현수 씨는 1년 365일, 몸을 아끼지 않고 일을 했지만 통장의 잔고는 얼마 되지 않는다. 잔고라도 있는 달은 그나마 나은 편이지만 평소보다 지출이 많은 달은 한 달을 버티기가 빠듯하다. 그렇다고 아내가 헤프게 쓰는 것도 아니다. 시장 물가에 민감해 무 하나 사는 데도 100원, 200원 차이를 따져 좀 더 먼 슈퍼마켓까지 가곤 한다. 경제적인 형편상 아이도 하나만 낳았고 다른 부모들처럼 비싼 사교육을 시키지도 않는다. 그런데도 통장의 잔고는 늘 얼마 되지 않거나 아예 없어서 저축은 꿈도 꾸지 못한다.

이상한 일이다. 열심히 일해도 돈 걱정은 끊임없이 따라붙는다.

부자가 되지 못하는 건 그렇다 치자. 적어도 노후를 위한 적금 정도는 들 수 있어야 하지 않나? 일을 하지 않는 것도 아니고, 생활이 사치스러운 것도 아니다. 아끼고 아껴 열심히 사는데도 늘 돈이 없어 발을 동동거리고 있다. '왜 이렇게 돈이 없지'라는 말은 입에 배어 있고, 조금 비싼 밥을 먹으려고 하면 괜히 죄책감까지 느껴진다. 거기에다 미래에 대한 불안감까지 가지고 있으니 현재가 전혀 행복하지 않다. 이렇게 허덕이며 살다가 결국엔 쪽방 같은 곳에서 초라한 노후를 맞이하면 어쩌나, 생각만 해도 끔찍하다.

그런데 이 모든 일이 단지 현수 씨와 가족의 잘못일까. 다른 사람에 비해 월급이 많지 않은 걸 단지 능력 부족으로 규정할 수 있을까. 월급이 많지 않으면 단순히 아껴쓰는 것이 아니라 자린고비처럼 아끼고 또 아껴야 하는데 그렇게 하지 않는 현수 씨의 아내에게 문제가 있는 걸까. 형편도 생각하지 않고 아이를 낳은 것이 잘못일까. 이 모든 문제를 떠나 대부분의 사람들은 어째서 늘 돈 문제로 고민해야 하는 것일까. 일자리를 가지지 못한 사람들은 물론이고 그나마 일자리가 있는 사람까지 돈 걱정에서 자유롭지 못한 이유는 무엇일까.

사실 자본주의 이전 시대라고 해서 대다수의 사람들이 가난하지 않았던 것은 아니다. 하지만 우리는 그 어느 때와도 비교가 되지 않을 만큼 경제 성장을 이룬 사회에서 살고 있다. 아무것도 생산해내지 못해 모두가 가난할 수밖에 없는 세상일 때의 가난과 지금의 가난은 본질적으로 다르다는 뜻이기도 하다. 내 친구와 내 이웃뿐 아니라 다른 사람들도 가난하다면, 그 가난은 개인의 책임을 넘어서 제대로 부를 생산해내지 못하는 사회의 책임으로까지 확대된다.

하지만 국가가 가난하기는커녕 부를 이루고 있으며 나는 가지지 못했지만 다른 사람이 가졌을 경우에는 가난이 오로지 나 자신만의 책임처럼 느껴진다. 실제로 내가 무능력한가 그렇지 않은가는 중요하지 않다. 진짜 중요한 건, 그래서 내가 얼마나 많은 돈을 벌 수 있는가 하는 것이다. 결과적으로만 따져봤을 때 나 자신은 물론이고 내 가정과 가정의 미래를 책임질 만큼의 돈을 벌지 못하면, 그것은 곧 그 사람의 무능력함으로 귀결돼버린다. 따라서 오늘날의 가난은 단지 '돈이 없음'을 넘어서 무력감, 소외감, 우울함, 비참함 등의 감정을 동반하는 재앙이 되는 것이다.

또한 오늘날의 가장 큰 문제는 부의 분배가 지나치게 편향돼 있다는 것이다. 1:9의 세상조차도 이젠 옛말이다. 오늘날의 부는 0.1%의 최상위층에 집중돼 있다. 마치 1천 명이 하는 게임에서 단 한 사람에게 모든 돈을 몰아주는 것 같은 형상이다.

경제학의 아버지라 불리는 아담 스미스가 '국가의 부'가 아니라 '국민의 부'를 향상시킬 수 있는 방법을 『국부론』에서 기술할 때만 해도 시장은 무엇이든 해도 된다고 생각했던 게 아니다. 모두에게 적

국내 소득 상위 1%, 전 국민소득 6분의 1 차지

한국조세연구원 자료 분석...1% 소득세 전체 44% 수준

(서울=뉴스1) 김현구 기자 | 입력 2012.04.23 09:26:21 | 최종수정 2012.04.23 09:14:17 | 기사스크랩

우리나라 소득 상위 1%가 전체 국민소득의 16.6%를 차지하는 것으로 나타났다.

이는 경제협력개발기구(OECD) 중 미국(17.7%) 다음이다. 이는 국내 소득이 특정층에 몰리는 이른바 '부의 쏠림' 현상이 심각하다는 것을 보여주는 셈이다.

한국조세연구원은 2006년 국세통계연보를 분석, "우리나라 상위 1%가 한 해 버는 돈이 38조4790억원으로 전체(231조9560억원)의 6분의 1을 차지했다"고 밝혔다고 23일 중앙일보가 보도했다.

상위 1% 기준은 연 소득금액 1억원 이상으로 모두 18만 명에 달하며, 소득세 자료를 이용해 우리나라 상위 1%를 분석한 건 이번이 처음이다.

조세연구원측는 "현재 상위 1%의 연 소득이 1억원보다 더 높아졌을 것"이라며 "정확한 금액은 국세청의 과세자료를 받아야 알 수 있다"고 말했다. 그는 또 "OECD가 공개한 상위 1% 관련 자료는 다른 나라와의 객관적 비교할 수 있…

출처: 2012년, 한국조세연구원
「초 고소득층의 특성에 관한 국제비교」
*원 출처: OECD (2011)

<표 Ⅲ-4> 주요국 상위 1% 소득 수준 및 최소값

	한국	미국	영국	캐나다	호주	일본
상위 1% 소득 비중[1]	16.6%	17.7%	15.4%	13.3%	8.8%	9.2%
상위 1% 소득 최소값[1]	1억원	USD 335,861	-	-	AUD 199,383	1,379만엔[2]
상위 1% 소득세 비중[3]	43.9%	40%	24%	-	-	-

주 1) 주요국 상위 1% 소득 자료는 OECD(2011)에서 재인용하거나 The World Top Incomes Database에서 추출.
　　 미국·호주 2006년, 영국·캐나다 2007년, 일본 2005년 기준
　　2) 일본의 상위 1% 소득 최소값은 Moriguchi and Saez(2007)에서 인용
　　3) 상위 1% 소득세 비중은 OECD(2011)에서 재인용

[상위 1% 소득 비중] 미국에 이어 2위

당신은 자유롭게 소비할 만한 소득을 얻고 있는가.

용되는 법률이 정해져야 하며 정부는 정부가 해야 할 임무를 수행해야 한다고 봤다. 시장의 상호작용을 규제하고 단속하는 것 역시 힘없는 개인들이 부를 증진시키기 위해 필요하다고 주장했다. 하지만 오늘날 신자유주의자들은 『국부론』에서 단 한 번 언급한 '보이지 않는 손'을 끈질기게 붙잡고 늘어져 모든 시장 경제는 자유경쟁에 내맡겨야 한다는 주장을 펼친다. 이는 마치 다윗을 골리앗에게 싸움을 붙이면서 1:1이니 정당하지 않은가, 라고 말하는 것과 다르지 않다.

　자유시장은 기본적으로 과도한 불평등을 만들 수밖에 없다. 자본을 가진 자와 가지지 못한 자의 경쟁에서 결국 이기는 자가 누구일지는 불을 보듯 뻔하며, 경쟁에서 진 자들은 아무것도 가지지 못한 채 바닥으로 내몰리게 된다. 아담 스미스는 이 같은 경쟁이 과도한 불평등을 만들 수 있다는 것도 예측했기에 도덕적 기반을 만들 만한

197

당신은 돈과 얼마나 친합니까

아담 스미스는 보이지 않는 손에 의한 자유시장은 과도한 불평등을 만들 수 있으므로 도덕적 기반을 만들어야 한다고 주장했다.

규정이 필요하다고 말했던 것이다.

하지만 오늘날의 자본주의는 국민의 기초적인 생활권을 보호해야 하는 정부에게 시장은 '보이지 않는 손'에 의해 움직이는 것이니 모든 사업에서 손을 떼라고 말하고 있으며, 복지 시스템을 마련하는 건 사회주의나 공산주의 시스템을 지향하는 것이라고 호도해버린다.

자유경쟁에 내몰린 사람들에게 돌아오는 것은 오로지 자신이 제공한 노동에 대해 자본가들이 시혜를 베풀 듯 던져주는 월급이다.

'열심히 일하는데 돈 걱정은 왜 끊임없이 따라붙지?'라고 스스로에게 질문을 던지는 현수 씨에게 오스트리아 출신 경제학자 칼 폴라니는 『거대한 전환』에서 이렇게 진단한다. "영혼도 무엇도 없이 그저 물질적 안녕의 자동적인 증대라는 것 하나만을 목표로 삼는 제도들이 눈먼 기차처럼 달려들게 되었다."

눈먼 기차 속의 수많은 사람들은 각자 소비자의 영역에서 끊임없이 자신에게 필요하다고 생각되는 소비를 하기 위해 애쓴다. 기차 안에는 온갖 물건이 가득 차 있으며 누구나 자유롭게 소비할 수 있다는 팻말이 걸려 있다. 하지만 그런 것들을 자유롭게 소비할 만한 소득은 단지 1%의 사람들에게만 주어진다. 자본주의가 금융자본주의로 발전한 1980년대 이후로 소득은 더 불평등한 분배로 확장됐지만 우리는 여전히 욕망하는 소비자로서 이 세상에 살도록 프로그램돼 있다. 자유시장의 지지자들이 국가가, 정부가 손을 뗀 시장에선 누구든지 돈을 벌 수 있으며 누구든지 소비할 수 있다고 소리 높여 외쳐도, 실제로 돈은 거대 기업과 권력과 정보를 지닌 몇몇 금융인들에게 주어지며 그들만이 진정 자유로운 소비를 할 수 있다.

이제 우리는 자유시장 경제에서 우리를 보호할 어떤 힘도 가지지 못했다는 것을 안다. 안타깝게도 칼 폴라니가 말했듯 권력과 경제의 가치 평가는 개인의 의지에서 생겨나는 것이 아니기 때문에 우리는 불평등한 분배로부터 세상을 바꾸려 하기 이전에 우리 자신을 보호할 최소한의 장치부터 마련해야 하는 것이다.

당신은 돈과 얼마나 친합니까

월급만 가지고 아이들 교육비, 노후자금 다 챙기면서 돈을 모을 수 있을까.
은행 예금이자가 물가 상승을 따라잡지 못하는 지금 어떻게 투자할 것인가.

　현수 씨는 그 최소한의 장치를 '저축'이라고 생각한다. 사회나 경제가 아무리 나쁜 방향으로 흘러가도 저축한 돈이라도 있으면 목구멍에 거미줄 칠 일은 없을 거라 여긴다. 비록 은행이 돈을 빌려줄 때는 높은 이자를 받고 맡기는 돈을 받을 때는 낮은 이자를 준다는 불공평한 현실을 알고 있어도 마찬가지다. 돈이 없어 문제이지 돈만 있다면야 일단 저축에 많은 공을 들였을 것이다.

　단지 노후준비자금을 모으기 위해서만은 아니다. 가장의 월급이 300만 원인 가족이 월급의 20%를 저축해봤자 1년이면 720만 원밖에 안 된다. 10년이면 7천 200만 원이다. 하지만 이렇게 모은 돈은 아이가 대학에 들어가면 뭉텅이로 빠져나가기 십상이고, 대학 등록금이 아니라도 언제 무슨 일로 목돈이 빠져나갈지 알 수 없다. 이런 위기들을 겪어내고 30년 직장생활을 해 2억 가까이 모은다 쳐도 미래엔 지금과 달리 물가가 더 올라가 있을 것이며, 100세 시대라는 말이 나올 정도로 수명이 연장된 상황에서 두 부부가 노후자금으로 쓰기엔 충분할 것 같지도 않다.

그래도 2억 가까이 모으기라도 했다면 그건 꽤 성공적이다. 월급의 20%를 주택 대출금으로 고스란히 내는 사람들도 있고, 빚이나 없으면 다행이지 저축은 꿈도 꾸지 못하는 사람들도 많다. 이런 상황에서 어떻게든 저축을 해 돈을 모을 수 있다면 반은 성공이다. 하지만 그것만으로는 노후준비자금으로 빠듯하다. 그러니 저축뿐 아니라 재테크로 돈을 불리는 일에도 관심을 가질 수밖에 없다. 재테크를 하려면 종잣돈이 있어야 한다. 바로 그 종잣돈을 만들기 위해서라도 매달 월급의 몇 퍼센트 정도는 꼬박꼬박 모아야 하는 것이다.

사실 현수 씨가 저축을 자신과 가족을 살려줄 동아줄로 여기는 건 어찌 보면 당연하다. 금융 전문가들은 수입의 4분의 1을 저축하라고 한다. 은행 이자가 높지 않아도 일단 저축으로 목돈을 마련하고, 그것을 노후자금으로 묶어두거나, 재테크의 종잣돈으로 활용해야 한다고 입을 모은다. 꼭 전문가가 말해주지 않아도 사람들은 저축을 생각하며 재테크의 필요성을 통감한다. 자본주의 사회에서 살면서 '돈'이 얼마나 큰 힘을 발휘하는지, 돈이 없으면 얼마나 절망적인지를 온몸으로 경험하고 있기 때문이다.

월급이 올라도 여전히 저축할 여유는 없다.
그래도 저축하지 않아 생기는 고통은 고스란히 자신이 책임져야 한다.

　더군다나 복지 제도의 안전망이 약한 우리 사회에서는 개개인이 자신의 삶을 온전히 책임질 수밖에 없다. 비판적 현실과는 무관하게 저축하지 않아 닥치는 많은 문제는 온전히 개인이 겪어내야 하는 고통이 돼버렸기 때문이다.

　문제는 저축의 필요성을 알고 저축을 다짐한다고 해서 저축으로 이어지진 않는다는 것이다. 아무리 전문가들이 저축을 해야 한다고 소리 높여 말하고 저축이 개인의 미래뿐 아니라 사회 경제를 원활하게 움직이는 동력이 된다고 한들 빠듯한 살림살이에 허덕이는데 무슨 수로 은행에 돈을 맡겨둘 수 있겠는가. 시중 은행의 예금 적금 금리가 4%에 미치지 못하는 현실은 차치하고도 손에 쥔 게 있어야 할 수 있는 게 저축이다.

　그럼에도 불구하고 현수 씨는 처음엔 자신의 능력부족이라 생각

자본주의 사용설명서

했다. 좀 더 많은 돈을 벌 수 있다면 저축은 물론이고 재테크도 할 수 있을 텐데, 아쉬움이 늘 마음 한구석에 있었다. 그런데 시간이 흘러 직급이 오르고 월급이 올랐는데도 여전히 저축할 여유는 없다. 예전엔 이 정도 돈만 벌어도 저축할 수 있을 텐데, 하고 생각했다. 그러나 오른 것은 현수 씨의 월급만이 아니었다. 집값도 오르고 물가도 올랐으며 아이의 학년이 높아지면서 교육비도 올랐다. 친구들이나 회사 동료를 만나 이야기를 나눠봐도 저축한다는 사람은 별로 없다. 예전엔 생각지도 않았던 각종 보험료를 가족 수대로 내는 것만으로도 빠듯하다는 대답만 돌아올 뿐이다. 어떤 이는 대출받은 주택자금의 이자를 내기에도 허리가 휠 지경이라고 한다. 어쩌다 저축을 한다고 대답하는 사람이 있다면 이런 반응이 돌아온다.

"성공했네."

가계부채가 1천조를 육박한 현실에서 빚을 지지 않은 것만 해도 어디인가. 이제 현수 씨는 스스로에게 질문한다.

'정말 내가 능력부족으로 저축은 꿈도 꾸지 못하는 것인가. 세상의 돈들은 다 어디에 있는 거야?'

올바른 제도가 없는 데서
극단적인 소득 불평등이 온다

"극단적인 소득 불평등의 원인은 '생산이나 소비의 양식을 만드는 상호작용을 분권화하는 제도'에 대해 올바른 그림을 갖지 못했기 때문입니다. 대체적인 자유시장 체제는 있지만 올바른 제도를 갖고 있지 않습니다. 우리가 가진 제도는 어떤 사람에게는 과도하고 어떤 사람에게는 충분치 못한 보상을 줍니다. 재산권, 회사의 조직 같은 제도를 바르게 세우는 것이 필요합니다. 이는 혼합경제mixed economy 지지자가 옹호할 만한 개혁을 요구합니다."

스티브 데이비드 Steve David
영국 경제연구소 교육담당 이사
저서 : 『제국주의의 역사』

INTERVIEW

소득 대부분을
최상위 계층이 독점하고 있다

"잘사는 사람이 있고 그렇지 못한 사람들이 있습니다. 미국은 1%와 99%라고 말합니다. 소득분배를 검토해보면, 지난 20여 년간의 소득은 최상위 부유층에게 돌아갔습니다. 밑바닥의 99%는 제자리걸음을 걷고 있습니다. 더 어려워지지도 않고 상황이 나아지지도 않죠. 어떤 이들은 상황이 몹시 나쁩니다. 특히 금융위기 때문에 2, 3, 4년 동안 일을 구하지 못하는 사람들도 있습니다. 이들의 형편은 몹시 어렵습니다. 이 같은 현상은 세계적으로 나타나고 있죠. 그 이유는 경제가 성장하면서 발생한 소득 대부분을 최상위 계층이 독점하고 있기 때문입니다. 또한 분배에도 문제가 있습니다. 이런 문제를 해결하기 위해선 밑바닥 99%가 경제 성장을 나눌 방법을 찾아야 하죠."

리처드 실라 Richard Sylla
미국 뉴욕대학교 금융사학과 교수
저서 : 『금리의 역사』

02
돈을 **가지고** 다니지 **않으면**
더 많이 **쓴다**

'세상에서 돈이 가장 많은 곳은 은행이다.'

현수 씨는 어릴 때, 이렇게 생각한 적이 있다. 선생님은 저축을 잘 해야 한다고 가르쳤고, 어른들은 명절에 받은 돈은 저금하라고 훈수를 놓았다. 착한 아이 현수 씨는 부모님이나 친척 어른들에게 받은 돈을 돼지저금통에 넣어두고 그 저금통이 가득 차면 은행으로 달려가 저축부터 했다. 이렇게 많은 사람들이 돈이 생기면 은행에 넣으니 은행은 세상에서 돈을 가장 많이 보관하고 있는 장소가 맞다.

어른이 된 후엔 은행을 저축이 아닌 다른 용도로 이용하기 시작했다. 대학을 다닐 땐 학자금 대출, 대학 졸업 후엔 전세자금 대출, 취직하기 전엔 현금서비스를 받았다. 어릴 때 은행은 내 돈을 준 곳이었지만 어른이 된 후엔 돈을 받는 곳이 됐다. 그래서 은행에 갈 때마다 괜히 기가 죽는 것을 넘어서 경이로움까지 느꼈다.

'은행이 없었으면 어떡할 뻔했어. 학자금이나 전세자금을 누가 빌려줬겠냐고.'

고마운 일이다. 어쨌든 빌린 돈을 다 갚아야 하며, 은행은 매달 원금에다 이자까지 칼같이 통장에서 자동이체로 빼가지만 말이다. 그런데 이상한 일이다. 은행에서 빌린 돈을 직접 만져본 경험은 없다. 통장에 찍힌 숫자로 대출금을 확인했고, 학교나 집주인에게도 숫자로 보냈다. 마트에서 장을 볼 때도 마찬가지다. 언제나 숫자만 오간다. 심지어 현수 씨의 머릿속에도 돈은 통장에 찍힌 숫자로만 기억된다.

생각해 보면 고등학교를 졸업하기 전만 해도 돈을 만졌다. 어른에게 받은 용돈, 가게에 지불하는 물건 값 등 정확하게 눈에 보이고 셀 수 있는 돈을 사용했다. 하지만 신용카드를 만들 수 있는 성인이 된 후로는 모든 거래가 숫자로만 이루어진다.

돈은 어떻게 숫자로만 찍히게 된 것일까?

사실 돈은 이미 수천 년 전에 발명됐다. 단지 오늘날 우리가 사용하는 지폐와 다르게 조개껍데기 같은 원시적인 형태를 취했을 뿐이다. 하지만 돈으로 거래를 하고 물건을 구입한 사실은 요즘과 다르지 않았다. 원시적이었던 돈의 형태가 금으로 바뀐 후에는 금이 기초통화로 활용됐다. 영국을 중심으로 발전한 금본위제는 금을 본위 화폐로하여 화폐의 일정액과 금의 일정량을 결부시키는 화폐 제도다. 금본위제엔 두 가지 특징이 있었다. 하나는 오늘날의 화폐와 달리 무게 때문에 보관이 쉽지 않았다는 것이고, 다른 하나는 오늘날의 화폐처럼 은행이 만들고 싶다고 해서 만들지 못한다는 것이다.

첫째, 보관의 문제는 은행의 발명으로 이어지는 시초가 됐다.

17세기 잉글랜드 사람들은 금을 자신의 집에 보관하는 것을 불안해했다. 금을 보관하려면 튼튼하고 큰 금고가 필요했는데 그런 금고를 가지고 있지 못했기 때문이다. 하지만 금세공인들은 기본적으로 많은 금을 보유하고 있었기에 큰 금고를 가지고 있었다. 사람들은 그 금고에 자신의 금을 맡기고 증표로 종이 영수증을 받았다. 그로 인해 금세공인들의 금고는 항상 많은 양의 금으로 차 있었으며, 사람들은 필요할 때 얼마든지 금을 찾을 수 있을 거라 여겼다. 대부분의 사람들은 필요한 양만큼만 금을 찾았다가 남으면 다시 보관하곤 했다.

하지만 금세공인만 알고 사람들은 몰랐던 사실이 있다. 그건 금을 맡긴 모든 사람들이 한날 한 시에 금을 찾지 않는다는 것이다. 이 사실은 금세공인들에게 아주 유용한 정보가 됐다. 사람들이 맡긴 금을 다른 사람들에게 빌려주고 이자를 받아 돈을 벌기 시작한 것이다. 하지만 금세공인들이 부를 축적하는 모습을 보고 사람들은 의심하기

**초등학생 때는 동전을, 중고등학생 때는 지폐를 주로 쓰다가
성인이 되면 카드를 쓰기 시작한다. 이때부터 돈은 그저 '숫자'가 된다.**

시작했으며 결국 금을 모두 가져가버렸다. 금세공업자들은 파산 위기
에 놓였고 뒤늦게 금을 찾으려는 사람들은 금을 돌려받지 못했다.

이 무렵, 전쟁에 조달할 돈이 필요했던 영국 왕실은 한 무리의 금세
공업자들에게 가상의 금을 만들어 대출할 수 있도록 허락해주었다.
그들에게 독점권을 주는 대신 전쟁자금을 지원받는 조건으로. 금세공
업자들은 현대 은행의 전신이라고 할 수 있는 잉글랜드 은행을 설립
해 전보다 훨씬 당당하게, 더 많은 부를 축적할 수 있게 되었다.

둘째, 금을 자의적으로 만들 수 없다는 점은 결국 금본위제가 계속
살아남을 수 없는 이유가 됐다.

우리가 분명하게 짚고 넘어가야 할 것은 금이 기초통화였을 때 돈

당신은 돈과 얼마나 친합니까

의 역할을 했을 뿐 정확한 의미에서 돈은 아니었다는 점이다. 돈은 숫자다. 실재하는 가치에 붙여진 숫자를 지불하는 것이 돈이다. 하지만 금은 하나의 재화를 다른 재화로 맞바꾸는 데에만 쓰였다. 이를테면 필요한 물건이나 음식을 얻기 위해 금과 맞바꾼다면 그건 그저 물물교환에 불과하다. 이처럼 금 자체는 돈이 아니다. 하지만 특수한 기관이나 은행, 국가가 금에 기반을 두어 통화를 만들고, 숫자적인 가치를 줄 때는 돈이 될 수 있다.

문제는 아무리 돈의 가치를 지닌다 해도 한정된 금만으로는 생산과 교역량이 늘어나는 현실을 감당할 수 없다는 데 있다. 2차 세계대전 후 미국은 1온스의 금을 35달러로 바꿔준다는 약속을 했다. 이로써 금은 숫자적인 가치를 가진 돈이 됐다. 하지만 금은 오늘날의 화폐처럼 은행에서 쉽게 만들 수 없다. 이는 자본주의 발달에 꽤 큰 장애가 됐다. 자본주의가 발전하려면 끊임없이 자금이 조달돼야 하기 때문이다. 이를 증명하듯 금본위제도가 없어진 순간 자본주의는 성장하기 시작했다.

금본위제였던 20세기 초반엔 전 세계적으로 금이 부족했다. 세계 무역량의 절반에도 못 미치는 수준이었다. 이런 상황에서 계속 금이 지불 수단이었다면 경제성장에는 제약이 따를 수밖에 없었을 것이다.

자본주의의 근본적인 성과는 '돈을 만든 것'이다. 금은 인위적으

1944년 세계 각국의 대표들이 브레튼우즈에 모였다.

각국 통화를 달러에 고정했고,
금 1온스당 35달러를 교환 비율로 약속했다.

그런데 베트남 전쟁으로 달러 가치가 하락하자

각국은 달러를 금으로 교환하기를 원했다.

1971년 미국 닉슨 대통령은 더 이상
금 교환은 하지 않겠다고 선언해 버렸다.

세계 기축통화인 달러는 이때부터
금과 무관하게 발행할 수 있게 됐다.

로 만들 수 없다. 경제생활 전반에 더 많은 금이 필요해도 한정된 양 이상을 시중에 풀지 못한다. 이는 곧 생산과 통화의 순환에 방해가 된다. 이제 돈을 일컬을 때 우리는 어렵지 않게 '화폐'를 떠올린다. 정부와 은행이 마음만 먹는다면 얼마든지 만들 수 있는 화폐가 원시시대의 조개나 이전 시대의 금을 대신해 돈의 역할을 한다.

화폐는 이제 눈으로 보고 손으로 만질 수 있는 물질을 넘어서 눈에 보이지도 않으며 손으로 만질 수도 없는 비물질이 됐다. 그 이유는 간단하다. 금융자본주의 사회에서의 '돈'은 물질에 준하는 교환수단의 가치뿐 아니라 사실상 '관계와 약속'으로 승급됐기 때문이다. 돈은 채권자와 채무자 사이의 관계이며 돈에 쓰여 있는 액수를 지불하겠다는 약속이다. 따라서 오늘날 사람들은 직접 만나 화폐를 주고받는 것으로 거래할 필요가 없다. 컴퓨터나 휴대전화만 있으면 그 자리에서 언제든 거래가 가능하며, 시장 보러 갈 때나 택시를 탈 때도 돈 한 푼 없어도 신용카드만 있으면 된다. 이제 돈의 가장 중요한 형태는 지폐나 동전이 아니다. 통장이나 카드 영수증에 찍힌 숫자다.

돈이 이처럼 다양한 형태를 지니면서 금융의 역할도 이전 사회보다 훨씬 더 복잡하고 거대해졌다. 마치 어린아이가 동전을 사용하다 청소년이 됐을 땐 지폐를 만지고 어른이 된 후엔 눈에 보이지 않는 돈을 각종 카드와 인터넷뱅킹 등으로 주고받는 격이다. 은행 또

항상 시중에는 조폐공사가 찍어내는 돈보다 많은 돈이 있다.

한 이 숫자놀이를 한껏 이용한다. 예전 금세공인들이 금고에 있는 금보다 더 많은 양을 다른 사람들에게 빌려주었듯 은행도 은행에 있는 돈보다 더 많은 돈을 기업이나 사람들에게 빌려주는 것으로 돈을 번다. 이를테면 은행에 있는 돈이 10원밖에 없다고 해도, 은행은 100원이나 1천 원을 기업과 사람들에게 대출해준다. 저축과 대출이 1:1이 아니라 1:10 또는 1:100이 되는 것이다.

이 같은 사실은 금세공인들이 경험한 것처럼 '한 날 한시에 모든 이가 금을 찾으러 왔을 때'의 위험을 늘 안고 있음을 의미하기도 한다. 하지만 금세공인들이 사람들을 속여가며 뒤로는 이자를 받아 챙겼던 것과 달리 오늘날 은행은 금고 속에 보관된 돈보다 더 많은 돈을 빌려주는 것에 대해 당당하다. 이는 '지급준비율 제도(fractional

당신은 돈과 얼마나 친합니까

연방준비은행(FRB)
「현대 금융 원리」Modern Money Mechanics

부분 지급 준비율 · 은행이 예금 고객에게 줄 돈으로 쌓아 둬야 하는 비율

미국 FRB에서 만든 업무 매뉴얼 『현대 금융 원리』에
예금한 고객이 돈을 찾아갈 것을 대비해 쌓아두는 지급준비율이 언급돼 있다.

reserve banking system, 부분 지급준비금 제도)' 때문이다. 지급준비율 제도는 은행이 법률로 규정된 일정 금액만 보유하고 나머지 금액은 떳떳하게 개인이나 기업에 대출할 수 있게 해준다. 은행은 모든 예금을 금고에 보관할 필요 없이 그 돈으로 투자를 해주거나 다른 이들에게 빌려주고 이자를 받아 돈을 벌 수 있는 것이다.

하지만 은행은 이 같은 사실을 솔직하게 밝히지 않는다. 예금한 돈을 찾으러 갔을 때 예금한 돈은 언제든 돌려줄 수 있다는 입장을 취하며, "당신의 예금을 우리가 아주 유용하게 활용했으며 다른 사람에게 대출해줬습니다" 따위의 말은 굳이 하지 않는다. 은행이 이 모든 일을 문제없이 할 수 있는 건 많은 거래가 화폐에 의해 이뤄지지 않고 단지 숫자로 오가기 때문이다. 그래서 은행엔 돈이 없다.

관계와 약속으로서 돈의 이행은 은행을 비롯한 금융사업자들뿐만 아니라 우리 일상의 곳곳에도 아주 큰 영향력을 발휘하고 있다. 우리는 손 안에 얼마가 있는지, 오늘 하루 얼마를 썼는지, 그래서 얼마가 남았는지 바로 알아차리지 못한다. 각종 공과금이나 통신 요금, 대출금 이자는 자동이체로 돌려놓고, 다음 달 결제가 이뤄지는 신용카드로 물건을 구입하기 때문이다. 눈에 보이는 화폐는 당장 내 지갑 속에서 나가는 것이기 때문에 얼마를 썼으며 얼마가 남았는지 알 수밖에 없다. 아무리 꼼꼼한 성격이 아니어도 지갑 속에 돈이 없다면 껌한 통도 구입할 수 없으니 쓰는 즉시 체크할 수밖에 없다. 반면 자동이체가 되는 돈들에 대해서는 매달 작정하고 확인하지 않는 한, 그달에 무슨 용도로 얼마가 나갔는지 알지 못한다.

신용카드 역시 마찬가지다. 매달 특정 날짜에 카드회사가 내 통장에서 결제금액을 회수해 가지만, 지금 당장 내 돈이 빠져나가지는 않으며 설혹 통장에 돈이 없어도 결제일까지는 한도 내에서 얼마든지 지출이 가능하다. 신용카드를 사용하는 한, 우리는 그 누구도 빚에서 자유롭지 못하다. 작정하고 은행에서 대출을 받지 않아도 다음 달 결제가 되는 신용카드 자체가 일종의 빚이기 때문이다.

현수 씨는 비교적 꼼꼼한 편이지만 그날 하루 자신이 얼마를 썼는지 계산해보지 않는다. 신용카드 결제 즉시 휴대전화로 결제액이 전송되며 앞으로 결제해야 할 금액의 총합까지 나타나지만 오늘 하루 쓴 금액의 총합은 알 수 없다. 어디에 무슨 용도로 어떻게 돈을 썼는지 구체적 내용을 매일같이 휴대전화 문자를 보며 체크하지는 않는다. 사실 그런 일을 끊임없이 체크하는 건 정신건강에도 좋지 않다는 생각이다. 어차피 써야 할 돈이 나갔다. 식비, 주거비, 교육비, 의복비, 의료비 등은 줄인다고 줄일 수 있는 것도 아니다. 사람들과 만나면 꼭 드는 술값, 심야택시비도 사회생활에서 필요한 지출이다. 그래서 현수 씨는 얼마를 썼는지보다 자신의 필요에 따라 얼마든지 쓸 수 있는 돈을 벌지 못하고 있는 현실이 괴로울 뿐이다.

그런데 이대로 좋을까. 어느 순간 현수 씨는 또 고민을 시작한다. 직접 돈을 만지지 않으니 돈에 대한 현실감은 점점 사라지는 것 같다. 돈이 없다는 경각심도 어쩌다 통장에 찍힌 숫자를 볼 때만 잠깐 생길 뿐이다. 이메일로 받은 청구서는 열어보지도 않는다. 구체적인 소비 행태를 모르니 돈을 가지고 뭔가 계획하는 것 자체가 어렵다.

"계획이 필요해."

현수 씨는 그날 밤 아내에게 매달 가계부를 써보는 것이 어떻겠냐고 제안했다. 불필요한 지출을 줄이기 위해서는 먼저 지출목록을 꼼꼼하게 따져보는 것이 먼저이기 때문이다. 수입과 지출이 한눈에 들어오지 않는 상황에서는 매달 저축할 돈도 계산이 안 된다. 이런 이유를 들어 설명하자 아내는 오히려 현수 씨에게 질문했다.

"우리나라 사람들이 가계부를 몇 퍼센트나 쓰는 것 같아?"

신용카드를 쓰고 인터넷뱅킹을 하기 시작하면서 통장을 들여다볼 일이 없어졌다.
돈에 대한 현실감각은 점점 떨어질 수밖에 없다.

"내가 어떻게 알아?"

"31.6%. 작년에는 35.8%. 그 이전엔 33.6%. 그러니까 30% 정도의 가정에서만 가계부를 쓰고 있어. 그럼 가계부를 쓰지 않는 사람들은 왜 쓰지 않을까?"

"귀찮아서겠지."

"딩동댕. 그리고 익숙하지 않아서. 가계부를 써도 아낄 수 없는데다 별 차이가 없어서."

"그래서?"

"가계부를 작성하는 건 계획적인 지출을 하고 예상하지 못한 소비를 억제하기 위해서야. 그런데 당신이나 나나 예상치 못한 소비를 한 적이 거의 없잖아. 그럴 돈이 없으니까. 아무리 지출목록을 꼼꼼하게 기록해도 저금할 돈을 빼는 건 힘들어. 소득은 그대로인데 물가는 올라가 있으니까."

현수 씨는 자신보다 비관적으로 가계경제를 파악하고 있는 아내의 말에 적잖이 놀랐다. 물론 현수 씨도 아내처럼 생각하지 않는 건 아니었지만, 그렇다고 어차피 쓸 돈은 나가게 돼 있다는 말이 다 옳다고 여기진 않는다. 어차피 쓸 돈이라는 건 그들 부부의 착각일 수도 있다. 일단 자신부터 생각해봐도 점심식사 후 습관처럼 마시는 커피가 밥값보다 비쌀 때도 있었고, 대중교통을 이용할 수 있는데도 택시를 이용하곤 했다. 아내도 마찬가지였다. 계절이 바뀔 때마다 커튼을 바꾸는 것이나 다 먹지 못할 정도로 많은 음식을 구입하는 것도 '쓸 돈의 목록'에 넣지 않아도 되는 것은 아닐까.

"얼마의 돈을 어떻게 아낄 수 있는지는 몇 달이 지나봐야 알겠지. 하지만 적어도 우리가 어디에다 어떻게 돈을 쓰고 사는지는 파악하는 게 좋지 않겠어? 그리고 요즘은 인터넷 포털 사이트에서 무료 가계부를 다운받아 활용할 수도 있고, 스마트폰에 가계부 어플을 다운받아 손쉽게 메모할 수도 있지. 많이 귀찮지 않을 거야. 무조건 절약할 게 없다고 생각하지 말고 정말 우리가 불필요한 소비를 하는 것은 아닌지 알아보자. 우리 가계의 재정 상태도 매달 체크할 수 있고, 그에 맞게 소비할 돈과 저축할 돈을 나눌 수 있으니까. 그렇게 분류해봐야 무엇을 더 이상 쓰지 않을지도 판단할 수 있을 거야. 그럼 적은 액수나마 저축할 돈도 남겨둘 수 있는 거고."

아무도 말하지 않는 돈의 진실

어차피 쓸 돈이 나갔다는 건 진실일까.
지출목록을 작성할 때는 생활습관도 점검해보는 것이 좋다.

아내는 여전히 미심쩍은 표정을 짓고 있었지만 고개를 끄덕였다.

"뭐, 당신 말도 일리가 있네. 일단 당신 말대로 지출목록을 꼼꼼하게 기입하면서 우리가 어떤 소비를 하고 있는지, 또 어떻게 저축할 돈을 마련할 수 있는지 머리를 맞대고 연구해보자고."

신용카드로 구매하는 순간
돈이 만들어진다

"은행은 돈으로 사업money business을 합니다. 요즘에는 대부분의 돈을 만드는 곳이 은행입니다. 은행에서 1만 달러를 빌리면, 다음 날 계좌에 1만 달러가 입금됩니다. 은행이 계좌에 넣은 거예요. 금도 없고, 재무성 서류도 없이 말입니다. 전에 없던 1만 달러가 생긴 겁니다. 은행이 돈을 창조한 거죠. 신용카드도 마찬가지입니다. 우리가 신용카드로 구매하는 순간 돈을 만드는 셈이 됩니다. 상품 가격 100달러를 신용카드로 내면 그 금액을 빌린 셈이 되니까요. 그리고 100달러짜리 물건을 소유하게 되죠. 100달러 빚을 더 진 거지만 통화량은 증가했습니다."

존 스틸 고든 John Steele Gordon
미국 금융사학자
저서 : 『위대한 게임』, 『해밀턴의 은총』

빚도 계획의 일부가
되어야 한다

"빚이 항상 나쁜 건 아닙니다. 다만 계획의 일부가 돼야 하죠. 매일 빚으로 생활할 수는 없어요. 형편에 맞게 생활하도록 계획을 세워야 합니다. 하지만 많은 사람들이 예산을 모으는 것조차 하지 않죠. 예산을 만들기 전에 지출을 분석해야 합니다. 대체로 한 달 동안 지출을 살펴보게 하죠. 그 다음은 생활비 예산을 만들어요. 월세나 모기지, 교통비, 점심 값이 얼마인지 따져보면 어디서 줄일 수 있는지 보이죠. 그 금액을 저축하는 겁니다."

스테파니 닐리 Stephanie D. Neely
미국 시카고 재무관

03

잘살고 싶다면
경제를 알아야 한다

현수 씨는 오랜만에 만난 대학교 동아리 친구가 FC(재무설계사)인 것을 알았을 때만 해도 동창의 의도를 그다지 의심하지는 않았다. 대학에 다닐 때 현수 씨를 비롯한 동아리 친구들은 세계 경제와 분배에 대해 거시적인 고민을 했다. 그들의 동아리는 경제학을 공부하는 연구 동아리였는데, 그 안에서 정치적인 토론부터 시작해 복지와 분배에 대한 토론까지 밤새는 줄 모르고 계속하곤 했다.

사실 그들의 동아리는 다른 동아리와는 성격이 아주 다른 편이었다. 대학 졸업 후 취업을 걱정하는 학생들은 취업에 도움이 되는 영어회화, 토익, 주식투자 등의 활동을 펼쳤고, 꼭 취업이 아니어도 취미로 즐길 거리를 찾는 학생들은 춤, 노래, 운동 등의 활동을 펼쳤다. 현수 씨의 동아리 말고도 사회과학 연구 동아리가 서너 개는 더 있었지만 그런 동아리는 보통 인기가 없었다.

분위기야 어쨌든 간에 현수 씨는 동아리 활동에 큰 만족감을 느끼고 있었다. 고등학생일 땐 미처 알지 못했던 세상 일에 대해 여러모로 배우는 것이 많았기 때문이다. 특히 그는 '경제학'에 대해 새롭게 알게 되었다. 이전엔 경제학이라고 하면 그냥 자본주의가 어떻게 움직이는지 설명하고 단순히 수요와 공급을 산출하고 계산하는 학문인 줄로만 알았다. 하지만 경제학은 수요와 공급뿐 아니라, 복지와 분배까지 총괄하는 학문이었다. 우리가 사는 세상에서 경제는 거미줄처럼 모든 분야와 얽혀 있다. 양육, 교육부터 시작해 일상생활에서 복지까지. 어느 하나 경제와 연관되지 않은 부분이 없다. 그래서 현수 씨는 경제학을 단순히 경제에 대한 학문으로만 보지 않고 사람들이 보다 바람직한 사회를 만들어나가기 위해 총체적으로 연구하고 발전시켜야 하는 학문으로 생각하고 있었다.

그런 생각에 깊은 영향을 준 사람은 영국의 경제학자 존 메이너드 케인스였다. 케인스는 개인 소비자나 생산자가 아니라 전체 생산에 관한 이론을 펼친 거시경제학의 창시자다. 그가 거시경제학을 말하기 전에는 오로지 개개의 주체인 소비자와 생산자의 행동분석을 통해 사회적 경제 현상을 해명한 미시경제학만 있었다. 하지만 거시경제학이 생긴 후, 사람들은 한 국가나 세계 경제 전체를 생각하게 됐으며, 1945년부터 1975년까지의 세계는 케인스주의 원리에 의해 운영, 관리됐다. 정부는 불경기를 막기 위해 시장경제에 개입했고, 세금으로 걷어들인 예산과 통화정책을 통해 경제의 균형을 잡으려 노력했다. 그 결과, 세계 경제는 안정적이면서 높은 경제 성장을 이루었으며 이 시기 동안은 공황도 일어나지 않았다. 물론 모든 나라가 이 같은 성과를 이뤄낸 것은 아니지만 전반적으로는 성공적이었다.

케인스는 큰 정부를 한 번도 주장한 적이 없다. 오히려 그는 정부는 날씬해야 하며, 꼭 필요한 일에만 관여해야 한다고 생각했다. 민간 부분에 있어서는 정부가 개입하면 안 되지만 민간 부분이 할 수 없는 일은 정부가 해야 하는 것으로 봤다. 따라서 그는 투자에 있어서도 어떤 일은 꼭 정부가 해야 한다고 생각했다. 큰 규모의 사회기반시설, 공공시설 등이 그것이다. 또한 그는 자유방임주의 시스템의 약점을 채우기 위해 완전고용과 임금 분배의 필요성도 주창했다. 만약 정부의 개입으로 완전고용과 올바른 분배가 이뤄질 수만 있다면 시장이 마음대로 부를 창조해도 괜찮다고 생각했다.

하지만 시장 순수주의자들은 이조차도 민간 부분에 의해 만들어져야 한다고 생각했다. 그들은 정부가 경제적인 생산과 소비를 통제하는데 어떻게 자유시장이 될 수 있는지에 대해 의문을 내세우며 케인스주의 방식의 경제운영에 제동을 걸었다. 그로 인해 정부는 실업률과 부의 분배에 대한 관여를 포기해버렸고, 그 결과 부와 임금의 불평등은 심화되기 시작했다.

케인스주의와 신자유주의자들의 대립점은 의심할 여지없이 '국가의 역할'에 있다. 케인스가 경제 개발에 국가의 긍정적인 역할이 있다고 봤다면 신자유주의자들은 국가는 작으면 작을수록 좋은 필요악이라고 생각한 것이다. 그러다 보니 복지에 있어서도 케인스와 신자유주의자들의 의견은 다르다. 케인스는 복지 제공 또한 국가에 책임이 있다고 했지만, 신자유주의자들은 복지는 가능한 한 가혹해야 한다고 주장했다.

현수 씨는 케인스주의자는 아니지만 케인스의 경제학에 꽤 깊은 감명을 받았으며 정부가 분배나 복지에 관여해야 한다는 데 전적으

케인스는 정부가 복지와 분배에 관여해야 한다고 말해 공산주의자라고 공격받곤 했다.

로 동의했다. 그리고 동아리 친구들 역시 대부분 현수 씨와 같거나 비슷한 의견이었다. 하지만 그건 어디까지나 생활전선에 뛰어들기 전의 풋풋한 20대가 토론을 할 때 가졌던 의견들이다.

지금 현수 씨는 세계 경제니, 거시경제학이니, 국가의 관여니 하는 것들보다 이 달 월급과 그 월급으로 할 수 있는 일에 대해 고민하며 다가올 미래에 어떻게 살아남을 수 있는지에 대한 불안감을 가진 채 하루하루를 보내는 소시민에 불과하다. 이런 현실은 그 당시 함께 공부한 다른 친구들이라고 별반 다르지 않았다. 복지와 분배가 문제라는 건 알지만 개인이 문제 제기를 한다고 바뀌지도 않을 상황이고, 개인들이 힘을 모아 뭔가 변화를 시도한다 해도 지금 당장 먹고사는 문제가 눈앞에 놓인 급한 불인 걸 어떡하랴. 친구들 대부분은 꿈꾸던 직장이든, 어영부영 들어간 직장이든, 아직 직장을 잡지 못했든 간에 먹고사는 일에 대해 줄기차게 고민하고 있었다.

이 상황에서 친구가 재무설계 일을 하는 것은 그다지 놀랄 만한 일도 아니다. 그리고 재무설계사라고 해서 무조건 보험 가입을 권한다고 생각하는 것도 어찌 보면 편견일 수도 있다. 현수 씨는 오랜만에 만난 친구와 아무 편견 없이 그냥 "옛날엔 그래도 우리가 세계 정세와 세계 경제에 대한 고민을 하곤 했었는데" 같은 이야기를 하며 시간을 보낼 수 있을 거라 생각했다. 그런데 한 시간여쯤 지나자 친구는 가방 안에서 여러 개의 팸플릿을 꺼냈다. 그 순간 현수 씨의 얼굴도 살짝 굳어졌다.

"너도 알다시피 우리가 경제학을 좀 공부했잖아. 그래서 우리 사회가 얼마나 복지가 안 되어 있는지도 알게 되었고. 이런 나라에서 그래도 잘살려면 보험은 몇 개 들어야 해. 안 그럼 나중에 크게 후회하게 될 거야. 이번에 우리 회사에서 진짜 좋은 상품이 하나 나왔는데, 이 상품을 본 순간 네가 생각나더라고. 친구들 중에서도 특히 넌 미래에 대한 걱정이 많았던 걸로 기억하거든. 그런 걱정을 더 이상 하지 않아도 되게끔 도움을 주고 싶었어. 게다가 이게 회사에는 별로 득이 안 되고 고객에겐 좋은 상품이라서. 일종의 고객서비스 차원에서 회사가 작정하고 만든 보험이거든. 보장이 정말 잘돼 있어. 보장에 비해 보험료도 저렴한 편이고. 그래서 길게 판매하지는 않을 거야. 앞으론 이런 상품이 나올 수도 없고."

"내가 보험을 많이 든 상태라……."

현수 씨는 '정말 너를 위해 내가 이 상품을 소개하고 있다'는 태도로 설명하는 동창의 말을 끊었다.

"이미 들어놓은 보험료 내기도 벅차."

사실 현수 씨가 가입한 보험은 실비보험밖에 없었다. 하지만 그는 보험을 들 땐 적어도 관련 정보를 익히고 여러 회사의 상품을 비교하는 과정을 거쳐야 한다는 생각을 갖고 있었다. 그리고 FC(파이낸셜 컨설턴트)든 FP(파이낸셜 플래너)든 LP(라이프 플래너)든 재무설계사를 선

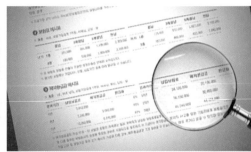

「금융회사는 고객이 꼭 알아야 할 진실을 알리고 있는가?」

금융상품을 고를 때는 나의 목적에 맞는지 꼼꼼하게 따져야 한다.
우리 스스로 자신을 지켜야 하기 때문이다.

택하는 부분에 있어서도 현수 씨의 입장은 명확했다.

일단 재무설계사는 그 분야에서 오래 일할 사람이어야 했다. 보험상품이라는 게 그 특성상 10년에서 20년까지 매달 보험료를 내는 장기 상품이기 때문에 지속적인 관리를 받을 필요가 있었다. 그런데 재무설계사가 가입만 시켜놓고 나 몰라라 손을 놓으면 혹여 보장을 받아야 할 일이 생겼을 때 제대로 된 상담을 받기도 힘들 것이다.

게다가 재무설계사의 능력이나 태도도 꼼꼼하게 살펴봐야 했다. 같은 재무설계사라도 자신이 파는 보험상품에 대해 정확하게 알고 있는 사람과 그렇지 않은 사람이 있다. 또한 모든 재무설계사가 정말 그 보험이 도움이 되는지 안 되는지 판단해 고객에게 유리한 보험을 권하지는 않을 것이다. 적어도 진정성이 있으며 믿음이 가는 재무설계사와 거래하기 위해서라도 시간이 필요했다. 그래서 현수 씨는 지인을 통해 보험을 들기보다 전문적인 재무설계사부터 찾아야 한다고 생각했다.

재무설계사를 만나 여러 종류의 보험상품에 대한 설명을 듣는 일은 쉽다. 문제는 재무설계사가 먼저 상담을 권하든 자신이 요청을 하든 그 사람이 얼마나 전문적이며 얼마나 많은 것을 알고 나에게 적합한 보험을 권하는지 판단하기 어렵다는 것이다.

재무설계사가 첫 번째로 권하는 상품은 내가 필요로 하는 것이 아니라 그의 필요에 의한 상품일 가능성이 높다. 커미션이 높거나 소속된 회사에서 주력으로 미는 상품을 제일 먼저 권하는 것이 일반적이다.

현수 씨는 그런 사실을 알고 있었기에 상품에 대한 정확한 설명보다 좋은 기회임을 강조하는 친구를 믿고 보험을 들 수는 없다고 판단했다. 현수 씨는 친구의 자존심을 상하게 하지 않으려고 차라리 자기 자신을 낮춰 버렸다. "별로 능력이 없어 좋은 직장을 다니지 못하고, 빠듯한 월급으로 세 식구가 근근이 살고 있다. 그 와중에도 몇 개나 되는 보험료를 내느라 허리가 휠 지경이다. 그래도 보험 들 일이 있으면 꼭 너에게 연락하마." 같은 말을 주저리주저리 내뱉고는 대화를 아예 다른 분야로 돌려버렸다.

경제학은 생각하는 방법이고
세계를 보는 방법이다

"사람들은 경제학이 할 수 있는 일에 대해 잘못된 인식을 가지고 있습니다. 경제학은 과학이 아닙니다. 경제학은 생각하는 방법이고 세계를 보는 방법입니다. 물리학이나 공학이 가져오는 결과를 기대하는 것은 위험합니다. 이것은 경제학이 하려는 것이 아닙니다. 경제학은 우리가 포기해야 하는 거래에 대한 연구입니다. 해결책을 찾는 연구가 아닙니다. 달에 인간을 보낼 때는 분명한 방향이 있습니다. 달에 가야 합니다. 우리는 이것을 이해할 수 있습니다. 이것은 기술적인 문제입니다. 하지만 빈곤을 해결하고 싶을 때엔 한 가지 정답은 없습니다. 장점과 단점이 있는 여러 가지 해결방안이 있습니다. 경제학은 모든 정책의 장점과 단점을 이해하는 학문입니다. 더 수학적으로 접근하면서 정답을 찾아야 한다는 건 우리가 해야 할 일이 아닙니다. 우리가 생각해야 하는 것은 선택(trade-off)입니다."

러셀 로버츠 Russell Roberts
미국 조지메이슨대학교 경제이론학과 교수
저서 : 『보이지 않는 마음』, 『선택의 논리』

고객은 구매하는 금융상품에 대해 알아야 한다

"재정상담가는 금융상품 제공자를 대신해 금융상품을 팔아요. 금융 제공자는 큰 보험회사나 은행이에요. 한두 개 회사의 상품을 팔면서 모든 회사의 제품을 다루는 척하는 판매원이 있었어요. 그러고는 소비자에게 특정 상품을 권하는 거죠. 상품을 고객에게 팔면 제공자가 얼마를 주는지 밝히지 않았어요. '커미션 중심'이라고 해요. 판매자가 특정 상품을 판매한 대가를 받는 거죠. 실제 무슨 일이 일어나는지 모르는 고객에게 불리하죠. 그래서 최근 영국에서는 소매 판매 검토(retail distribution review)가 시작됐어요. 상담가는 커미션을 받을 수 없고 수수료를 받게 됐죠. 그리고 독립적인지, 즉 모든 상품 제공자의 모든 상품을 파는지, 아니면 몇 개의 상품과 제공자로 제한되는지 공지해야 해요. 고객은 자기가 좋은 상담을 받고 있는지, 상품을 팔면 생기는 이익 때문에 추천을 받고 있는지 확실히 알 수 있죠."

줄리아 블랙 Julia Black
영국 런던정경대(LSE) 법학과 교수

04
국민소득이
내 지갑에 미치는 영향

"이번 년도 우리나라 1인당 국민소득이 2만 4천 달러라네. 사상 최대란다. 그런데 내 지갑은 왜 이렇게 얇은 거냐?"

현수 씨는 동네 친구 강구 씨의 한탄에도 묵묵히 술잔만 기울였다. 회사에서도 사상 최대의 국민소득을 주제로 이미 직장 동료들과 신세 한탄을 한바탕 하고 오는 길이다. 게다가 삼성전자가 사상 최고의 실적을 올려 직원들에게 1조 원의 인센티브를 푼다는 말까지 나왔을 땐 깊은 한숨을 몇 번이나 푹푹 쉬었다.

정말이지 이런 대화를 하다 보면 이제까지 자신은 뭘 하고 살았는지 괜히 자책이 됐다. 그리고 실과 바늘처럼 우울감이 밀려왔다.

제 몫을 다하고 사는 사람들에게 뒤처져 하염없이 그들의 등만 바라보고 있는 느낌이었다. 함께 이야기를 나눈 직장 동료나 친구들, 다른 술자리에서 이와 비슷한 이야기를 나누는 사람들 역시 현수 씨와 별반 다르지 않은 현실 속에 놓인 사람들이다. 하지만 이상하게도 그런 생각은 들지 않고 그냥 자신이 가장 힘들다는 생각만 들었다.

"참 이상한 세상이다. 나도 그렇고 너도 그렇고. 다른 사람들을 봐도 다 살기 힘들다고 하는데. 돈이 없어 여기저기 빚을 진 사람들만 수두룩한데. 그래서 다들 죽지 못해 산다고 하는데. 1인당 국민소득 2만 4천 달러 시대란다. 이게 말이 되나?"

현수 씨는 이번에도 역시 아무 대꾸도 하지 않았다. 하지만 머릿속은 더할 나위 없이 복잡했다. 대학을 다닐 때 자주 들었던 말 중엔 '일본은 나라는 부자지만 국민들은 가난하다'가 있었다. 사실 그때만 해도 그 말의 정확한 의미를 파악하지 못했다. 그도 그럴 것이 '인간은 자신의 이익을 위해 행동한다'라는 경제학의 근본적인 생각이 결과적으로는 전체 사회의 부를 증진시키는 것이라 여겼기 때문이다. 그러니까 사람들이 열심히 일을 해 부를 축적하고자 하는 것은 다른 사람이나 자기가 살고 있는 나라를 위해서가 아니다. 자신의 삶을 보다 풍요롭게 운영하기 위해서다. 그 와중에 어느 정도의 빈부 격차가 날 수는 있지만 적어도 개인의 노력 여하에 따라 가져가거나 그렇지 못하는 부이다 보니 어쩔 수 없이 생기는 일이라 여겼다.

실제로 세상은 시대를 불문하고 일정 부분 부의 분배에서 차별이 존재해왔다. 하지만 개개인이 자신의 부를 증진시키기 위해 노력하면 개인의 부가 증진돼야 하고, 그에 따라 그 사회의 부도 덩달아 증진돼야 마땅한 것 아닌가. 어떻게 개개인은 가난한데 나라는 부자인 상황이 현실로 나타날 수 있는 것일까. 정말 일본이 그러하다면 그건 그 사회가 올바른 분배가 되고 있지 않으며 불평등이 곳곳에 산재해 있기 때문일 것이다.

그때만 해도 현수 씨는 이 같은 생각을 했다. 하지만 대학을 졸업하고 사회생활을 하면서 점차 우리 사회 역시 일본과 마찬가지로 개인은 가난하지만 나라나 기업이 부유한 나라로 가고 있으며, 금융자본주의와 힘 있는 몇몇 사람들에게 이익이 집중되는 제도가 이 같은 현실을 만들어나간다는 것을 알게 되었다.

"『국부론』의 저자 아담 스미스는 세상에 완전한 평등이 있다고 믿지 않았어. 심지어는 불평등이 좋다고 했지. 남과 비교해서 자신의 부를 늘릴 수 있는 자극을 주니까. 자본주의에서 사람들은 자신의 이익을 추구하고 이를 통해 국가의 부를 늘릴 수 있다고 믿었기 때문에 그런 말을 했는지 몰라. 그런데 남과 비교하는 건 정말 힘든 일이야. 비교하는 순간 불행해지거든. 이럴 땐 차라리 눈과 귀를 막고 싶기도 해. 솔직히 노력한 만큼 부를 이룬다면 이렇게 마음 상하지는 않을 거야. 그런데 땅을 사서 부동산 투기로 비정상적인 부를 획득하

**OECD 34개국 중 빈곤율 28위, 연평균 근로시간 1위, 청소년 사망 원인 1위 자살.
이것이 바로 우리의 현재 모습이다.**

거나 주식이나 펀드로 한순간에 어마어마한 돈을 벌었다는 소리를 들으면 괜히 손해를 보는 것 같거든. 그리고 우리나라 기업이 세계에서 인정을 받으면 기쁜데, 그게 내 생활과 무슨 관계가 있는지 생각해보면 덩달아 기분 좋아하는 내가 바보같이 여겨지기도 해."

현수 씨는 대학 동아리에서 공부했던 기억을 떠올리며 말했다.

"하기야. 나도 그래. 기업뿐만이 아니야. 우리나라의 경제력과 국력이 높아졌다는 소식을 들으면 괜히 뿌듯해져. 그런데 현실을 보면 예전보다 더 살기 팍팍하거든. 경제력이 높아진 만큼 물가도 오르니까. 한 번 오른 물가는 내려가지 않지. 월급은 물가만큼 빈번하게 오르는 것도 아니고. 설혹 월급이 오르면 꼭 그와 때를 같이해 물가는 더 올라가버리니까."

현수 씨는 강구 씨의 말을 들으며 며칠 전 한 방송 프로그램에서 본 이야기가 떠올랐다. 페이스북의 CEO 마크 주커버그를 비롯해 구글의 공동 창업자인 래리 페이지가 연봉으로 단 1달러만 받기로 했다는 것이다. 경영자가 스스로 연봉을 삭감하는 일은 애플의 공동 창업자인 스티브 잡스에서부터 비롯됐다. 이들은 세계적으로도 이름난 갑부로 연봉을 받지 않아도 매년 어마어마한 금액의 주식 배당금을 받는다. 그들 대부분의 주식 평가액은 30조 원에 달하거나 그 이상을 넘어서고 있다. 따라서 어떤 사람들은 1달러의 연봉은 상징적인 것에 불과할 뿐 그것이 궁극적으로 어떤 의미인지 되묻는다.

실제로 가장 부유한 국가인 미국에서도 끼니를 걱정하는 국민이 5천만 명에 이른다. 상위 1% 가구의 자산이 중간층 일반 가정의 288배로 소득 격차가 심각하다. 중국은 일본을 제치고 세계 2위 경제대국의 자리를 차지했지만 국민 1인당 소득은 선진국의 10분의 1에 불과하며 많은 이들이 가난에서 벗어나지 못하고 있다.

한국도 이 나라들과 별반 다르지 않다. 매년 들려오는 경제 소식의 수치만 보면 나날이 경제 성장의 쾌거를 이루고 있는 것 같다. 그런데 어찌 된 일인지 사람들의 생활은 갈수록 팍팍해지고 있다. 주거비

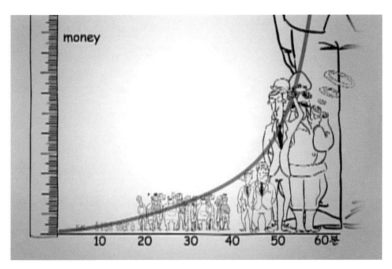

네덜란드 경제학자 얀 펜에 의하면 오늘날의 소득 격차란 땅속에 머리를 파묻고 있는 사람과 구름에 얼굴이 가려 못 알아볼 정도의 사람, 두 사람의 키 차이 같은 것이다.

용은 감당하기 벅찰 정도로 높기만 하고, 하루가 멀다 하고 올라가는 물가에 허리가 휠 지경이다. 번듯한 직장을 구하는 건 하늘의 별 따기처럼 어렵고, 결혼이나 출산 같은 기쁜 일에도 비용부터 걱정하기 일쑤다. 아무 준비도 없이 노후를 맞이할 생각을 하면 갑갑함을 넘어서 두렵기까지 하고 아픈 건 곧 '돈이 든다'는 의미이기 때문에 웬만하면 병원에 가지 않으려 한다. 주거에서부터 먹고 입는 것뿐 아니라 냉난방비, 의료비, 교육비 등 모든 면에서 버겁고 힘들 정도로 주머니 사정이 좋지 않다.

그런데도 다른 한편에서는 마치 별나라 이야기 같은 말들이 수시로 들려온다. 1인당 국민소득은 높아졌고 삼성전자의 영업이익은 29조 원에 육박하며 명품 매출은 7% 상승했다는 등의 소식들이다. 현수 씨는 스무 살 즈음에 가졌던 질문들을 이제는 하지 않는다. 정부나 기업이 벌어들이는 돈이 국민 개개인과는 전혀 상관이 없다는 것을 이젠 똑똑히 알기 때문이다.

『국부론』의 저자 아담 스미스는 이미 240년 전에 "국민의 대부분이 가난하고 비참한 생활을 하는데 그 나라가 부유하다고 말할 수 없다"고 말했다. 아담 스미스가 살았던 18세기의 영국엔 빈곤층이 아주 많았다. 그런 현실 속에서 그는 대다수의 사람들이 잘 먹고, 잘 입고, 좋은 집에서 살 수 있어야 공평한 것이 아닌가 고민했다. 이 같은 고민은 '빈곤을 탈출해 모든 사람이 잘사는 세상을 만드는 방법'으로 진지하게 이어졌다. 그렇게 해서 나온 책이 『국부론』이다. 『국부론』의 원제는 '국민들의 부의 성질과 원인에 관한 연구'다. 즉, 국민이 부유해야 나라도 부강해진다는 것이다. 각 개인이 최선을 다해 자기 자본을 본국 노동의 유지에 사용하고 노동생산물이 최대의 가치를 갖도록 노동을 이끈다면, 굳이 공공의 이익을 증진시키려 애쓰지 않아도 자연스럽게 공공의 이익을 촉진할 수 있다.

어찌 보면 단순하면서도 명확한 산술이다. 한 국가의 인적 요소를 구성하고 있는 국민들이 부유하다면 당연히 그 국가 또한 부강할 수밖에 없다. 그런데 오늘날의 현실은 아담 스미스가 그린 세상과는

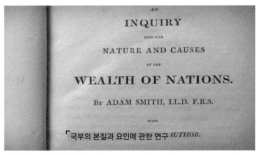

「국부론」은 국민이 부유해야 나라도 부강해진다는 걸 전제로 한다.

다른 모양새를 지니고 있다. 상위 몇 프로의 사람들만 부를 축적하게 되는 빈익빈 부익부의 시스템이 몹시 견고하게 버티고 있기 때문이다.

자본주의는 분명 부의 생산엔진이다. 계속해서 부를 생산하고 그것을 위해 사회를 재편성하거나 조직한다. 그런데 그 혜택은 모든 사람들에게 골고루 분배되지 않는다. 그렇다면 누구를 위한 부일까? 무엇을 위한 부일까?

소시민 현수 씨는 정말 궁금하다.

도대체 이 세상은 어떻게 생겨먹었기에 '부자 국가의 가난한 국민'이라는 이상한 말이 현실이 될 수 있는가.

부자들은 국가의 힘을 이용해
부를 지킨다

"피할 수 없이 자본주의 경제에서 성공적인 사업가들은 돈을 많이 법니다. 하지만 중간 계층에 많은 소득이 있는 것이 필요합니다. 어떻게 해야 이런 일이 가능해질까요? 비용이 적게 드는 사업이나 회사를 차릴 수 있는 시스템이 필요합니다. 자유무역과 일반 대중의 생활비를 생산할 수 있는 시스템이 요구되죠. 가장 중요한 것은 부자들이 국가의 힘을 이용해 자신의 부를 유지하고 경쟁자를 저지하는 행태를 막는 것입니다. 무슨 일이 있어도 이것만은 막아야 합니다. 이런 일을 막기 위한 제도와 시스템이 있다면 시장 체제의 자연적인 운용을 통해 중간소득 계층의 수를 늘릴 수 있습니다. 적은 수의 부자들과 극빈자들의 분배를 평평하게 만들 수 있습니다. 이상적으로 이런 형태를 가져야 합니다."

스티브 데이비드 Steve David
영국 경제연구소 교육담당 이사
저서 : 『제국주의의 역사』

부유한 자가 정부를 이끄는 나라는 민주주의가 아니다

"세계 어디나 똑같습니다. 부유하고 권력이 있는 사람들은 정치인들과 결탁해서 상호 이익을 증진시키곤 합니다. 민주주의의 개념이 무엇인가요? 아테네로 돌아가보세요. 민주주의는 가난한 사람들의 정부입니다. 플라톤과 아리스토텔레스 두 사람 다 이렇게 말했죠. '민주주의는 가난한 사람들의 정부입니다.' 그리고 아리스토텔레스는 이렇게도 말했어요. '부유한 자가 정부를 이끄는 나라는 누가 뭐래도 민주주의가 아니다.'

그런데 현실은 정부에 깊이 관여하는 사람은 적고, 정부에 경제적 이해관계가 깊은 상위의 소수만 최대한 자신들의 이득에 따라 정부를 형성합니다. 완전히 장악하진 못하죠. 그러면 혁명이 일어나요. 하지만 상위의 소수층은 할 수 있는 한 열심히 그들만의 이익을 위해 살 수 있는 틀을 형성합니다."

데이비드 케이 존스턴 David Cay Johnston
미국 저널리스트
저서 : 『프리 런치』

지출을 관리하는가, 수입을 관리하는가

"버려주세요."

현수 씨는 "영수증 드릴까요?"라고 묻는 베이커리 점원에게 이렇게 말하곤 돌아섰다. 사실 이 같은 대응은 그리 오래된 일이 아니다. 바로 두어 달 전만 해도 현수 씨는 영수증을 꼭 받아 챙겼다. 하지만 어느 순간부터 가방 안이나 호주머니, 지갑에서 이리저리 굴러다니는 영수증이 귀찮아졌다. 어떤 땐 열 장 가까운 영수증이 쓰레기처럼 뒹굴기도 했는데 그것들을 처리하는 것도 일이었다. 그러다 보니 이제는 점원이 묻지 않아도 먼저 영수증을 버려달라고 부탁하는 경우도 허다해졌다.

그런데 영수증을 남의 손에 맡겨도 되는 것일까.

어떤 영수증이든 영수증에는 결제한 신용카드의 번호가 찍힌다. 단, 신용카드 번호 16자리 숫자가 다 드러나는 것은 아니다. 그중 숫자 네 개와 유효기간은 별표(*)로 표시되어 나타난다. 따라서 누군가 내 신용카드를 이용하려 해도 한 장의 영수증만 가지곤 어떻게 할 수 없다. 하지만 각각 다른 가게에서 결제한 카드 영수증 여러 개가 누군가의 손에 들어갔을 경우엔 신용카드 16자리 숫자가 고스란히 드러날 수도 있다. 이는 단말기마다 가려지는 숫자가 다르기 때문이다. 이를테면 한 영수증엔 5~8번째 숫자가 가려져 있지만, 다른 영수증에는 9~12번째 숫자가 가려져 있는 식이다. 심지어 어떤 카드 단말기는 카드 번호의 숫자를 지우는 기능이 아예 없는 것도 있다.

이 때문에 금융당국에서는 단말기 업체에 카드 번호 16자리 중 9~12번째 자리를 일괄적으로 가리고, 유효기간을 아예 노출시키지 않도록 권고하기도 했다. 하지만 여전히 카드 단말기마다 각각 다른 자리의 번호가 노출되고 있는 것이 현실이다.

하지만 현수 씨는 '내 영수증 여러 개가 한 사람의 손에 들어갈 일이 있을까? 같은 동네에 있는 두 점포에 연달아 들어갈 것도 아니고, 설혹 그렇다 해도 두 점포의 사람들이 내 영수증을 서로 주고받을 일도 없잖아'라는 생각을 하고 있었기에 정보 유출에 대한 걱정은 하지 않는 편이었다.

그런데 영수증은 자신의 소비습관을 파악할 수 있는 유용한 기록서로도 활용이 가능하다. 영수증에는 물건을 구입한 장소, 시간, 품목, 가격 등이 구체적으로 기록돼 있다. 따라서 영수증을 잘 정리하면 자신이 정말 필요한 곳에 돈을 썼는지, 아니면 충동적이거나 허영심을 만족시키기 위해 돈을 썼는지 등을 파악할 수 있다. 이는 곧 자신의 소비습관을 파악하는 중요한 자료로 활용할 수 있다는 말이다.

우리는 자신이 어떤 습관을 가지고 있는지 잘 모를 때가 많다. 말을 할 때, 웃을 때, 화를 낼 때의 표정이나 동작에서 특유의 습관이 배어 있을지라도 그런 모습을 보는 건 언제나 자기 자신이 아니라 타인이기 때문이다. 그렇기에 그다지 좋지 않은 습관이 있어도 쉽게 고치기 어렵다. 습관을 고치려면 자신이 어떤 습관을 가지고 있는지 파악하는 것이 먼저인데, 타인과의 만남에서 스스로를 거울 보듯 볼 수는 없기 때문이다.

소비 또한 마찬가지다. 늘 생각 이상으로 지출하는 것을 느껴도 그동안의 소비습관을 파악하지 않는 이상 정확하게 무엇이 어떻게 잘못됐는지 알지 못한다. 그리고 우리는 알지 못하는 것을 고칠 수 없다. 적어도 자신이 어떤 습관을 가지고 있는지, 무슨 잘못을 하고 있는지 파악해야 고칠 수 있는 것이다. 영수증 관리를 통해 소비습관이 파악되면 보다 경제적인 소비를 할 가능성은 높아진다. 경제적인

어떤 용도로 구입했고, 그걸로 누구와 함께 무엇을 했는지 영수증에 적어두고
관리하면, 자신의 일상을 돌아보는 지출목록이 될 수 있다.

소비란 필요 없는 곳에 대한 지출을 막고 그만큼의 돈을 모으는 것
을 의미한다.

그런데 영수증 관리가 정말 돈을 모으는 데 도움이 될까.

히라바야시 료코는 그렇다고 말한다. 그녀는 『돈 좀 모아본 사
람들의 영수증 정리법』에서 이를 증명하는 방법으로 '자신이 만난
부자들은 절대 영수증을 버리지 않았다'는 걸 내세운다. 공인회계사
라는 직업상 많은 부자들을 만난 경험으로 그녀는 버는 것보다 중요
한 것은 쓰는 것이라는 시각을 가지게 되었다. '돈을 올바르게 쓰기'
위해 가져야 하는 여러 습관들이 있겠지만 그중 가장 중요한 습관은
영수증을 모으고 분류하는 것이다. 이렇게 하면 영수증을 통해 알게

된 자신의 습관 중 잘못된 습관을 교정할 수 있으며, 교정된 습관으로 돈을 아껴 통장을 불릴 수 있기 때문이다. 또한 영수증 정리를 하는 것만으로도 자신이 무엇을 원하고 무엇에 소비하는지 깨달을 수 있다. 그래서 그냥 '영수증 정리법'이 아니라 『돈 좀 모아본 사람들의 영수증 정리법』이라는 긴 이름으로 책을 쓴 것이다.

그렇다면 영수증은 어떻게 관리하는 것이 좋을까.

일단 영수증에 메모를 해두는 습관을 들이는 것이 좋다. 물품은 어떤 용도로 구입했는지, 음식점은 누구와 무슨 일로 갔는지 등을 기록하는 것이다. 장소나 시간 등의 정보는 이미 영수증에 있으니 자신이 어떤 이유로 물품을 구입했는지, 어떤 사람을 만났는지만 체크해도 그날 자신이 한 일들을 한눈에 알아볼 수 있다.

모아둔 영수증은 용도별로 구분해 하나로 묶어두는 것도 자신의 소비 형태를 보다 정확하게 파악할 수 있는 방법이다. 이를테면 편의점에서 자잘한 물품들을 자주 사는 편인지, 저녁엔 식당이 아니라 술집에서 술을 마시면서 밥도 같이 먹는 편인지 등을 알 수 있다.

사실 영수증을 이처럼 관리하기가 그리 쉬운 일은 아니다. 또 이렇게 관리할 필요가 있을까, 하는 의문이 들기도 할 것이다. 영수증을 관리하든 말든 나가게 되어 있는 돈은 나가게 되어 있으며, 설혹 그렇지 않다고 해도 몇 푼 더 아꼈다고 해서 히라바야시 료코가 만났던 부자들처럼 부를 축적할 수 있으리라 믿어지지도 않기 때문이다.

만약 누군가가 "영수증을 잘 관리하기만 해도 부자가 될 수 있다"고 말한다면 과장된 희망이라 느낄 수 있을 것이다. 그러나 우리의 소비 습관에 대해 파악하고 분석하는 것은 효과적인 지출을 하기 위해 꼭 필요한 일이다. 평소 지출을 정확하게 파악하고 있어야 수입과 지출의 균형을 맞추는 '균형예산'을 짤 수 있다.

현수 씨는 사실 그다지 꼼꼼한 편도 아니며 계획적이지도 않다. 하지만 그 자신은 소비에 관한 한 꽤 합리적이라고 생각하는 편이다. 일단 과소비를 싫어하며 명품에 대한 욕심도 없다. 그래서 지출을 관리해봐야 딱히 줄일 수 있는 비용이 많지 않을 것이라 생각한 것이다. 설혹 어느 정도 비용을 줄일 수 있다 쳐도 지출을 관리하려고 들이는 노력을 따진다면 효율적이지 않다는 계산까지 하고 있었다. 덜 쓰려고 에너지를 집중하느니 그 에너지를 돈 버는 데 더 집중해서 수입을 늘리는 게 낫지 않을까 생각하는 것이다. 그리고 무엇보다 1원 단위까지 기록된 영수증을 챙겨가며 지출을 따지는 게 어쩐지 쪼잔하게 느껴지기도 했다.

사실 현수 씨가 돈을 대하는 방식에서 가장 큰 문제는 영수증을 챙기지 않고 지출을 관리하지 않는 것이 아니다. '자신과 돈의 관계 맺음'을 제대로 하지 않았고, 할 생각도 없다는 데 있다. 돈과의 관계 맺음은 돈을 많이 버는 방법을 뜻하지 않는다. 말 그대로 자신의 삶

당신은 돈과 얼마나 친합니까

돈은 내 인생에서 무엇인가. 남은 내 인생에 어떻게 작용할 것인가.

과 돈에 대해 더 구체적으로 인식할 필요가 있다는 뜻이다.

우리는 생활 속에서 많은 돈을 사용하고 있다. 무언가를 구입하거나 사람을 만날 때만 쓰는 것이 아니다. 그냥 하루 종일 집에 가만히 앉아 있어도 돈은 사용된다. 휴대전화 요금, 인터넷 요금, 가스 요금, 전기 요금, 전화 요금 등이 자동이체로 빠져나간다. 그런데도 우리는 돈과 올바른 관계를 맺는 것에 대한 연습은 부족한 편이다.

돈과 진지하게 대화해본 적이 있는가? 뚱딴지같은 소리로 느껴지겠지만 이 같은 견해를 보다 구체적으로 발전시킨 사람이 있다. 임상심리학자이자 머니 코치로 활약하고 있는 올리비아 멜란이다. 그녀는 '머니 대화'를 통해 돈과의 관계에 대한 심리적 측면을 연습할 필요가 있다고 주장한다. 그 연습의 구체적인 방법은 말 그대로 돈과 대화를 하는 것이다. 이를테면 돈이 평생 동안 관계를 맺어온 사람이라 상상하고 자신과 돈의 관계에 대해 진지하게 대화를 하는 것이다. 돈을 형상화시킨 상상 속의 인물에게 내가 당신을 어떻게 생각하는지 말하거나 그 반대의 이야기를 듣는 식이다.

그런 대화가 끝나면 최소한 3명의 목소리가 조언을 해주는 상상으로 연결한다. 목소리의 주인은 아버지나 어머니일 수도 있고, 학교 선생님이나 친구일 수도 있다. 또는 자신의 인생에서 중요한 사람이거나 사랑하는 사람일 수도 있다. 그리고 마지막으로 이어지는 대화에는 자신에게 지혜를 주는 절대 존재자를 등장시킨다. 절대적 존재는 돈과의 관계에서 균형을 이루기 위해 취해야 할 다음 단계가 무엇인지 말해준다. 이 같은 연습을 매주 하다 보면 매번 다른 대화를 하게 되며, 돈에 대해 자신이 어떤 생각을 가지고 있는지, 돈과 자신의 관계가 어떠한지, 돈이 자신의 인생에서 무엇을 의미하는지 성찰할 수 있다. 따라서 올리비아 멜란이 생각하는 '머니 하모니'는 단지 돈에 관한 것이 아니라 돈이 앞으로 남은 인생 전체와 어떤 관계를 맺을 수 있는지 찾아가는 과정이다.

지출에 있어 균형을 잡지 못하는 건 돈과의 관계에서 감정적으로 무겁게 짓눌려 있기 때문이다. 당연히 돈에 대해 합리적인 결정을 내리지 못한다. 돈이 곧 행복이 될 수는 없지만 인생의 균형을 유지하기 위해서는 금전적 안정을 가지는 게 중요하다.

영수증을 모아 분석해 자신의 소비습관을 파악하는 것도 이런 맥

당신은 돈과 얼마나 친합니까

락 속에 있다. 즉, 도구로서의 돈을 내가 얼마나 이성적으로 사용할 수 있는지에 따라 균형 잡힌 지출을 할 수 있으며, 금전적 안정을 유지할 수 있다.

얼마가 있어야 충분히 쓸지, 얼마나 있어야 행복할지는 개인에 따라 다를 것이다. 5천만 원은 벌어야 행복한데 내 수입은 3천만 원뿐이라면 당신은 시장에서 콩나물 값 500원을 아낄 것이 아니라 수입을 늘리는 방법을 강구해야 한다. 그런데 그것보다 우선돼야 할 사항이 있다. 돈이 얼마가 있어야 나와 내 가족에게 충분한지, 돈이 얼마가 있어야 안정적인 삶을 유지할 수 있는지 그 기준을 스스로 파악하는 것이다. 그 기준이 서 있지 않다면 당신에겐 먼저 자신의 삶을 충분히 돌아볼 시간이 필요하다.

우리의 은행 시스템은

아이들의 의자앉기 놀이와 다를 바 없다.

노래하고 있는 동안은 낙오자가 없다.

하지만 음악이 멈추면

언제나 탈락자가 생긴다.

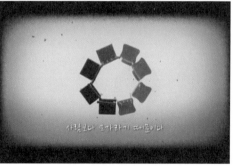

의자는 언제나 사람보다 모자라기 때문이다.

당신은 돈과 얼마나 친합니까

돈과의 관계를
정립해야 한다

"돈이 더 생겨도 균형된 관계가 없으면 더 심하게 균형이 깨질 뿐입니다. 과소비하던 사람은 더 쓰고, 걱정하던 사람은 더 걱정하고, 안 쓰던 사람은 그저 더 쌓아놓고, 수도사는 돈 때문에 타락할까 걱정하죠. 복권 당첨자들을 보면 다음 2년 안에 인생이 엉망이 되는 경우가 많아요. 황당한 청혼도 받고, 모든 가족이 갑자기 뭔가 원하죠.

균형을 이루기 위해선 돈과의 관계를 정립하는 것이 시작이라고 봅니다. 그래야 돈을 잘 다스리고, 관리하고, 지키는 사람이 되죠. 돈과 어떻게 균형을 이룰지 아니까요."

올리비아 멜란 Olivia Mellan
임상심리학자, 머니 코치

소득이 오를수록
저축률을 높여가야 한다

"제가 지금까지 많은 노력을 기울인 일이 사람들이 저축을 더 많이 하도록 이끄는 것입니다. 기업이 퇴직연금을 지급하는 예전 방식의 연금 제도는 미국에서 사라지고 있습니다. 은퇴 후를 위해 얼마나 저축할지 개인이 결정하는 제도로 대체되고 있죠. 사람들은 이것을 잘하지 못합니다. 저와 같은 행동주의 경제학자들이 기업이 더 나은 전략을 고안하도록 돕고 있습니다. 연금 제도에 자동으로 가입되게 하고 '내일은 더 많이 저축을'이라는 원칙을 도입했습니다. 처음 가입했을 때보다 점점 나중에 저축액을 늘리는 거죠. 시간이 흐르면 자기 통제력이 더 강해지니까요. 그리고 급여가 오를 때마다 저축률도 높였습니다. 저축을 장기간에 걸쳐 증가시키면 경기 침체가 와도 사람들이 의지할 수 있는 보호막이 생깁니다."

리처드 탈러 Richard Thaler
미국 시카고대학 경제학과 교수
저서 : 『넛지』

"교육의 목적은 기계를 만드는 것이 아니고
사람을 만드는 것이다."

– 루소 프랑스 철학자 –

PART

4

나와 내 가족을
지키는 금융교육

2000년 82만 명이던 캥거루족이 2010년 116만 명까지 증가했다는 한국고용정보원의 발표를 들어본 적 있는가? 그중에서 35~44세의 중년 캥거루족은 4배 가까이 늘어났다고 한다. 전문가들은 이 문제를 해결하기 위해 첫 번째로 우선돼야 할 과제가 부모의 역할 인식이라고 말한다. 부모가 먼저 현실을 직시하고 자식에게 권리의식을 심어주기에 앞서 독립적인 인간으로서의 도리와 책임의식부터 심어줘야 한다.

"쓸데없는 데 신경 쓰지 말고 넌 공부나 해." 한 번쯤 들어본 적 있는 말인가? 당신의 입에서 나왔던 말이라면 캥거루족 이야기가 당신을 비켜갈 것이라고 장담할 수 있을까. 아이들은 부모의 행동을 보고 세상을 인식하고 무의식중에 따라하기도 한다. 소비습관, 돈에 대한 인식, 일을 해서 돈을 버는 것에 대한 직업관, 행복한 삶에 대한 자기 기준 등을 생각해 볼 수 있도록 부모가 도와줘야 한다.다음 페이지를 보면서 자신을 먼저 점검해보자.

🖩 당신은 어떤 부모입니까?

■ 아이가 아니라 당신을 위한 행복지수 테스트입니다. 당신은 돈에 대해 어떤 생각을 하고 있습니까. 다음 중 어떤 것이 당신의 생각과 일치합니까?

① 매달 월급을 받아도 돈 때문에 늘 불안하다.

② 돈이 있어야 좋은 일도 할 수 있다.

③ 부자가 되려면 건강을 잃거나 가족을 소홀히 하는 것도 감수해야 한다.

④ 나는 많은 돈을 갖기보다 지금 만족하면서 사는 게 좋다.

⑤ 30억 로또에 당첨된다면 처음엔 좋겠지만 결국 내 인생은 망가질 것이다.

■ 당신에게는 8살의 초등학교 1학년 아이가 있습니다. 아이에게 정기적으로 용돈을 줍니까? 용돈을 주고 있다면 어떤 방법으로 얼마나 주고 있습니까?

■ 아이의 교육비가 가계 지출의 30% 이상을 차지합니까?

■ 아이에게 드는 비용이 많이 부담스럽습니까?

■ 아이 이름으로 된 통장이 있습니까?

■ 아이가 세뱃돈으로 모두 합해 12만 원을 받았습니다. 아이 통장에 넣어줍니까? 아니면 엄마가 모두 씁니까? 아이 통장에 넣어준다면 아이와 함께 은행에 가서 입금해본 적이 있습니까?

■ 아이에게 심부름을 시키고 나서 용돈을 주곤 합니까?

- 자녀와 함께 우리 집 한 달 수입이 얼마이고, 한 달 지출을 얼마나 하는지 이야기해본 적이 있습니까?

- 아이와 함께 TV를 보다가 장난감 광고가 나왔습니다. "엄마, 나 저거 사줘!" 라고 합니다. 며칠 후 마트에 갔다가 장난감 코너에서 아이가 그 장난감을 발견합니다. "엄마, 저거 사준다고 했잖아!" 집에 비슷한 장난감이 있는데도 아이는 떼를 쓰기 시작합니다. 당신은 어떻게 합니까?

- 아이와 함께 벼룩시장이나 바자회에서 물건을 팔아본 적이 있습니까?

- 아이의 꿈이나 희망하는 직업에 관해 함께 이야기를 나누는 편입니까?

- 아이와 함께 기부 프로그램에 참여해본 적이 있습니까?

01
돈을 바라보는 시선을 배워야 한다

결혼생활 11년 차에 접어든 동민 씨와 경인 씨는 슬하에 1남 1녀가 있다. 그들 가족은 2년 전에 34평 아파트에 입주해 살고 있다. 아파트를 구입하기 위해 받은 주택자금 대출이 8천만 원 있지만 그 외의 빚은 없다.

원래 동민 씨와 경인 씨는 그들의 삶에 그럭저럭 만족하는 편이었다. 욕심만 부리지 않는다면 중소기업 과장인 경민 씨의 월급으로 생활을 꾸려나가는 데 큰 불편은 없기 때문이었다. 아이들도 건강하고 착하게 잘 자라주었다. 그런데 수 년 전부터는 부쩍 걱정이 늘었다. 그들 가족만 보면 별 문제가 없는 것 같은데 한국뿐 아니라 세계적으로 돌아가는 경제 정세가 심상치 않더니 실제로 불경기를 체감하는 중이었다. 시장물가는 몹시 올라 어쩌다 아내와 함께 장을 보러 가면 별로 산 것도 없는 것 같은데 20만 원이 훌쩍 넘는 것을 보고 깜짝 놀라기도 했고, 자영업을 하는 친구와 만나면 이처럼 장사가 안 되기는 처음이라며 먹고살기 힘들어 죽겠다는 말을 심심찮게 들었다. 특히 미국발 서브프라임 모기지 사태가 일어났을 때 그들 부부는 마치 칼날 위에 서 있는 위기감까지 맛보았다.

우리도 저들처럼 되면 어쩌나?

지금은 그나마 꼬박꼬박 나오는 월급이 있어 매달 주택자금 대출금을 갚아나갈 수 있다. 하지만 언제 무슨 일로 직장에서 쫓겨날지 알 수 없는 일이었다. 그리스, 이탈리아, 스페인의 대량 실업 사태만 봐도 그랬다. 비록 먼 나라 사람들의 일이지만 일자리도 없이 길거리로 내몰리는 사람들의 이야기를 뉴스나 방송 프로그램을 통해 접하면 남의 일 같지가 않았다. 복지의 안전망이 없는 한국에서 그들을 지킬 수 있는 건 온전히 그들 자신뿐이었다.

그런데 그 또한 그들이 잘한다고 되는 일이 아니다. 아무리 운전을 잘해도 다른 운전자의 실수, 변덕스러운 날씨, 도로의 상황에 따라 교통사고의 위험이 늘 도사리는 것처럼 그들 또한 세계 경제의 흐름에 따라 대책 없이 거리로 내몰릴 위험이 있다는 생각을 좀체 지울 수 없었다. 이런 이유로 겉으로는 평화로운 일상을 보내는 듯 보여도

나와 내 가족을 지키는 금융교육

두 부부는 늘 불안했다. 특히 아이들의 미래를 생각하면 불안감은 공룡처럼 덩치를 키워 그들의 마음을 무겁게 짓누르곤 했다.

사실 동민 씨 부부가 이번 금융위기를 무사히 넘겼다고 해서 앞으로도 그럴 수 있다는 보장은 없다. 역사적으로 금융위기는 반복되는 현상이다. 통화 위기, 증시 위기, 은행 위기 등은 자본주의 사회에서 늘 존재하는 시한폭탄과도 같다. 통화 정책이 너무 느슨하면 돈을 싸게 빌리게 되어 과잉현상이 나타나고, 은행에 레버리지가 너무 크면 위험이 과도하게 커진다. 증시가 너무 상승하면 거품이 있는 것이고 비정상적으로 높은 가격이나 과대평가 등이 나타난다. 최소한 3세기 동안 금융의 실제 역사는 주기적인 위기, 확장, 붐 그리고 거품과 거

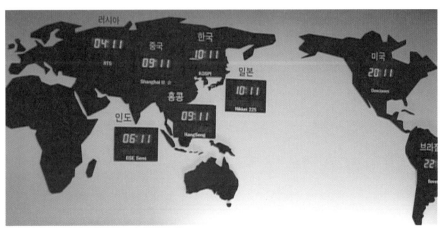

금융에는 국경이 없다. 금융은 경쟁적이며 불평등하고 불안정하다.

품의 붕괴로 점철돼 있었다.

금융은 국가적일 뿐 아니라 국제적이다. 세기를 거듭할수록 세계 금융 시스템은 점점 더 통합되었다. 자본이 국경 너머까지 흐르고 은행은 다국적으로 영업을 하며 투자자들은 외국에 자금을 보낸다. 또한 금융의 세계는 경쟁적이다. 국가에 종속돼 있다고 할 수 없고, 경쟁이 매우 심한 시장이며, 뚜렷한 독점이 없다. 그래서 금융사업의 수익성은 매우 높지만 그만큼 불평등하며 불안정하다.

이런 현실에서 아이들의 미래가 걱정되는 건 어찌 보면 몹시 당연한 일일 것이다. 그러던 어느 날 동민 씨는 걱정만 할 것이 아니라 아이들에게 금융교육을 해야겠다는 생각이 들었다. 단지 금융위기에 대처하기 위해서만은 아니었다. 두 부부가 언제까지 아이들의 방패막이 돼줄 수도 없는 노릇이었다. 아이들은 언젠가 어른이 될 것이며 어른이 되면 그들의 삶은 그들 스스로가 책임져야 할 것이다. 스스로 책임져야 하는 일들 중엔 정신적, 도덕적, 사회적 가치도 있지만 죽을 때까지 평생 따라붙는 경제적 능력도 있다. 경제적 능력은 꼭 돈을 많이 벌고 못 벌고의 문제가 아니다. 돈에 대한 이해부터 시작해 돈을 관리하고 운영하는 능력까지 총괄해서 이르는 것이다. 동민 씨는 아이들에게 물려줄 재산은 없지만 아이들이 경제적 능력을 가질 수 있게 옆에서 도와줄 수는 있다고 생각했다. 어쩌면 그것이 오히려 아이들의 인생에 훨씬 더 큰 도움이 될지 몰랐다.

"금융교육이라고? 애들한테? 너무 어리지 않나? 영경이는 이제 8살인데?"

"영석이는 10살이잖아. 그리고 8살이든, 10살이든 금융교육을 받기에 그리 어린 나이는 아니야."

"그래도. 애들에게 돈 이야기를 하는 건 왠지 싫어. 물론 언젠가는 돈에 대해서도 알게 되고, 욕심도 부리게 될 수 있어. 하지만 지금은 그냥 순수하게, 돈 같은 건 알지 못하는 아이로 해맑게 자랐으면 좋겠는데."

"세 살 때 배운 버릇이 여든까지 간다는 말도 있잖아. 어릴 때 습관을 잘 들여야 어른이 돼서도 올바른 습관을 유지할 수 있지 않겠어? 특히 돈은 어릴 때부터 잘 쓰는 법을 배워둬야 무리 없이 몸에 익힐 수 있지."

"그래도 싫어. 난 우리 아이들이 돈 같은 거 모르고 컸으면 좋겠어."

경인 씨가 어찌나 완고하게 반대하는지 동민 씨는 더 이상 금융교육을 화제로 꺼낼 수 없었다.

그렇게 한 달여가 지났을 때였다. 절대로 고집을 꺾지 않을 것 같았던 경인 씨가 이번엔 먼저 아이들에게 금융교육을 시켜보자는 제안을 했다.

"왜 마음이 변한 거야?"

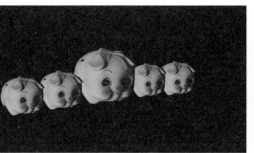

얼마짜리 돈인지 구별할 수 있다고 해서 아이가 돈에 대해 안다고 할 수는 없다.

동민 씨는 반갑기도 하고, 이상하기도 해서 이렇게 물었다.

"영경이 때문에."

"영경이가 왜?"

"매주 1천 원씩 주는 용돈을 지난 반 년 동안 한 푼도 쓰지 않고 저금통에만 넣어두었더라고."

"우리 딸, 저축정신이 투철하네."

"처음엔 나도 그런 줄 알았어. 그런데 그게 아니야."

"그게 아니면?"

"기특해서 저축한 돈을 어디에 쓸 거냐고 물었더니 영경이가 눈만 끔벅거리는 거야. 그리고 이렇게 되묻더라고. '어디에 써야 하는 건데?' 순간 얼마나 깜짝 놀랐는지 알아? 그래서 '어디에 써야 한다니?'라고 물었어. 그러니까 영경이가 또 이렇게 말하는 거야. '저금통에 넣으라고 준 거 아니었어?' 진짜 할 말이 없더라니까. 초등학생이 됐다고 용돈을 줬더니 그 돈을 막상 어디에 어떻게 써야 하는지는 전혀 모르는 거야. 저축정신이 뛰어나서가 아니라 그냥 돈 쓰는 법을 몰랐던 거지."

"아!"

"충격이었어. 그런데 곰곰이 생각해보니까 영경이가 딱히 돈 쓸 일이 없긴 하겠더라고. 초등학교 들어가기 전엔 혼자 외출을 한 적이 없고, 필요한 건 전부 우리가 준비해줬잖아. 간식이든 장난감이든 원하는 게 있으면 같이 마트나 백화점에 가서 샀고. 그러니까 영경이는 제 손으로 돈을 내고 뭔가를 살 기회를 가져본 적이 없었던 거야. 그래도 초등학교에 들어가면 당연히 돈 쓸 일이 생길 거라고 내가 너무 막연하게 생각했나 봐. 친구들이랑 쉬는 시간에 매점에서 뭔가를 사 먹을 수도 있는 거잖아. 그런데 학용품을 비롯해 간식까지 모두 내가 챙겨주고 있었어. 아이가 초등학생이 됐는데도 여전히 아기처럼 모든 걸 다 해줘야 한다고 생각한 거지. 게다가 밖에서 군것질하면 안 된다고 교육까지 시켰지. 몸에 나쁘다고. 학교가 끝나면 내가 바로 데리러 가니까 친구들이랑 뭔가를 사러 갈 생각도 못했을 거야. 친구랑 놀고 싶으면 집에서 놀게 했으니까 뭔가 살 시간도 없었을 거고. 그건 다른 부모들도 마찬가지야. 자기 아이가 친구랑 놀고 싶어 하면 나한테 허락을 구하고 자기 집으로 데려가거든. 그럼

부모에게 경제적으로 의존하는 젊은이가 늘어나 사회 문제가 되고 있다.
우리나라는 물론이고 세계적으로도 이런 현상은 심화되고 있다.

보통 그 집 엄마가 준비한 간식만 먹이지.

그래서 생각했어. 아이에게 돈을 관리하는 법을 가르쳐줘야겠다고. 돈을 모으는 것뿐 아니라 쓰는 법도 말이야. 이대로 가다간 돈에 대한 개념이 제대로 생기지 않을 테니까. 원하는 건 모두 부모가 해줄 수 있다고 생각하고 나중에 단 1천 원의 돈이라도 얼마나 귀하게 쓰일 수 있는지 알지 못하는 어른으로 성장할 수 있으니까.

이러다 어른이 돼서도 부모의 경제력에 기대어 살게 되면 어쩌나 하는 걱정도 들었어. 어릴 때부터 필요한 게 있으면 모든 걸 다 부모가 해줬으니 어른이 돼서도 부모가 해주는 게 당연하다는 생각을 하

나와 내 가족을 지키는 금융교육

게 될 수도 있으니까. 실제로 요즘은 자립할 나이가 됐는데도 독립하지 않고 부모에게 경제적으로 의존하는 캥거루족 젊은이들이 많잖아. 난 우리 아이가 경제적 자립성을 가지기를 원해."

"그래, 내 생각이 바로 당신 생각이라니까."

동민 씨는 경인 씨의 말을 반겼다. 하지만 막상 금융교육을 시키자니 어떻게 해야 할지 그 방법이 막막하기만 했다. 사실 그들도 딱히 금융에 대해 많은 것을 알고 있지는 못했다. 그들이 아는 건 금융은 금전의 유통을 뜻하며 은행에 저축을 하는 것이나 대출을 받는 것, 펀드나 주식을 하는 것 모두를 총칭해 사용되고 있다는 정도다.

"우리, 어렵게 생각하지 말자."

부부가 머리를 맞대고 고민하던 중 경인 씨가 먼저 입을 열었다.

"애들한테 우리도 잘 모르는 금융상품에 대해 가르쳐줄 것은 아니잖아. 펀드니, 투자니 하는 것들을 지금 가르쳐봐야 소용도 없고. 쉽게 생각하자고. 우리가 원하는 건 애들이 돈에 대한 책임감을 가지는 거야. 그렇다면 돈으로 할 수 있는 올바른 선택을 가르치면 되잖아. 돈으로 할 수 있는 일과 할 수 없는 일을 먼저 알려주는 거지. 그 다음엔 돈을 유용하게 쓰기 위해서 어떻게 해야 하는지 자연스럽게 습득하게 만드는 거고."

동민 씨는 아내의 말에 일리가 있다고 생각했다. 금융교육을 거창하게 생각하기보다 아이들에게 돈이 무엇이고 소비가 무엇인지 가르쳐주는 게 먼저였다. 그리고 이런 일들은 꼭 전문가가 아니어도 할수 있었다. 오히려 전문가들이 어려운 용어를 들이대며 가르치는 것보다 부모의 입장에서 아이의 생활 습관을 올바르게 교정하는 것이 정말 필요한 일이라는 생각도 들었다. 어미 새가 아기 새에게 나는 법을 가르쳐주듯이 아이들이 자본주의 사회에서 허덕이지 않고 살아가는 법을 가르쳐줘야 한다. 동민 씨와 경인 씨는 이제 아이들의 금융교육을 위해 그들이 할 수 있는 일이 무엇인지 구체적으로 고민하기 시작했다.

나와 내 가족을 지키는 금융교육

10년 뒤엔 지금보다 더
금융이 중요해진 세상이 된다

"세계는 우리가 좋든 싫든, 부유해질수록 금융 부문이 더 커집니다. 오늘날 인도, 중국 등의 나라에서 일어나고 있는 일은 이 나라들이 겪을 금융 혁명의 시작에 불과합니다. 그러므로 우리는 10년 뒤에 지금보다 더 금융이 중요해진 세상에 살게 되리란 걸 알고 있어야 합니다. 10년 전보다 지금 금융이 훨씬 중요해진 것과 같습니다."

니얼 퍼거슨Niall Ferguson
미국 하버드대학교 역사학과 교수
저서 :『현금의 지배』,『금융의 지배』

가족 간 정기적으로
머니 토론이 필요하다

"아이들이 어려서 학교에서 돈에 대해 배우지 못하는 것은 너무나 큰 결핍이에요. 그리고 대학에 가서도 돈 관리를 어떻게 할 줄 모르고, 카드 빚 때문에 고통받아요. 정말 비극입니다. 이런 일을 피하기 위해서라도 가족 간에 정기적으로 돈 모임을 갖는 게 필요해요. 최소한 한 달에 한 번, 돈 얘기를 하는 거죠. 공격하지 않고, 서로 공감하고 존중하며 들어야 해요. 말을 자르지 않고, 비난하거나 공격하지 않고 돈에 대해서, 그리고 감정에 대해 대화를 해요. 이것이 좋은 머니 토론입니다."

올리비아 멜란 Olivia Mellan
임상심리학자, 머니 코치

02
돈의 **가치**를 배우기에
어린 나이란 **없다**

경인 씨는 그녀의 딸 영경이에게 저금통에는 200원만 넣고 나머지 800원은 무조건 일주일 안에 다 써보라는 특명을 내렸다. 그와 동시에 그 돈을 무엇에다 썼는지 기록장에 기록하라는 숙제도 내주었다. 그러자 영경이는 엄마가 무슨 말을 하는지 전혀 이해하지 못하는 표정이었다. 도대체 돈을 어떻게 쓰라는 것인지, 왜 쓰라는 것인지 알지 못하는 듯했다. 경인 씨는 그런 딸이 꽤 답답했지만 다른 한편으로 이해가 되기도 했다. 엄마가 모든 걸 다 해주다가 갑자기 자신에게 선택권을 주고 돈을 써보라고 하니 그럴 만도 했다.

'좋은 방법이 없을까.'

딸아이에게 돈 쓰는 법을 자연스럽게 가르치려고 한창 궁리하던 차, 마트에서 딸이 좋아하는 '바비' 인형을 발견하곤 그 자리에 멈춰 섰다. 바비는 미국의 마텔사에서 1950년에 만든 인형이다. 꽤 나이가 많은 편이지만 바비는 여전히 예쁘고 날씬하다. 심지어 바비에겐 남자친구인 캔도 있으며, 개, 고양이, 말 등 40여 종의 동물을 키우기도 한다. 이뿐이 아니다. 바비는 동화처럼 예쁜 집도 가지고 있으며 때마다 가구를 바꾸고 자가용까지 가지고 있다. 바비의 선풍적인 인기에 힘입어 마텔사는 바비를 단지 아이들이 가지고 노는 인형이 아니라 하나의 세계를 구축해버렸다. 파티하는 바비, 직장에 다니는 바비, 요리하는 바비, 치어 리더 바비 등 바비는 실제 세상에서 여자아이들이 꿈꾸는 모든 행동을 한다. 또한 바비는 전용 옷을 입고 전용 가방을 들고 전용 액세서리를 하며 동화 속의 공주보다 더 예쁘게 치장한다. 바비는 하나의 인형에서 끝나는 것이 아니라 끊임없이 진화하고 있는 것이다.

경인 씨가 본 것은 '쇼핑하는 바비'였다.

'그래, 이거야. 이거라면 영경이가 놀이처럼 재미있게 배울 수도 있을 거야.'

'쇼핑하는 바비' 세트에는 각종 옷과 가방이 있으며 계산대도 설치돼 있었다. 설명서를 보니 '아이에게 돈에 대한 개념과 그 돈으로 물건을 구입할 때 계산하는 법을 가르쳐줄 수 있는 장점이 있다'라는

나와 내 가족을 지키는 금융교육

아이는 용돈을 가지고 아이스크림을 사 먹을지 동생에게 스티커를 사줄지 선택할 수 있다.

문구가 있었다. 각종 물건들을 구입하기 위해 계산을 하다 보면 돈과 숫자에 익숙해진다는 것이다.

경인 씨는 '쇼핑하는 바비'를 구입하며 딸아이가 좋아할 것을 생각하니 뿌듯했다. 덩달아 금융교육을 재미있는 놀이로 시작할 수 있는 장점까지 있으니 이처럼 좋은 장난감도 없을 것이라 생각했다. 역시 경인 씨의 8살배기 딸은 '쇼핑하는 바비'를 선물받고 무척 좋아했다. 그리고 바비를 통해 물건을 사고 돈을 지불하는 방법을 배우는 듯싶었다.

그런데 이상한 일이었다. 바비를 통해 돈 쓰는 법을 배웠는데도 딸은 800원을 여전히 쓰지 못하고 있었던 것이다. 그제야 경인 씨는 딸이 실제 돈에는 전혀 관심이 없고 바비의 돈에만 흥미를 보이고 있다는 것을 알아차렸다.

바비의 돈은 아무리 써도 사라지지 않는다. 아이가 지불한 바비의 물건 값은 장난감 통 안에 고스란히 남아 있기 때문이다. 바비의 세상에선 돈의 가치도 다르다. 옷과 가방, 구두에 붙은 가격표는 현실에서 부모나 아이가 지불하기에 부담이 많이 되는 가격이다. 또한 바비의 세상에는 가난하거나 저축하는 바비도 없다. 사색하거나 나눔을 실천하는 바비도 없다. 공주처럼 화려하고 멋진 차림을 할 수 있게 아이는 그저 돈을 지불하는 흉내를 내기만 하면 된다.

경인 씨는 '쇼핑하는 바비'로 경제 관념을 가르쳐줄 수 있겠다고 기대한 자신의 생각이 틀렸다는 것을 인정해야 했다. 인형 돈이 실제 돈이 될 수도 없을뿐더러 오히려 마음껏 쓸 수 있는 인형 돈 때문에 돈의 가치에 대해 더 모르게 될 수도 있었다. 아무리 써도 줄지 않는 인형놀이의 가짜 지폐를 만지는 것으로는 아이가 올바른 돈의 운영을 배울 수 있을 리 없다는 것을 그녀는 이제야 깨달았다. 하지만 그것과 별도로 딸아이가 웬만해선 실제 돈에 관심을 보이지 않자 결국 경인 씨는 이렇게 한탄하고 말았다.

"여보, 아무래도 우리 영경이가 또래들에 비해 금융지식이 많이 부족한 것 같아."

"별로 그렇지도 않을걸."

"무슨 뜻이야?"

"시간이 날 때마다 아이들의 금융교육에 관한 기사를 검색하다 금융감독원에서 실시한 '청소년들의 금융 관련 이해력' 테스트에 대한 기사를 읽었어. 서울과 수도권 소재 11개 중학교 2학년생 1천 334명을 대상으로 실시한 금융이해력 측정 결과 100점 만점에 평균 점수는 40점에 불과했다는 거야."

"40점? 중학생인데?"

"중학생이든 고등학생이든 금융교육을 본격적으로 받지 않으니까. 당신도 처음엔 금융교육에 대해 거부감을 느꼈잖아."

"그건 그렇지만……. 그런데 금융 관련 이해력은 어떤 문항으로 이루어져 있어?"

"소득의 이해 부분, 화폐관리의 이해 부분, 저축과 투자의 이해 부분 등으로 나뉘어 있더라고. 각각의 평균은 44.66점, 35.70점, 44.15점으로 나와 있고."

"그러니까 아이들에게 소득과 화폐관리와 저축과 투자를 이해시켜야 한다는 거네."

"그렇지."

"좋은 방법이 없을까?"

"미국의 '머니 세이비 제너레이션' 프로그램을 응용해 보는 게 어떨까 싶어."

"머니 세이비 제너레이션?"

저축과 소비밖에 몰랐던 부모들도 아이들과 투자, 기부까지 얘기해볼 수 있다.

"미국 시카고 공립학교를 중심으로 운영되고 있는 프로그램이야. 수잔 비첨이라는 사람이 개발한 금융교육 프로그램이지. 아이들은 이 프로그램을 통해 돈을 어떻게 관리하고, 저축하고, 기부하고, 투자할지에 대해 배운다고 하더군."

"어떻게?"

"일단 프로그램에 참여하는 모든 아이들에게 학습장과 돼지 저금통을 나눠주는 거야. 그리고 돼지 저금통을 저축, 소비, 기부, 투자로 나누는 거지. 아이들이 스스로 돈을 관리할 수 있도록 유도하기 위해서 시각적으로 먼저 구분해두는 거야. 그리고 색칠공부 책도 만들게

나와 내 가족을 지키는 금융교육

해. 저금통과 마찬가지로 저축, 소비, 기부, 투자로 나눠서 각 부분에 대해 설명하고 색칠을 할 수 있도록 말이야. 그럼 시각적으로도 아이들에게 명확하게 구분이 되는 거지.

사실 아이들은 저축, 소비, 기부, 투자 같은 개념을 잘 모르잖아. 그러니까 돼지 저금통이나 색칠공부 책을 만들 때 부모가 옆에서 그 개념을 아이들의 눈높이에 맞춰 설명할 필요가 있어.

예를 들면, 당신이 영경이에게 800원을 쓰라고 할 것이 아니라 먼저 돈이 있으면 자신이 필요한 것을 살 수도 있다는 걸 설명해줬다면 영경이는 자신에게 필요한 것이 무엇인지부터 생각했을 거야. 필요한 것을 생각해내면 자연스럽게 돈을 쓰게 되니까. 그리고 저축에 대해서도 마찬가지지. 그냥 "저축해야 해"라고 말하는 대신 저축이란 무엇인지, 저축을 하면 뭐가 좋은지 등을 먼저 설명해줘야겠지. 이를테면, 지금 당장 사고 싶은 장난감이나 과자를 사는 대신 저축을 해서 새 자전거를 사거나 자신보다 더 돈이 필요한 사람에게 기부하는 방법도 있다는 것을 알게 해주는 거야."

"맞아. 당신 말을 듣고 보니 기본적인 개념조차 가르쳐주지 않았어. 그냥 '돈을 언제까지 써'라고만 말했네. 그러니까 영경이가 당황할 수밖에 없었지."

"이 교육을 통해 아이들은 돈을 관리하는 법뿐 아니라 예전엔 몰랐던 입금, 출금, ATM기기 등의 용어를 배우기도 한대. 그런데 가장

필리스 디아카토스
| 미국 시카고 웨스트리지 초등학교 교사

어릴 때부터 어떻게 저축하고, 쓰고, 투자하며 기부할지
배우면 10대나 어른이 되어도 잘할 수 있겠죠

국 시카고 웨스트리지 초등학교

미국 시카고 재무부는 해마다 학교를 선정해 금융교육을 실시한다.

중요하게 배우는 건 '돈에 대한 책임감'이라고 하더군."

"우리가 아이들에게 가르치고 싶은 것도 바로 그거지."

"맞아. 이 프로그램을 경험한 아이는 그전만 해도 장난감 가게에
만 가면 이것저것 사달라고 졸라댔는데 이젠 그렇게 많은 장난감은
필요 없고 하나만 있으면 된다고 해서 부모를 놀라게 하기도 했다는
거야."

"괜찮은 프로그램이네. 우리 영경이에게도 시도해봐야겠다."

경인 씨는 '머니 세이비 제너레이션' 프로그램에서처럼 딸의 저금
통을 저축, 소비, 기부, 투자로 나누었다. 뒤이어 각각의 부분에 대해
설명하는 색칠공부 책도 함께 만들며 기본적인 개념부터 쉽게 설
명해주었다. 영경이는 여전히 조금 어려워했지만 몇 번 반복해 대
화를 나누는 동안 점차 돈으로 할 수 있는 것에 관심을 가지기 시작

나와 내 가족을 지키는 금융교육

했다. 그러다 일주일 용돈 1천 원을 정해놓은 비율에 따라 저축, 소비, 기부, 투자에 각각 나누어 넣고는 그 돈들을 언제 어디에 쓸지 스스로 계획을 세우기까지 했다.

그러던 어느 날이었다. 경인 씨는 영경이가 학교를 가기 전에 저축에 넣어둔 돈을 모두 꺼내는 것을 보고는 깜짝 놀라 물었다.

"그 돈은 나중에 은행에 저축할 거잖아."

"응. 그럴 생각이었는데 더 필요한 일이 생겼어."

"무슨 일인데? 엄마에게도 말해줘."

"해은이 알지?"

"너랑 가장 친한 친구잖아."

"응. 해은이가 실내화를 잃어버렸어. 벌써 세 번째야. 이번에도 다시 사달라고 하면 자기 엄마한테 야단맞을 거래. 그래서 어제 펑펑 울었어."

"그래서 네가 그 돈으로 사주려고?"

경인 씨는 웃음을 꾹 참으며 물었다. 영경이가 저축한 돈으론 실내화를 사기엔 턱없이 부족했다. 하지만 친구가 야단맞을까 봐 저축한 돈을 친구를 위해 쓰고 싶어 하는 마음이 몹시 예뻐 보였던 것이다. 또 돈을 어떻게 쓸지 스스로 선택하는 모습도 아주 대견했다.

"응. 해은이가 우니까 마음이 아팠어."

"그래, 그랬구나."

경인 씨는 딸이 점차 자신의 돈으로 할 수 있는 선택에 대해 배워나가는 것을 보며 한 가지 중요한 사실을 깨달았다. 이제까진 아이가 어리기 때문에 알 수 없을 것이라 생각했던 일이 사실은 부모가 관심을 가지지 않았기 때문에 알 수 없었을 뿐이라는 것이다. 그리고 돈에 대해 배운다고 아이의 순수함에 금이 간다고 생각한 일도 부모의 지나친 보호막이었다는 걸 알아차렸다. 돈을 알게 하고 싶지 않다고 아무것도 가르쳐주지 않는다고 해서 아이의 순수함을 지킬 수 있는 것도 아니었다. 오히려 돈의 가치를 몰라 자신이 필요한 걸 얻기 위해 무조건 떼를 쓰는 아이로 만들 뿐이었다.

경인 씨는 딸 영경이뿐만 아니라 아들인 영석이에게도 금융교육을 점차 진행해보기로 마음먹었다.

나와 내 가족을 지키는 금융교육

어릴 때 받는 금융교육은
큰 영향을 준다

"금융교육은 어릴 때 시작해야 하고, 금전적인 선택의 문제에 대해 계속해서 인식시켜야 합니다. 만 8세 정도가 되면 많은 정보를 흡수하는 시기죠. 이때 받는 금융교육은 큰 영향을 줍니다. 복잡한 금융상품에 대한 이해력을 이야기하는 것이 아닙니다. 기본적인 자산관리를 말하는 것이죠. 아이들에게 기본을 가르치면 나중에 자라서 복잡한 금융상품도 이해할 수 있습니다. 저는 '저축, 소비, 키움'을 가르치며 늘 이 표어를 말하죠. '당신의 돈, 당신의 선택입니다.' 자신에게 선택권이 있다는 것을 알리기 위해서요."

스테파니 닐리 Stephanie D. Neely
미국 시카고 재무관

기본적인 경제 개념은 어린 나이에도 가르칠 수 있다

"어린아이들에게도 많은 기본적인 경제 개념을 가르칠 수 있다고 봅니다. 6살에서 8살인 아이들에게 용돈을 모으라고 해요. 미국에서는 보통 부모가 아이들에게 일주일에 한 번씩 용돈을 주죠. 그걸 모으면 나중에 돈이 더 많이 생긴다고 가르치는 겁니다. 지금 안 쓰면 나중에 돈이 많아진다는 아주 근본적인 가르침이죠."

제프리 마이론 Jeffrey Miron
미국 하버드대학교 경제학과 교수
저서 : 『자유주의의 모든 것』

03
아이들에게 **무엇**을
물려줄 것인가

이제까지 경인 씨는 아이가 필요로 하는 모든 것을 아낌없이 다 해주는 부모가 되고 싶었다. 그녀는 어릴 때 그다지 넉넉지 못한 가정 형편상 가지고 싶은 걸 가지지 못해 마음 상했던 기억이 몹시 많았기 때문에 아이들만큼은 정말 부족한 것 하나 없이 살게 해주고 싶었다. 그리고 요즘은 아이가 하나뿐인 가정도 많아서인지 몰라도 가계경제 자체가 아이 위주로 돌아가고 있었다. 다른 부모들이 아이에게 해주는 것을 보면 그녀도 지고 싶지 않았다.

예를 들면, 매일같이 성장하는 아이들에게 비싼 브랜드 옷을 입힐 필요는 없다는 게 평상시 그녀의 생각이었지만 다른 아이들이 브랜

284

자본주의 사용설명서

드 옷을 입은 걸 보면 바로 백화점에 가 그걸 사는 식이었다. 그리고 자기 아이가 다른 아이가 가진 장난감을 부러워하는 모습을 보이기라도 하면 가격이 좀 비싸더라도 그걸 사줘야 마음이 편했다. 그리고 아이가 사달라고 말하지 않아도 그 마음을 미뤄 짐작해 사준 것에 대해 뿌듯하기까지 했다. 다른 건 몰라도 아이가 다른 아이들에게 기가 죽는 일은 없기를 바라는 건 부모로서 당연한 일이라 생각하고 있었던 것이다. 하지만 딸의 저금통 사건 이후로 그녀는 이제까지의 생각이 그다지 옳지 않았다는 것을 깨달았다.

또한 부모가 알아서 먼저 모든 것을 해주기 시작하면 아이는 아무것도 할 수 없다는 것도 깨달았다. 모든 걸 다 해주고는 '네가 할 것을 찾아봐라' 하는 건 말이 되지 않는다. 오히려 스스로 충분히 많은 것을 해낼 수 있는 아이의 능력을 무시하고 차단하는 일일지도 모

**돈에 대한 이해부터 관리, 운영 능력까지 몸에 익힐 수 있도록
부모가 유도할 수 있다면 이보다 더한 재산은 없을 것이다.**

른다. 돈에 대한 것뿐만이 아니었다. 생각해보면, 거의 모든 부분에서 그녀 스스로가 마치 아이의 눈과 귀, 손과 발이 된 것처럼 움직이고 있었던 것이다.

경인 씨가 자기반성을 고백처럼 말하자 동민 씨는 한발 더 나아가 가정경제에서 아이들에게 지출하는 비용을 명확하게 분석해보자는 제안을 했다. 아이에게 드는 비용이 아까워서가 아니라 한 달 생활비에서 아이와 관련된 비용이 얼마나 드는지 면밀하게 파악해보자는 것이었다. 아이에게 필요 없는 비싼 옷과 비싼 장난감 등을 구입하면서 아이에겐 필요한 곳에 돈을 쓰는지 아닌지 가르치는 건 이상한 일이기도 했다. 아이는 가장 가까이에 있는 부모의 모습을 보고 배운다. 부모가 먼저 실천해야 아이도 자연스럽게 더 좋은 방향으로 나아갈 수 있다.

그렇게 시작한 가계 지출 정리에서 그들은 새삼 또다시 놀랐다. 아이들의 교육비만 총 가계 지출 비용의 30%에 육박했던 것이다. 아들인 영석이는 영어와 태권도, 보습학원, 딸인 영경이는 영어와 피아노, 보습학원을 다니고 있으니 매월 지출되는 학원비만도 만만치 않은데 두 아이 모두 국어, 영어, 산수 방문 학습지를 받아보고 있었다. 하지만 어느 것 하나도 뺄 수가 없다. 요즘 아이들치고 이 정도 학원을 안 다니는 아이들은 없다. 방문 학습지 한두 개 정도 받지 않는 아이들도 없다. 특히 영어는 어릴 때부터 배워둬야 제대로 습득할 수

아이들 교육비로 들어가는 비용이 전체 수입의 몇 퍼센트인가?

있다. 세계화 시대에 영어만큼은 제대로 구사해야 경쟁력을 가질 수 있다. 이런 이유로 교육비를 줄이는 건 말이 되지 않았다.

"그럼 도대체 학교에서 배우는 건 뭐야?"

동민 씨는 투덜거렸다.

"학교에서도 배우고 집에 와서도 배우는 거지. 그리고 우리 애들 은 약과야. 다른 집 애들은 교육비가 더 들걸?"

경인 씨는 아파트 단지의 엄마들 모임을 떠올렸다. 엄마들끼리 모 이면 아무래도 주 대화가 아이들 교육 문제였다. 우리 아이는 배우지 않는데 다른 아이가 배우고 있다는 걸 알게 되면 괜히 마음이 조

나와 내 가족을 지키는 금융교육

급해졌다. 더 이상 교육비로 지출할 돈이 없어 문제지, 좀 더 여유가 있다면 미술학원, 무용학원, 과학교실, 수영교실까지 모두 다 보내고 싶었다. 이런 마음은 다른 부모들이라고 다를 바가 없었다.

우리나라에서는 학생 1인당 드는 사교육비가 월평균 23만 9천 원이다. 하지만 지역별로 보면 평균 사교육비는 꽤 큰 차이를 보인다. 서울은 1인당 평균 32만 8천 원이고, 전북은 1인당 평균 17만 5천 원이다. 사교육에서도 엄연히 불평등이 존재한다. 그리고 실제로 상위권 성적일수록 1인당 월평균 사교육비가 더 높다는 결과까지 나왔다. 그렇다면 학부모들은 왜 이렇게 사교육에 많은 돈을 지불하는 것일까. 학교 수업 보충(44.3%), 선행학습(25.2%), 진학 준비(14.4%), 불안심리(10.8%) 등의 이유 때문이라고 한다.

경인 씨도 아이들에게 지나치게 많은 공부를 시키고 있다는 생각을 안 한 것은 아니었다. 하지만 막상 다른 부모들의 이야기를 듣다 보면 '나는 우리 아이들 공부를 너무 안 시키나?' 하는 생각부터 들었다. 이미 충분히 넘쳐날 정도로 공부를 하고 있는데도 부족하다는 생각에서 벗어날 수가 없었다. 심지어 학력 위주의 사회라는 걸 뻔히 알고 있는데 남들보다 덜 교육시킨다면 부모로서의 의무를 방치하는 것이라는 생각까지 들었다. 사실 거의 강박에 가까울 정도로 교육열에 불타오르는 건 내 아이가 뒤처질지도 모른다는 불안감 때문이

불안에서 시작되는 대표적인 소비가 아이들 사교육이다.

었다. 실제로 매년 대학 진학률과 사교육의 상관관계에 대한 통계를 보면 부모의 경제 수준이 높아 사교육을 받은 학생들의 대학 진학률이 훨씬 높았다. 부모의 부익부 빈익빈이 아이들의 교육에도 고스란히 영향을 미치는 것이다.

사교육의 폐해를 떠나 당장 내 아이의 미래가 걱정되는 부모의 입장에서는 울며 겨자 먹기로 사교육에 가계 지출 비용의 많은 부분을 투자할 수밖에 없는 것이 오늘날의 현실이다.

공교육이 기능을 제대로 발휘한다면 굳이 사교육에 큰돈을 들여가면서까지 아이의 방과 후 시간을 빼앗을 일도 없을 것이다. 정부가 마땅히 책임져야 할 복지를 개인에게 미루는 것처럼 교육에서도 마찬가지 현상이 나타나고 있는 셈이다.

복지국가들도 여러 유형이 있는데 가장 발달한 복지국가는 북유럽 국가들이다. 북유럽 국가에서는 우리 사회에서 돈을 지불하고 얻어야 하는 보육, 교육, 대학, 의료와 같은 재화나 서비스들이 무료

나와 내 가족을 지키는 금융교육

로 제공된다. 이런 재화나 서비스들은 인간이 그 사회에서 살아가기 위해 필수적으로 가져야 하는 것들이다. 물론 이런 복지 혜택을 받으려면 국민들이 더 많은 세금을 내야 한다. 하지만 우리는 보육비, 사교육비, 대학 등록비, 의료비 등을 각자 더 비싸게 지불하느라 현재를 윤택하게 살지 못하고 있다. 그렇다고 자녀가 부모의 노후를 책임져주는 시대도 아니다. 노후까지 스스로 준비해야 한다는 걸 생각한다면 복지제도 하의 세금이 그리 비싼 비용은 아닐지도 모른다.

경인 씨는 종종 남편 동민 씨에게 이렇게 말하곤 했다.

"우리가 지출한 사교육비만 모아도 주택 대출금은 벌써 갚고도 남았을 거야. 공교육이 버젓이 존재하고 있는데, 어째서 엄마들끼리 사교육으로 경쟁하는 느낌이 드는지 모르겠어. 그냥 모든 엄마들이 '준비 땅' 하고 사교육을 딱 끊기로 약속한다면 나도 그럴 수 있을 것 같은데……."

그럼 동민 씨는 이렇게 대꾸했다.

"남들이 한다고 다 따라할 필요는 없잖아. 교육비도 교육비지만 한창 놀 나이에 이 학원 저 학원 돌아다니며 공부만 하고 있는 아이들이 딱하잖아. 그냥 우리 아이들은 놀게 내버려두면 안 되는 거야?"

"눈과 귀를 막고 있으면 모를까, 그러기가 쉽지 않아. 자기도 다른 부모들과 애들 교육 얘기해봐. 그럼 내가 꼭 애들을 방치하는 것 같

교육의 목적은 사람을 만드는 것이어야 한다.

은 느낌이 든다니까. 자꾸만 비교하게 돼 있어. 비교하지 않더라도 우리 현실이 좋은 대학을 가지 못하면 좋은 일자리를 구할 수도 없잖아. 그러니 초등학교 때부터 대학 준비를 할 수밖에."

동민 씨는 더 이상 할 말이 없었다. 아내의 교육관에 대해 옳다 그르다 할 수 없는 것이 아이들의 인생이 달린 문제라 '남들이 다 해도 우리 아이는 시키지 말자'라는 말이 쉽게 나오지 않았던 것이다.

그런데 우리 사회는 어쩌다 이렇게 가계경제 대비 사교육비 지출이 높은 사회가 돼버린 것일까. 사교육비 지출이 높다는 건 우리의 아이들이 그만큼 많은 공부를 하고 있다는 뜻도 된다. 우리는 어쩌다 아이들을 공부만 하는 아이로 만들려고 하게 된 것일까.

"교육의 목적은 기계를 만드는 것이 아니고 사람을 만드는 것이다"라는 프랑스의 철학자 루소의 말처럼 교육은 '사람'을 '사람답게' 만들어가는 과정이다. 그런데 오늘날 자신의 아이가 사회 구성원으로서 올바르게 성장하는 것에 관심을 두기보다 성적에 연연하며 명문대학에 갈 수 있는지 없는지 온 신경을 기울인다. 그리고 그렇게 해야만 아이에게 보다 나은 미래를 줄 수 있다고 믿는다.

하지만 이런 현실이 된 책임을 단지 부모의 욕심이나 경쟁심에만 둘 수는 없다. 개인의 창의력이나 능력보다는 학력 위주로 사람을 판단하는 사회에서 부모가 더 이상 무엇을 선택할 수 있겠는가. 학벌에 따라 선택할 수 있는 직장이 달라지고, 연봉이 달라진다면 지나친 사교육은 가계경제를 망칠 뿐이라는 말이 어떤 의미를 지닐 수 있겠는가. 게다가 한 학년 올라갈 때마다 아이는 혼자 힘으로는 감당하기 벅찰 정도로 많은 과목을 공부해야 한다.

비교적 교육 제도가 잘 마련돼 있는 영국 학생들의 경우엔 한국의 학교처럼 지나치게 많은 과목을 다 공부할 필요가 없다. 학생 스스로가 흥미와 관심이 있는 과목을 최소한으로 선택해 신청할 수 있기 때문이다. 이는 학생이 가진 능력을 최대한 개발하는 데 교육 목표가 있기 때문에 가능한 일이다. 당연히 영국 학생들은 학원에 갈 필요가 없다. 자신들이 좋아하고 매력을 느끼는 과목을 집중적으로 공부하는 것으로도 충분하다. 게다가 방과 후 수업이나 활동을 다양하게 선택할 수 있어 굳이 사교육을 받지 않아도 된다. 물론 영국에서도 교육으로 인한 여타의 문제는 많다. 하지만 최소한 아이들이 사교육을 받지 않고도 충분히 학교 수업을 따라갈 수 있도록 제도적인 장치가 잘 마련돼 있다.

한국에서 부모는 일하느라 바쁘고, 아이들은 이 학원 저 학원을 다니느라 바쁘다. 부모는 일해서 번 돈으로 사교육비 지출을 감당하고 아이들은 한창 놀면서 세상을 탐구할 나이에 과도한 공부로 시간을 보내고 있다. 부모도 아이들도 행복하지 않은 데다, 가계경제를 무겁게 짓누르는 교육이 과연 제대로 된 교육이라고 할 수 있을까.

부모가 아이들에게
돈에 대해 가르쳐야 한다

"부모가 아이들에게 돈에 대해 가르치는 겁니다. 돈에 대해 대화를 하고, 저축, 투자, 기부에 대해 가르치는 거죠. 한 재무설계사가 훌륭한 아이디어를 냈어요. 아이가 돈을 세고 거스름돈을 계산할 줄 알 때부터 정기적으로 용돈을 줘야 해요. 4개의 다른 색깔 병이에요. 각각 지출, 저축, 투자, 기부를 위한 병이죠. 그럼 아이는 시각적으로 돈은 지출만을 위한 게 아닌 걸 알게 되죠. 매우 중요합니다."

올리비아 멜란 Olivia Mellan
임상심리학자, 머니 코치

유럽과 우리는
대학에 대한 개념이 다르다

"유럽에서는 아예 대학 등록금을 없애버렸습니다. 국가가 모두 등록금을 다 대주는 그런 나라도 있고요. 그런데 유럽과 우리의 대학에 대한 개념의 차이를 알아야 돼요. 유럽에서는 모든 사람이 다 대학에 가려고 하지 않습니다. 대학을 졸업해야만 사회에서 인간 대접을 받는 문화도 없고요. 하지만 우리나라에서는 모든 사람이 다 대학에 들어가죠. 결과적으로 어떻게 됐습니까? 대학에 안 들어갔더라면 아주 건실한 시민이 되어 노동 시장에서 자존심을 가지고 일할 수 있는 사람들을 전부 실업자로 만들어버렸죠."

손봉호
서울대학교 사회교육과 명예교수, 고신대학교 석좌교수
현 나눔국민운동본부 대표
저서 : 『현상학과 분석철학』, 『생각을 담아 세상을 보라』

04
아이들 때문에
노후 준비가 부족하다

"그래, 당신 말대로 그렇게 교육시켰기 때문에 적어도 뒤처지지는 않았다고 치자. 그런데 아이들 옷이나 학용품 비용은 왜 또 이렇게 높은 거야? 혹시 브랜드 아니면 안 된다고 생각하는 거야?"

동민 씨는 아이들에게 들어가는 지출목록을 살피다 자신도 모르게 소리를 높였다. 그 순간 스스로가 몹시 좀스럽게 느껴졌으며 아내에게만 책임을 전가시키고 있다는 생각이 들었지만 이미 엎질러진 물이었다. 경인 씨는 경인 씨대로 기분이 상해서는 낯빛이 굳어졌다.

"내 애들이 아니라 우리 애들이야. 이왕이면 좋은 옷, 좋은 학용품을 사주고 싶은 게 당연하지. 그런데 난 그렇게도 못하고 있어. 진짜 좋은 옷이나 좋은 학용품을 구입하려면 우리 생활비로는 절대 감당 안 되거든. 애들 옷이 얼마나 비싼데. 하루가 다르게 크는 애들한테 무슨 수로 비싼 브랜드를 입히니? 그럴 돈이나 주고 말해라."

경인 씨의 말에 동민 씨는 흠칫해서는 말을 잃었다.

"애들이 입는 옷이니까 천이 적게 든다고 어른 옷보다 더 싼 줄 알아? 자기가 아동복 매장에 가서 직접 사봐. 학용품도 그래. 목록에 쓰인 비용이 무슨 연필 한 개, 지우개 한 개 같은 개당 비용이 아니잖아. 이것저것 필요한 게 많으니까 그만큼 지출이 많아진 거지. 학용품도 당신이 사."

경인 씨는 그렇게 소리를 높이곤 방 안으로 들어가 버렸다.

다른 아이들에게 기죽지 않도록 아이들에게 최고만 사주고 싶은 게 그녀의 마음이었다. 하지만 경제 형편상 그럴 수가 없어 아낀다고 아껴 써도 아이들에게 드는 비용은 늘 예산을 초과했다. 하루가 다르게 키가 자라고 몸무게가 늘며 발이 크는 아이들을 입히고 신기려면 어른들보다 더 자주 옷을 사주어야 했다.

그런데 더 자주 사야 되는 것이라고 해서 가격이 더 저렴한 건 아니었다. 보세든 브랜드든 어른들 옷값이나 아이들 옷값이나 별 차이가 없었다. 게다가 학용품이나 책에 드는 비용도 만만치 않았다. 그녀가 혼자 가서 사면 그나마 싸게 구입할 수 있는 학용품도 애들과 함께 가서 선택할 수 있게 해주면 비용은 더 높아졌다. 아이들이 마

나와 내 가족을 지키는 금융교육

음에 들어 하는 학용품은 멋지거나 예쁜 캐릭터가 그려진 것들이었는데 그런 제품들은 캐릭터 값까지 붙어 훨씬 비쌌다.

음식에 대해서도 마찬가지였다. 어른들이 먹을 거라면 품질이 그다지 좋지 않더라도 형편에 따라 싼 것을 구입하겠는데 아이들 먹을거리는 좀 비싸더라도 품질이 좋은 것 위주로 고를 수밖에 없었다. 우유 하나를 고르더라도, 차라리 모든 종류의 우유가 고만고만하면 모르겠는데 좋은 제품이 눈앞에 있는 걸 뻔히 알면서 그보다 나쁜 걸 집으면 내내 찜찜하고 후회가 됐다.

아이들 책은 또 어찌나 비싼지, 아들과 딸이 각각 책 두 권씩만 구입해도 4만 원을 훌쩍 넘어섰다. 굳이 남보다 좋은 걸 구입하는 게 아니어도 아동용품과 관련된 대부분의 물품들에 높은 가격이 붙어 있어 늘 생각 이상의 지출이 이뤄지곤 했다.

문제는 아이들도 물건으로 서로를 평가하고 있다는 것이다. 돈에 대해 잘 모르는 아이들조차도 브랜드와 브랜드가 아닌 물건, 비싼 물건과 그렇지 않은 물건, 좋은 물건과 나쁜 물건을 기가 막히게 파악하고 그 물건으로 서로의 위치를 결정짓기까지 했다. 금융 관념을 배우는 대신 물건으로 사람의 가치를 평가하는 법부터 배운 것이다. 그런 건 학교나 부모가 가르쳐주지 않아도 텔레비전이나 인터넷을 통해 말을 배우듯 자연스럽게 습득된다. 사람보다 물건의 가치가 더 높이 평가되는 자본주의 사회에서 사는 건 어른만이 아니다. 그러니

돈에 대한 자세는 어릴 때부터 배우는 것이 좋다.

어찌 보면 별로 놀랄 만한 일도 아닐 것이다.

경인 씨는 익히 이런 사실을 알고 있었는데도 아들 영석이 때문에 놀란 적이 있었다. 하루는 친구 집에서 놀다 돌아와서는 마치 낯선 집을 방문한 것처럼 집 안 구석구석을 훑어보았다. 그러곤 뚱한 표정으로 이렇게 말했다.

"동수 집은 넓은데 우리 집은 왜 이렇게 좁아? 우리 집은 가난해서 그래?"

그 순간 경인 씨는 아이에게 "우리 가족이 살기엔 부족함이 없는 좋은 집이야" 같은 말을 하는 대신 동수라는 아이의 집보다 더 큰 집으로 이사를 가야겠다는 생각부터 했다. 아이가 다른 아이의 집에 가서 기가 죽었을 걸 생각하니 기분이 좋지 않았던 것이다. 집 문제뿐만이 아니었다. 아이들의 기를 죽이지 않기 위해서는 자신이 할 수

가계경제에 부담이 되는 한 출산율을 높이긴 힘들다.

있는 선에서 최고의 것을 해주고 싶었다. 동민 씨에게 말했듯 한정된 생활비 때문에 마음껏 더 비싼 제품을 사주지 못한 건 사실이지만 동민 씨에게 말하지 않은 비밀 하나는 있었다.

사실 아무리 아이들 용품이 비싸더라도 아껴 쓸 수는 있었다. 책은 동네 도서관에서 빌리고 옷이나 신발은 좀 덜 예쁘더라도 이월제품을 구입할 수도 있었다. 그렇다고 그 옷들이 질이 떨어지는 것도 아니었다. 그리고 학용품은 실용적이면서 무난한 것 위주로 자신이 골라 아이들에게 그냥 줄 수도 있었다. 다른 엄마들처럼 브랜드 제품만 구입한 건 아니지만 아낄 수 있는 만큼 아껴 쓴 것도 아니었던 것이다. 그나마 이렇게라도 할 수 있는 건 그들 부부의 노후 준비자금을 따로 저축하지 않기 때문이다.

경인 씨는 두 아이를 키우고 교육시키면서 부부의 노후 준비까지 하기 힘들다는 걸 오래전부터 알고 있었다. 노후가 걱정이 되지 않는 건 아니지만 그건 먼 훗날의 일이고 지금은 아이들에게 모든 전력을 다해 집중할 수밖에 없었다.

지금 우리 사회는 출산율 저하로 인해 노령화 국가로 접어든 지 오래다. 2001년 초저출산 국가로 진입 후 13년째 출산율은 나아지지 않고 있다. 이는 곧 노동력, 소비 감소에 따른 경제 침체, 사회적 갈등 심화 등으로 이어질 위험이 있어 국가의 발전에도 큰 걸림돌이 된다. 하지만 개개인에겐 국가의 발전과 같은 거대담론보다 출산과 양육으로 인한 경제적 부담을 감당해야 하는 현실이 더 큰 문제이다. 높은 교육 수준으로 자아 성취에 더 많은 관심을 기울이게 된 여성들이 출산을 회피하는 경우도 있지만, 대개는 날로 높아지는 생활비를 해결하기 위해 부부가 함께 일을 해야 하기 때문인 경우이다. 우리 사회는 일하는 여성이 마음 놓고 아이를 맡길 수 있는 복지시설이 제대로 마련돼 있지 않은 데다 아이에게 드는 비용은 짐이 될 정도로 부담스럽다. 따라서 정부에서 아무리 출산을 장려해도 경제적인 문제가 해결되지 않는 한 출산율을 높이기는 힘들다.

자본주의 사회에서 그 사회의 출산율을 결정짓는 것 또한 자본의 논리와 불가분의 관계에 있다. 역사적으로 언제나 가난한 사람들이

나와 내 가족을 지키는 금융교육

자본주의의 경쟁은 어디에서 생겼을까?

여성들은 자아 성취 때문이 아니라 현재와 미래에 대한 불안 때문에 출산을 기피한다.

있었고, 전대미문의 엄청난 혁명이 일어나지 않는 한 가난한 이들은 앞으로도 있을 것이다. 핵심은 절대빈곤층을 최소화시키는 것이며, 빈곤층이라 해도 아이들의 양육과 교육에 있어서만큼은 어려움이 없는 사회를 만들어가야 한다는 것이다. 하지만 오늘날 우리 사회는 돈이 없으면 출산 자체를 포기할 만큼 출산, 양육, 교육에 대한 정부의 지원이 미비하다.

영국의 경우엔 출산이나 육아비용을 덜어주기 위해 세금을 활용하고 있다. 예를 들면 아동도서나 의류, 신발류는 17.5%의 부가가치세를 면제해주는 식이다. 또한 학교에서는 아이들의 교과서, 학용품, 점심 등을 무상으로 제공한다. 부모가 가난하더라도 최소한 아이가 굶지 않고 교육받을 수 있으며 학용품으로 상처를 입을 일은 없는 것이다.

부모의 수입은 한정돼 있는데 아이들에게 드는 비용이 높아진다는 건 그 부모들이 노후를 준비하기 힘들다는 이야기이며, 현재의 삶 또한 여유로울 수 없다는 것을 뜻한다. "출산율 저하가 국가를 위태롭게 하니 되도록 많은 아이를 낳으라"고 정부가 소리 높여 주장해 봤자 헛된 메아리가 될 수밖에 없다. 한 가정에서 아이를 서너 명 키워도 가계경제에 큰 부담이 되지 않는다면 모를까, 정부가 원한다고 해서 아이를 줄줄이 낳아 키울 사람이 누가 있겠는가.

나와 내 가족을 지키는 금융교육

아이들에게 욕구를 참고
저축하는 법을 가르쳐야 한다

"현재 미국 전체적으로 봤을 때 저축률이 낮습니다. 어릴 때 금전적인 선택에 대한 교육을 받지 않아 그 가치관이 성인기까지 이어졌기 때문이죠. 지금의 심각한 경기 침체가 오기 전에 미국인들은 형편에 맞지 않는 소비를 하며 신용카드로 많은 돈을 쓰고 있었죠. 아이들에게 지금 새 운동화를 원하더라도 돈을 모으고 기다려야 한다는 가치를 가르쳐야 한다고 생각합니다.

아이들에게 강의를 하러 가면 신용카드를 들고 좋은 것인지 나쁜 것인지 묻습니다. 아이들은 모두 신용카드를 알아보고 굉장히 좋은 것이라고 하죠. 아주 어릴 때 돈에 대한 선택을 가르쳐도 괜찮다고 생각해요.

우리는 개인 금융생활의 근본을 확실히 가르치려고 합니다. 아이들이 신용(대출)의 영향을 분명히 이해하도록요. 신용카드는 무엇인가, 신용 점수에 어떤 영향을 주고 이것이 평생 어떻게 따라다니는가에 대해서요."

스테파니 닐리 Stephanie D. Neely
미국 시카고 재무관

엄마의 사랑이
아이의 과소비 습관을 만들기도 한다

"제가 예전에 과소비를 했던 이유는 어머니가 옷을 사주면서 사랑을 표현했기 때문이에요. 그래서 저도 자라서 자기애를 충족하고 싶을 때 옷을 샀죠. 어머니가 그랬던 것처럼 통제할 수 없이 마구 샀어요. 물론 기질의 차이도 있어요. 같은 가정에서 두 형제에게 용돈을 주고, 똑같이 키우더라도 한 명은 다 써버리고 한 명은 무조건 저축할 수 있어요. 그것은 기질이 다르기 때문이에요."

올리비아 멜란 Olivia Mellan
임상심리학자, 머니 코치

05

아이도 부모의 소득을
알 권리가 있다

"내 돈이야."

경인 씨는 아들의 반응에 어찌나 놀랐던지 입을 다물지 못했다.

"네 돈?"

"그래 내 돈. 그럼 이게 엄마 돈이야? 어른들이 나 쓰라고 준 돈이
잖아. 그런데 왜 엄마가 탐내?"

"아! 그래……."

섭섭하다 못해 화까지 났지만 경인 씨는 일단 화를 삭이고 어떻게
해야 지혜롭게 대처하는 건지 생각했다.

사건은 간단했다. 설날 아침에 친척 어른들 집을 돌며 세배를 한

아들은 총 12만 원의 세뱃돈을 받았다. 10살 아이가 가지고 있기엔 몹시 큰돈이었다. 게다가 경인 씨는 설 준비를 하느라 이번 달 생활비가 여느 달보다 많이 드는 바람에 한 푼이 아쉬운 상황이었다. 그리고 아들이 세뱃돈을 받을 때마다 경인 씨도 가만히 있을 수가 없어 아들에게 세뱃돈을 준 어른들의 아이들에게도 아들이 받은 만큼의 돈을 주었다. 결과적으로 아들의 세뱃돈은 경인 씨 호주머니에서 나간 것이나 다름없었다. 그래서 경인 씨는 아주 당연한 말투로 "엄마에게 줘"라고 했던 것이다. 그러자 아들은 눈에 쌍심지를 켜고 신경질적인 반응을 보였던 것이다.

"그래……. 네가 받은 거지. 그런데 너도 봤겠지만 엄마도 다른 아이들에게 네가 받은 만큼 돈을 줬잖아. 그래서 엄마 생각엔 그 돈에 대한 권리가 엄마에게도 있는 줄 알았지. 그런데 네 말을 듣고 보니 그 돈은 네 돈이 맞아. 하지만 네가 가지고 있기엔 액수가 너무 커. 그래서 말인데, 이참에 네 이름으로 된 저금통장을 만들고 그 돈을 입금하자. 그럼 네가 필요할 때 꺼내 쓸 수 있어. 그냥 가지고 있으면 군것질하는 데 조금씩 쓰다 결국 진짜 사고 싶은 게 있을 때 사지 못하게 될 거야. 지금 당장은 필요한 게 없어도 나중에 진짜 네가 가지고 싶은 게 생길 수도 있잖아. 그때를 대비해 일단은 보물상자 속에 넣듯 저금통장 속에 넣어두는 거지."

"저금통장에 넣어도 내 거야?"

"당연하지. 네 이름으로 만든 통장이니까. 그렇게 할 거지?"

"알았어."

아들도 한발 물러서서 지금 당장 그 돈을 쓰지 않고 저금통장에 넣어두기로 했지만 경인 씨는 여전히 아들에게 섭섭했다.

'내가 저를 위해 어떻게 했는데. 남? 내 돈? 탐내?'

생각할수록 화가 났다. 따지고 보면 아무리 부모 자식 간이라도 서로 한 몸이 아닌 건 분명했다. 서로 다른 생각과 다른 마음과 다른 욕망을 가진 존재들이었다. 그럼에도 불구하고 부모는 자신의 생각, 마음, 욕망을 아이도 똑같이 가지기를 원한다. 아이가 자신의 마음 같지 않게 행동하는 것을 참지 못해 화를 내는 경우가 많았다. 경인 씨도 이성적으로는 알고 있지만 감성적으로는 화가 다스려지지 않았다. 내 돈? 탐내? 자꾸만 머릿속을 빙빙 도는 그 말들이 그녀와 아들 사이를 멀어지게 만들고 있었다.

"너무 섭섭해하지 마. 원래 내리사랑이라잖아. 더 성장하면 부모와 분리되려고 할 텐데 그때 어떻게 견디려고 지금부터 이래? 그래도 애한텐 화내지 않고 통장을 만들도록 유도한 건 잘했어."

"내 생각도 그래. 그나마 화를 내지 않아서 다행이라고."

"영석이는 돈을 알 나이지."

"영경이와는 확실히 달라. 일주일치 용돈을 단 이틀 만에 써버리곤 돈을 더 달라고 한 적이 한두 번이 아니야. 아, 진짜. 생각할수록 화가 나네. 저는 내가 무슨 은행인 줄 알고 필요할 때마다 돈 달라고 하면서. 뭐, 내 돈?"

"하하하. 그러니까 애지. 그래서 주로 어디에 쓴대?"

"친구들과 어울려 다니며 군것질을 하는 데 많이 쓰는 것 같더라고."

"그럴 나이지. 용돈을 더 올려주는 건 어때?"

"초등학교 3학년이 매주 2천 원 받으면 됐지. 얼마나 더?"

"부족하지 않나?"

"통장에 12만 원도 있잖아. 그 돈들을 어떻게 쓰는지 지켜볼 참이야."

"지켜보지만 말고 관리를 잘하도록 유도해야지."

"그래서 머니 세이비 교육을 하는 거잖아."

**은행에서 찾듯이 아이가 돈이 필요할 때마다 부모가 돈을 준다면
아이의 독립성은 보장할 수 없다.**

경인 씨는 지난 두 달간의 금융교육만으로는 아직 큰 성과가 없다는 데 실망하고 있던 참이었다. 하지만 돈을 쓰는 건 지식으로 배우는 게 아니라 습관화시키는 것이기 때문에 좀 더 많은 시간이 필요하다는 걸 이해하고 있었다.

그렇지만 요즘은 열 살짜리 아들 때문에 속이 상한 적이 한두 번이 아니었다. 용돈을 다 쓴 후 돈을 더 달라고 했을 때, 그 요구를 받아주지 않으면 거짓말까지 했다. 친구 생일 선물을 사야 한다든가 학교 준비물이 필요하다는 식이었다.

아들은 자기가 필요한 만큼 돈을 주지 않는 것을 이해하지 못했다. 무작정 떼를 쓰거나 화를 내는 것으로 자신의 요구를 관철시키려고 고집을 피웠다. 그런 아이에게 사실은 부모가 너희가 생각하는 것만큼 돈이 많지 않다는 것을 솔직하게 말하는 게 여간 어려운 일이 아니었다. 돈을 쓰는 법, 저축하는 법 등을 가르치는 것과 달리 가계 수입을 밝히는 건 부모의 맨 얼굴을 보여주는 것 같아서였다. 하지만 이번 일을 계기로 경인 씨는 가계경제에 대해서도 솔직하게 밝히기로 했다. 그래야 아이들도 생각날 때마다 부모에게 손을 내밀면 무조건 돈이 나온다는 생각을 하지 않게 될 것이다.

아이들은 어른들만큼이나 자본주의의 소비문화에 길들여져 있다. 어른들과 다른 점은 자신이 원하는 만큼 돈을 쓸 수 없다는 것에 대

아이들은 친구가 가지고 있는 것을 자신도 가짐으로써 소속감을 느끼기도 한다.

한 인식이 부족하다는 것이다. 아이들은 돈이 있으면 그것을 전부 써 버리거나 갖고 싶은 것을 가지지 못했을 때 투정을 부린다.

따라서 아이들과 돈을 주제로 대화를 나눌 땐 가계경제에 대해서 도 솔직하게 이야기하는 편이 좋다. 그래야 아이도 아이 나름대로 자 신이 쓸 수 있는 돈이 어느 정도인지, 그리고 한정된 돈을 어떻게 사 용해야 하는지 등에 대한 계획을 세울 수 있다. 만약 언제든 원할 때 마다 부모에게 돈을 받을 수 있다고 생각한다면 계획 따위는 세우지 않을 것이다.

금융교육은 금전적인 선택의 문제다. 한정된 돈을 어디에 어떻게 쓸 것인지 선택하고 그 선택에 따라 운영하는 것이다. 아이들이 필요 할 때마다 돈을 주는 것보다 주기적으로 용돈을 주거나 아이 이름으 로 만든 통장을 스스로 운영해보도록 하는 것이 아이들의 경제 관념

신용카드를 쓰는 순간 우리는 빚을 지게 된다.

형성에 도움이 된다.

　미국의 시카고 공립학교에서는 한발 더 나아가 금융교육의 일부로 신용카드와 빚에 대한 개념도 가르치고 있다. 돈을 저금하거나 쓸 수도 있지만 당장 손에 쥔 돈이 없을 경우엔 신용카드로 빚을 질 수도 있다는 걸 설명해준다. 신용카드는 비록 물건을 구입하고 그 후에 돈을 갚아야 하는 빚이지만, 적절한 사용과 낭비적인 사용에 대한 개념을 아이들도 알아야 하기 때문이다. 예를 들어, 새 운동화를 사는 데 신용카드로 지불한다면 그것은 돈을 잘 쓴 것이 아니라고 가르친다. 반대로 현금이 없는 상태에서 지붕이 샌다면 신용카드로 먼저 지불해 고칠 수도 있다는 것을 가르친다.

　가진 돈을 어떻게 소비하고 저축할 것인가도 중요하지만 빚에 대한 올바른 인식도 중요하다. 아이들은 어차피 자본주의 사회에서 살아갈 것이며, 신용카드뿐 아니라 대출에 있어서도 선택의 순간을 몹시 자주 겪게 될 것이다.

본질적으로 아이들에게 금융교육을 시키려는 건 형편에 맞게 생활할 수 있도록 계획을 세우고, 그 계획에 따라 저축을 할 수 있는 사람으로 성장시키기 위해서다. 부모는 자녀들에게 돈의 개념, 돈의 활용뿐 아니라 빚의 활용과 부정적인 측면까지 인지할 수 있도록 도와줄 필요가 있다.

위험에 대해서도
가르쳐야 한다

"부적절한 위험을 감행하지 않게, 위험에 대해서도 가르쳐야 합니다. 수영장의 높은 다이빙대에서 함부로 뛰어내리면 제대로 다이빙하지 못하고 아프게 물을 철썩 맞는 것처럼요. 어떤 위험한 행동들에는 좋지 않은 결과가 따른다고 가르쳐야죠."

제프리 마이론 Jeffrey Miron
미국 하버드대학교 경제학과 교수
저서 : 『자유주의의 모든 것』

상품 구매에
더 이상 남녀 구분은 없다

"가족의 쇼핑에서 자주 관찰되는 것이 어머니와 딸의 연관성입니다. 어머니가 딸에게 서로 다른 상품들을 어떻게 보고, 가격을 비교하고, 가치를 평가할지 가르치죠. 하나의 기술입니다. 인류 진화 역사의 중대한 부분이었죠. 어머니가 딸에게 매주 가족의 구매를 담당하는 구매자 역할을 전수해주는 것이죠. 한 가지 아이러니는 이제 여성은 음식과 옷만 사지 않는다는 것입니다. 전자제품, 자동차, 모든 범위의 상품을 모두 구매하죠. 여기에 아이러니가 있습니다. 어떤 상품은 남성에게, 어떤 상품은 여성에게 팔았다고 말하곤 하지만 더 이상 그런 구분이 없어졌어요."

파코 언더힐 Paco Underhill
쇼핑컨설팅사 인바이로셀 CEO
저서 : 『쇼핑의 과학』

06

금융교육은 행복한 **소비**를 **가르치는 것**이다

'내가 다시는 너희랑 마트에 안 와.'

경인 씨는 마트에 철퍽 주저앉아 울어대는 딸과 장난감을 꼭 쥐고는 고집스럽게 쳐다보는 아들을 보곤 내심 이를 악물었다. 농사 중에서도 자식 농사가 제일 힘들다는 어른들의 말처럼 아이들을 제대로 가르치고 올바른 행동을 하게 유도하는 건 정말 힘든 일이다. 그중에서도 그녀를 가장 힘들게 하는 일은 아이들이 막무가내로 고집을 부리거나 공공장소에서 울며불며 소란을 피우는 것이다. 일단 남 보기에 몹시 창피했다. 그리고 장난감을 사수하기 위해 엄마를 원수처럼 보는 아이들의 눈빛도 감당이 되지 않았다.

남편과 합의하에 아이들 금융교육을 시키기로 한 것까지는 좋았다. 아이들은 각자의 통장을 가지고 그 통장을 스스로 관리하게 되자 용돈을 아껴 모으는 재미를 알게 된 듯했다. 또한 가계경제 형편을 솔직하게 말한 이후로 비싼 물품들을 사달라고 조르는 일도 줄어들었다. 하지만 그렇다고 아이들이 어른들도 참아내기 힘든 물질에 대한 욕망을 스스로 제어할 수 있을 정도로 성장했다는 말은 아니다. 아이들은 교육을 통해 조금씩 성장하며, 자신에 대한 통제력을 배워나가고 있는 중일 뿐이다. 그런데 이러한 성장을 방해하는 복병이 생활 구석구석에 숨어 있었다.

그 대표주자는 텔레비전에 수시로 등장하는 광고다.

하루 한 시간만 텔레비전을 보게 허락했지만 그 한 시간 안에도 아이들을 표적으로 삼은 광고가 게릴라처럼 수시로 치고 빠졌다. 광고를 보기 전에는 그런 물건이 있는지도 몰랐으며 필요하다는 생각조차 해본 적이 없었다. 하지만 세상에 이런 물건도 있으며 이 물건은 지금 당장 네가 가져야 하는 것이라고 말해주는 광고 덕분에 아이들은 필요하다고 여기기 시작했다. 일종의 최면 효과였다.

인정하기 불편한 사실이지만 아이들은 기업의 마케터들이 공략하기에 좋은 대상이다. 아이들은 아직 스스로의 욕망을 제어하는 힘이 부족해 어른에 비해 쉽게 현혹되며 그 물건을 가지려고 부모에게

나와 내 가족을 지키는 금융교육

부모가 쓸 물건을 구매하는 데도 아이들의 입김이 작용한다.

떼를 쓴다. 자기 아이에게 무엇이든 해주고 싶은 부모들의 입장에선 아이가 그토록 가지고 싶어 하는 물건을 포기하라고 말하기가 힘이 든다. 사실 경인 씨도 아이들이 원하는 장난감을 아주 멋지게 그 자리에서 덜컥 사주고 싶은 마음이 없지는 않았다. 다만 그 가격이 너무 비싸 둘 다 원하는 것을 사주려면 다른 장보기는 할 수가 없었기 때문에 억지로 마음을 누르고 있었던 것이다. 이때 그녀는 아이들이 고집을 부리는 것이 옳은지 그른지, 그리고 그냥 사주고 싶어 하는 자신의 마음이 아이들의 교육에 좋은지 나쁜지를 따지기 전에 아이들이 원하는 것을 사주지 못하는 무능력한 부모가 된 것 같은 기분이 들어 몹시 당혹스러웠다.

이런 기분은 아이들을 데리고 외출할 때마다 한 번씩은 꼭 느끼게 된다. 백화점이나 마트에는 아이들이 좋아하는 장난감 코너가 있고, 아이들은 어김없이 장난감 코너로 뛰어가 물건을 하나씩 집어 들고는 사달라고 조르기 시작했다. 이런 일이 발생할 거라는 걸 알고 있지만 그렇다고 매번 아이들을 집에 두고 혼자 장을 보러 갈 수도 없는 일이었다. 결국 몇 번은 진짜 구입해야 하는 다른 용품들을 포기하고 아이들이 원하는 장난감을 사준 적도 있었다.

'자식 이기는 부모는 없다'는 말도 있듯 아이들과 부모의 관계에서 부모는 약자다. 부모가 된 순간부터 부모는 자신보다 아이들이 원하는 것이 무엇인지에 집중한다. 이는 키즈 마케팅에서도 중요한 핵심으로 자리매김하고 있는 요소다.

게다가 키즈 마케팅을 하는 건 아이들 용품을 판매하는 기업뿐이 아니다. 어른들이 쓸 물건에도 키즈 마케팅이 유용하게 활용된다. 부모에게 큰 영향을 미치는 아이를 통해 부모의 소비를 끌어내는 것이다. 미국의 경우엔 자동차 구매의 약 67%가 아이들의 결정에 의한 것이라는 연구 결과가 나오기도 했다. 타이어도 55%가 아이들이 정한 것이라고 한다. 부모들은 뭔가를 구입해야 할 때 비용과 이익을 분석하고, 정말 마음에 드는지 그렇지 않은지 따진다. 마케터들의 입장에서는 까다로운 고객이다. 하지만 아이들은 유혹에 쉽게 넘어가며 그것을 가지고 싶어 하고 어른을 조른다. 아이들이 부모의 구매행동에 엄청난 영향을 주는 이 같은 경향은 갈수록 더 심화될 것이다.

기업의 입장에서 보자면, 아이뿐 아니라 어른에게까지 영향을 주는 키즈 마케팅은 더할 나위 없이 유용한 전략이다. 그리고 이런 전략은 '연속성과 지속성'이라는 결코 무시할 수 없는 강점을 지니고 있다. 아이들은 현재의 고객이자 미래의 고객이다. 만약 특정 기업이나 특정 상품에 대한 이미지가 어떤 한 아이에게 아주 좋은 기억으로 자리매김되면 그 아이는 충성도 높은 고객이 될 확률이 그만큼 높아진다. 어릴 때부터 쓰던 것이라는 기억을 가지고 어른이 돼서도 그 상품을 고집하게 되는 것이다. 따라서 키즈 마케팅은 아이들의 취향을 특정 방향으로 발전시키거나 어떤 습관을 가지게 만드는 데 많은 노력을 기울인다.

그런데 이런 기업의 노력은 때때로 '또래의 압력'이라는 부정적인 분위기를 형성하기도 한다. 예를 들면, 대부분의 아이들이 입는 특정 브랜드의 옷을 입지 못하면 우울해지게 만드는 것이다. 얼마 전 우리나라에서는 이 같은 현실을 적나라하게 보여주는 돌풍이 인 적이 있다. 학생들 사이에서 유행처럼 번져 꽤 높은 가격임에도 불구하고 너도나도 입는 바람에 거의 교복이 돼버린 특정 브랜드의 점퍼는 그 옷을 입지 못하는 아이들에게 박탈감을 안겨주고 말았다.

사회과학에서는 환경이 의사결정에 미치는 영향에 대해 주목해 왔다. 어떤 일에서 무언가를 선택해야 할 때 우리는 자신이 선호하는 것에 의해 선택했다고 느끼지만 사실은 환경이 결정하고 있다는 것

기업은 아이들의 소비습관에 영향을 주기 위한 전략을 짠다.

이다. 주변 사람들이 모두 한 가지 행동을 하고, 하나의 음식, 한 종류의 옷을 구입한다면 우리는 혼자 다른 걸 하기보다 그것을 따라할 확률이 많아진다는 것이다. 심지어 비만이나 흡연 같은 것도 주변 사람들에게 영향을 받는다는 연구 결과도 있다.

아이들은 다른 아이들과 같은 것을 가지지 못하면 어른보다 더 심한 상실감을 느낀다. 아직 정체성이 형성돼 있지 않은 데다 친구들이 자신을 어떻게 생각하는지 예민하게 반응하기 때문이다. 미국의 한 연구 결과에서는 아이가 두 살 반이 되면 최소한 100개의 브랜드를 기억하는 것으로 밝혀지기도 했다. 이는 우리 아이들이 광고와 브랜드에 얼마나 적나라하게 노출돼 있는지 보여주는 결과이기도 하다.

이 같은 환경에 노출된 아이들에게 무조건 "이건 살 수 없어. 안 돼. 왜 이렇게 고집을 피우니?"라며 윽박지르는 것으론 아이들의 욕

나와 내 가족을 지키는 금융교육

또래 아이들이 다 가지고 있는 것을 가지지 못하면
아이들은 어른보다 더 큰 상실감을 느낀다.

구를 쉽게 잠재울 수 없다. 만약 부모가 이렇게 얘기하면 아이는 오히려 더 고집을 피울 것이다. 충족되지 않은 욕구를 막무가내로 떼를 쓰거나 화를 내는 것으로 표현하기 때문이다.

이런 이유로 금융교육은 단지 돈의 개념과 쓰임뿐 아니라 소비와 행복의 상관관계에 대해서도 이뤄져야 한다. 소비를 통해 일시적으로는 만족할 수 있지만 그것이 행복으로 연결되지는 않는다는 것을 알게 해주는 것이다. 행복이 무엇인지 한마디로 규정하기는 어렵다. 하지만 아이와 진정한 행복에 대해 좀 더 깊은 고민을 할 수는 있다.

제주 외도초등학교에서는 현명한 소비자가 되기 위한 금융교육으로 STC 교육을 실시하고 있다고 한다. 어떤 경제적 선택 상황이 발생했을 때, 그 선택사항을 정말 지금 즉시, 그리고 지금 생각난 방법대로 선택해야 하는지를 먼저 잠깐 멈추어(Stop), 생각하고(Think), 선택할(Choose) 수 있어야 한다는 기본적인 경제 개념을 아이들의 눈높이에서 진행하는 것이다. 그 결과 아이들이 마트에 갔을 때 떼를 쓰는 횟수가 확연히 줄었다며 학부모도 크게 만족했다고 한다.

아이들은 자신의 정체성을 찾아가는 과정 속에 놓여 있다. 부모는 그 과정을 지켜보며 아이가 긍정적인 방향으로 나갈 수 있게 이끌어줘야 한다. 경인 씨는 아이들의 금융교육에서 이런 점을 놓치고 있었다. 돈이나 저축의 개념, 기능에 대한 설명을 열심히 했을 뿐, 그것들이 사람의 삶에서 어떤 역할을 하는지, 인생의 행복과 어떤 관련이 있는지 심도 깊은 대화를 미처 하지 못했다. 아직 이런 대화를 할 만큼 아이들이 성장하지 않았다고 생각했기 때문이다.

하지만 아이들은 편견 없이 자기 자신과 가족, 세상을 이해하고 받아들이려는 준비가 되어 있다. 이미 하나의 인격체로 대우받기를 원하며, 또 그렇게 대우했을 때 아이는 더욱더 성장할 수 있다.

책임 있는
소비교육을 시켜야 한다

"우리 문화의 아이러니 한 가지가 있어요. 리우데자네이루의 빈민가와 최고로 부유한 뉴욕 교외에서 8살짜리 어린이를 한 명씩 만나보면, 브랜드와 관련된 어휘가 거의 똑같습니다. 미디어와 인쇄물에 많이 노출됐다는 뜻이죠. 롤렉스 시계가 뭔지 아이팟, 스마트폰이 무엇인지 알고 있어요. 우리에게 의무가 있습니다. 아이들에게 위생, 안전, 영양에 대해서 교육을 시키고 있듯이 책임 있는 소비교육도 시켜야 하지 않을까요?"

파코 언더힐 Paco Underhill
쇼핑컨설팅사 인바이로셀 CEO
저서 : 『쇼핑의 과학』

아이들에게
브랜드가 무엇인지 가르쳐야 한다

"아이들에게 브랜드가 무엇인지 가르쳐야 합니다. 요즘 아이들은 브랜드
가 무엇인지 알고 있지만 왜 그렇게 브랜드에 중독되는지는 모릅니다. 부모
가 아이들에게 집에서 이야기해줘야 합니다. 브랜드란 어떻게 작용하는 것
일까? 왜 이것에 그렇게 감정적으로 집착할까? 학교에서도 그렇게 해야 합
니다. 한 주 정도 브랜드를 주제로 정하고 선생님들이 학생들에게 브랜드
가 무엇인지 말해주는 것이죠. 브랜드와 더 안정적인 관계를 형성할 수 있
도록 말입니다. 아이에게 학교에 가서 친구들이 브랜드 제품이 없다고 놀릴
때 할 말을 가르쳐주세요. 아이가 다들 자기를 괴롭힌다고 우울해하지 않
게요."

마틴 린드스트롬 Martin Lindstrom
세계적인 브랜드 컨설턴트
저서 : 『쇼핑학』, 『오감 브랜딩』

경인 씨는 요즘 들어 부쩍 아이들이 돈 쓰는 일을 쉽게 생각하는 것 같아 마음에 걸렸다. 이제까지는 용돈의 일부를 저축하고 일부는 보다 체계적으로 소비할 수 있도록 유도하는 편이었다. 그리고 용돈 기입장을 쓰는 습관을 길러주고자 여러모로 꽤 신경을 쓰는 편이기도 했다. 그런데 아이들은 학년이 높아질수록 더 많은 용돈을 아주 쉽게 요구하거나 꽤 비싼 물품도 별 생각 없이 선뜻 구입하곤 했다. 돈을 아껴 써야 한다고 몇 번이나 타일러도 마찬가지였다.

"다른 애들은 이런 거 다 사던데. 엄마는 왜 못 사게 하는 거야?"

"내가 애들한테 기죽는 게 좋아?"

"그럼 용돈을 더 많이 주면 되잖아."

딸보다 두 살 많다고 아들은 가끔 이렇게 대든 적도 있었다. 그럴 때마다 경인 씨는 말문이 막혔다. 특히 "내가 모은 돈으로 내가 사고 싶은 것을 샀을 뿐인데 뭐가 문제야?"라고 되물으면 할 말이 없었다.

"그런데 정말 뭐가 문제지? 영석이 말대로 자기 돈으로 자기가 필요한 걸 샀을 뿐인데."

심지어 경인 씨는 아들의 생각에 설득돼 동민 씨에게 이렇게 말하기까지 했다.

"진짜 자기 돈으로 자기가 필요한 것을 산 게 맞아?"

동민 씨가 되물었다.

"무슨 말이야?"

"영석이가 직접 일을 해서 번 돈은 아니라는 뜻이야. 어차피 우리가 준 용돈이니까."

"글쎄. 내 생각은 좀 달라. 어쨌든 우리가 준 순간부터 그 돈은 그 아이 것이 되는 거지. 그 돈에 대한 소유권을 넘겨버렸으니까. 그런데 우리가 처음에 소유권을 가지고 있었다고 해서 계속 소유권을 주장할 수 없잖아. 어차피 그 돈을 어떻게 운영하고 쓸지는 영석이의 책임이고."

"당신 말도 일리가 있네. 아이들이 부모의 소유가 아니듯 돈을 준 사람이 부모라 해도 계속 그 소유권을 주장하는 건 좀 과도하게 느껴지네. 하지만 '내 돈을 내 마음대로 쓰는데 뭐가 문제야?'라고 말하는 것도 좀 문제가 있지 않나?"

"어떤 점에서?"

"우리 사회 자체가 올바른 분배를 하지 못하는 사회잖아. 누군가는 10시간을 일해 단돈 100만 원을 벌지만 누군가는 그보다 훨씬 적은 시간을 일해도 그 10배에 해당하는 1천만 원을 받기도 하지. 심지어 어떤 사람들은 아무 일도 하지 않고 그 몇십 배, 몇백 배의 돈을 챙기기도 하고. 학력, 능력 차이에 따른 차등 분배라고 하기엔 그 차이가 어마어마하게 커. 개개인이 정당하게 노력해 버는 돈이 아니고 제도의 불합리성이나 비도덕적인 요소로 인해 돈을 버는 사람들이 '내 돈 내가 쓰는데 뭐가 문제야?'라고 하는 게 과연 정당할까. 그리고 사실 자신의 노력에 알맞은 돈을 벌고 있으며, 도덕적으로도 전혀 걸릴 게 없다고 생각하는 사람들조차도 이 말은 정당하지 않아. 좀 더 근본적으로 말하자면, 우리가 가지고 있는 돈이 정말 순수하게 다 우리 것일 수는 없으니까.

예를 들면, 평범한 직장인인 나는 300만 원을 받지만 우리 회사 청소부는 100만 원을 받는다고 치자. 그럼 나는 청소부가 받는 돈보다 더 많은 돈을 받는 것을 당연하게 여겨야 할까? 내가 따라갈 수도 없는 액수의 돈을 버는 사람들에겐 정당한 노동의 대가치고는 과도하다고 비판하면서 나보다 훨씬 더 낮은 임금을 받는 사람들은 당연

아이들이 직접 돈을 버는 경험을 해보면 돈을 쓰는 태도가 달라질 것이다.

하다고 여길 수 있을까. 당연하지 않다면, 내가 받는 돈은 그들이 받아야 하는 돈에서 일정 부분을 빼앗는 것이 되어버리지. 실제로 힘들고 낮은 곳에서 일하는 사람들에게 더 많은 임금을 주지 않는 자본가나 사회구조의 문제라 해도, 결과적으로 내가 다섯 개를 가지기 위해서 누군가는 세 개를 빼앗기고 두 개만 가지게 된 거니까.

직접적인 돈의 문제만이 아니야. 우리가 여유롭게 마시는 커피에는 아프리카의 커피 재배 농가에서 착취를 당하며 일하는 아이들의 노동 문제가 있고, 우리가 비교적 싸게 구입하는 옷이나 신발에는 저개발 국가의 노동자들의 말도 안 되게 적은 임금 문제가 있지. 한쪽에서 좋은 물건을 싸게 구입해 편안하게 즐기는 동안 세상 어느 곳에선 거대 기업이 가격경쟁에서 이기기 위해 착취를 일삼고, 힘없고

나와 내 가족을 지키는 금융교육

가난한 나라 사람들이 거기에 희생되고 있지. 그런데 어떻게 '내 돈으로 내 마음대로 하는 게 무엇이 문제일까?'라는 생각을 할 수 있겠어? 적어도 우리 아이는 자신이 가진 것들이 당연하다는 생각이 아니라, 어쩌면 누군가의 몫에서 떼어낸 것일 수도 있다는 생각을 하는 사람으로 자랐으면 좋겠어. 우리 사회가 빈익빈 부익부를 심화시키는 제도적 모순을 가지고 있다는 걸 알고는 있어야 하니까."

"아. 그래."

경인 씨는 동민 씨가 오랜만에 자신의 생각을 유창하게 말하는 것을 듣고는 고개를 끄덕였다.

"영석이가 돈을 쉽게 생각하는 건 제 손으로 돈을 벌어보지 않아서일 거야. 자기 손으로 돈을 버는 경험을 하게 해주는 것은 어떨까?"

"이를테면?"

"심부름을 시키고 그에 대한 대가로 용돈을 주거나 벼룩시장이나 바자회에서 자기 물건을 팔게 하는 방법이 있겠지."

경인 씨는 동민 씨의 의견에 전적으로 동의했다. 같은 부모 밑에서 자란 아이들이라도 각자의 성향에 따라 행동 방향도 달랐다. 아들은 딸과 달리 '자기 것'에 대한 집착이 큰 편이었지만 '다른 사람 것'에 대한 존중은 없었다. 가끔 "난 능력을 키워서 부자로 살 거야." "걘 공부를 못하니까 나중에 가난하게 살 거야." 등의 이야기를 하는 것

아무도 말하지 않는 돈의 진실

어릴 때부터 돈에 대한 시각을 바르게 갖는 것은 중요하다.

을 보면 돈 버는 사람은 능력이 있는 것이고, 돈을 벌지 못하는 사람은 능력이 없는 것으로 간주하고 있는 듯했다. 심지어 친구와의 관계에서도 돈을 잘 쓰는 아이와 그렇지 않은 아이를 구분해 각자에게 다른 태도를 보이기도 했다.

그럴 때마다 경인 씨는 금융교육을 좀 더 일찍 시키지 못한 것이 후회가 되기도 했다. 좀 더 어릴 때 금융교육을 시켰더라면 아이가 돈이나 세상에 대해 올바른 방향을 바라볼 가능성이 높았을 것이다. 올바른 태도를 배우기도 전에 학교라는 사회에서 스스로를 다른 친구와 비교하고 판단하면서 저 나름대로 가치관을 만들어버리고 나

부모도 잘 모르기 때문에 금융교육은 두렵다. 하지만 아이들이 돈과 세상에 대해
바른 방향을 바라볼 수 있도록 노력해야 한다.

니 아무것도 모르는 딸을 가르치는 것보다 훨씬 더 어려웠다. 하지만
지금이라도 부모의 노력만 있으면 아이의 그릇된 생각을 좀 더 올바
른 쪽으로 수정할 수 있을 것이다.

그들 부부는 아이들에게 용돈을 올려주는 대신 설거지나 청소, 슈
퍼마켓 심부름 등을 시키고 그 대가로 일정한 금액의 용돈을 줬다.
아들은 처음엔 자신의 노동력에 비해 돈이 너무 적다고 투덜거렸지
만 심부름을 하고 돈을 받는 일을 은근히 재미있어 했다. 그렇게 몇
달이 지난 어느 날이었다. 경인 씨는 아이들의 방을 청소하다 아들
의 저금통이 여느 때와는 달리 동전으로 묵직하게 차 있는 것을 발
견했다. 그냥 용돈을 받을 때엔 아까운 줄 모르고 썼지만 백 원짜리,
오백 원짜리 하나하나가 다 자신의 땀으로 얻은 것이라 생각하니 그

돈으로 군것질거리 같은 것에 낭비할 수 없었다는 게 나중에 아들에게서 들은 이유였다.

"아버지도 이렇게 열심히 일했기 때문에 월급을 받는 거야. 그래서 우리 네 식구가 잘살 수 있는 거지. 다른 사람들도 다 마찬가지야. 각자의 분야에서 열심히 일하고 돈을 벌지. 그래서 어떤 일은 하찮고, 어떤 일은 중요하다는 건 없어. 다들 자기 가족들을 위해 열심히 일하는 거니까."

경인 씨는 아들이 자신의 경험으로 무언가 느낀 것 같은 틈을 놓치지 않고, 아들이 알아줬으면 하는 일들을 말하기 시작했다. 하지만 너무 가르치려는 투로 길게 말하는 것은 자제했다. 모든 걸 한꺼번에 다 가르치려 드는 것도 부모의 욕심이라는 생각이 들었기 때문이다. 경인 씨 역시 아주 오랫동안 생각하고 경험하는 시간을 가졌기 때문에 좀 더 올바르게 세상을 바라보고자 노력할 수 있었다. 아이에게도 그런 시간은 필요했다.

당신이 번 돈은 당신이 열심히
일했기 때문에 생긴 것인가

"이런 얘기를 들어본 적이 있을 겁니다.
'내가 열심히 벌었으니까 내 맘대로 한 거다.'
이게 단순한 거 같은데 가만히 따져보면 정말로 모든 게 당신이 열심히 일했기 때문인가 하면, 그렇지 않죠. 사회의 제도라는 것도 도와줬고, 소위 사회의 간접자본이라는 게 작동을 했고, 또 그 사회 제도 때문에 어떤 사람은 불필요하게 손해를 보기도 했다는 거죠. 엄격하게 따져보면 '내가 벌었으니까 내 맘대로 쓴다'는 것은 정의롭지 못한 거죠."

손봉호
서울대학교 사회교육과 명예교수, 고신대학교 석좌교수
현 나눔국민운동본부 대표
저서 : 『현상학과 분석철학』, 『생각을 담아 세상을 보라』

INTERVIEW

무엇이 우리를
행복하게 하는가

"합리성은 행복에 관한 게 아닙니다. 합리성은 이를테면 부를 최대화하는 것이죠. 행복은 흥미롭게도 합리성과 반드시 연관되지 않습니다. 등산을 생각해보세요. 등산인들에 대해 쓴 책들을 보면 모든 게 비참합니다. 춥고 힘들고 동상에 걸리고 고통스럽고 숨을 쉬기도 움직이기도 어렵죠. 그럼 그만해야죠. 하지만 사람들은 그러지 않아요. 등산을 마치고 몸이 회복되면 다시 산을 오르죠. 인간을 이끄는 것은 이익의 최대화라는 간단한 개념이 아닙니다. 온갖 분투를 하는 것은 간단한 행복 개념으로 설명될 수 없죠.

최근 이런 연구가 있었어요. 사람들에게 돈을 주면 그리 행복해지지 않는데 돈을 주면서 다른 사람을 위해 쓰라고 하면 그때는 행복해진다고 해요. 액수에 따라 때로는 그날에, 때로는 6개월 후에도 행복하답니다. 우리가 최대화하려고 하는 행복은 돈의 소유와는 다르다는 얘기죠. 그리고 무엇이 우리를 행복하게 하는지, 아닌지 우리 스스로 잘 이해하지 못하죠."

댄 애리얼리 Dan Ariely
듀크대학교 경제학과 교수
저서 : 『상식 밖의 경제학』

[08

사회 전체를 바라볼 **수** 있는
어른으로 **성장**하기]

"나는 이만큼 돈을 벌어서, 진짜 진짜 큰 아파트에서 살 거야."

아들이 초등학교 1학년을 마칠 즈음이었다. 경인 씨가 "우리 아들은 꿈이 뭐야?"라고 묻자 아들은 두 팔을 한껏 벌리고 이렇게 말했다. 그러고 나서 덧붙였다.

"철수네 아파트보다 더 큰 아파트."

그때 경인 씨는 적잖게 충격을 받았다. 어떻게 아파트가 꿈이니? 아들을 붙잡고 물어보고 싶은 심정이었다. 그런데 옆에서 듣고 있던 6살 딸이 여리지만 옹골찬 목소리로 말했다.

"나는 오빠보다 더 큰 아파트에서 살 거다. 진짜 진짜 더 큰."

경인 씨는 아주 큰 아파트에서 사는 게 꿈이라는 아이들에게 뭐라 할 말이 없어 그냥 웃었다. 하지만 머릿속으로는 '어떻게 이러니?'라는 말이 계속 맴돌았다.

그리고 2년이 지난 지금 경인 씨는 그날과는 다른 답을 기대하며 똑같은 질문을 했다.

"우리 아들, 우리 딸은 나중에 뭐가 되고 싶어? 꿈이 뭐야?"

그러자 아들은 즉각적으로 대답했다.

"의사."

"그래? 왜 그런 꿈을 꾸게 된 거야."

"철수 아버지가 의사야."

"아!"

그러자 옆에서 딸이 또 옹골찬 목소리로 말했다.

"나도, 나도. 의사."

그날 저녁 경인 씨 부부는 또 야릇한 슬픔에 빠졌다. 30대 후반을 달리고 있는 그들이 어렸을 때만 해도 친구 집의 평수가 어떤지, 아버지가 돈을 잘 버는지 못 버는지에 대한 건 아예 관심이 없었다. 브랜드 제품을 의식하기 시작한 것도 고등학교에 들어가고 나서였다. 그런데 요즘 아이들을 보면 확실히 이전 세대와는 다른 감수성을 지니고 있는 듯했다. 인터넷, 스마트폰 등을 요즘 아이들은 장난감처럼 쉽게 다루고, 온 가족이 동네 중국집에서 자장면을 먹는 게 큰 행

나와 내 가족을 지키는 금융교육

아이들은 부모보다 물자가 풍족한 시대에 살고 있다. 그래서 아이들은 더 행복할까?

사였던 것과 달리 요즘 아이들은 프랜차이즈 레스토랑을 자주 이용한다. 백화점이나 마트에는 아이들 용품이 훨씬 다양하고 많아졌다.

그들 부부가 어린 시절을 보냈던 1970년대 후반과 1980년대 초도 어쨌든 표면상으로는 자본주의라는 명패를 걸고 있었다. 하지만 지금의 시장자본주의처럼 돈만 있으면 모든 것을 살 수 있으며, 돈이 모든 것을 해결한다는 생각이 사회 구석구석에까지 만연해 있지는 않았다. 그들 가족은 지금 같은 시간과 공간에서 살고 있지만 그들이 보낸 어린 시절은 다른 것이었다. 그리고 그 달라진 어린 시절은 조금씩 다른 가치관을 가지게 되는 요인이 되기도 했다. 경인 씨 부부는 그들과 달라도 너무 다른 아이들을 보면서, 고대 수메르 벽화에도 새겨져 있던 말을 고스란히 입 밖에 내기도 했다.

"요즘 아이들은…… 참."

모태신앙처럼 자본주의의 중심에서 태어나 자유시장 경제 속에서 넘쳐나는 상품들의 유혹을 쉴 새 없이 받거나 그 달콤함에 길들여지고, 금융자본주의가 보여주는 돈의 힘이 아파트의 평수와 자동차의 등급을 결정한다는 것을 알게 된 아이들이 '돈을 많이 버는 사람'을 꿈꾸는 것은 어찌 보면 아주 자연스러운 결과일지도 모른다. 그럼에 소질이 있는 딸에게 "넌 법대를 가야 해. 그래야 중산층에 진입할 수 있어"라고 말했다는 한 엄마처럼 자본주의가 만든 계급을 뼈저리게 느낀 부모들이 자신의 자녀들이 '돈을 많이 버는 직업'을 가지기를 원하게 된 것도 역시 부자연스럽지는 않다.

현실은 학벌이 직업을 결정하고 직업이 빈부를 결정하는데, 아이들에게 "공부를 못해도 되고 돈을 못 벌어도 되니 네가 하고 싶은 것을 했으면 좋겠어"라고 말하는 게 그리 쉽지는 않을 것이다.

그런데 우리가 아무 꿈도 꾸지 않는다면 사회는 바뀌지 않는다. 우리 아이들이 지금의 현실을 어떤 비판적 견해도 없이 받아들이기만 한다면 사회의 모순을 전혀 해결할 길이 없어져버린다. 그동안 공정한 분배나 교육 복지, 의료 복지 등의 체계를 잘 마련해 많은 사람이 안심하고 살 수 있는 사회를 만들어온 것은 기업가나 정치인들이 아니었다.

나와 내 가족을 지키는 금융교육

1948년 영국에선 모든 사람들에게 의료와 교육이 무료로 제공되기 시작했다. 그 시대에 그런 복지를 이끌어낸 것은 영국 국민들이 그것을 원했기 때문이었다. 그 당시 영국은 총선을 앞두고 있었다. 유권자들은 사회보장제도를 요구하며 정치인들을 엄청나게 압박했다. 그 결과 사회보장제도를 실시하겠다고 약속한 노동당이 영국 국민들의 지지를 받아 이기게 된 것이다.

동민 씨와 경인 씨는 보다 평등하며 안정된 사회를 만들어 아이들에게 물려주지 못한 자신들 세대가 부끄럽기도 하다. 하지만 앞으로 이 사회를 이끌어나갈 아이들이 좀 더 나은 사회를 만들 수 있기를 꿈꾼다. 거창하게 뭔가 하기를 바라는 것이 아니라 적어도 자본의 논리에 마냥 휘둘리지 않고, 마케팅의 유혹에 지기보다 자신이 원하는 것이 무엇인지 알고, 나만이 아니라 우리가 함께 잘살 수 있기를 바라는 어른으로 성장했으면 좋겠다는 바람을 가져본다. 그리고 지금의 아이들이 나중에 그런 어른으로 성장한다면 지금보다는 더 나은 사회를 만들 수 있을 것임은 자명한 일이다.

경인 씨는 얼마 전 카카오톡으로 친구가 보내준 이야기를 떠올렸다.

어떤 인류학자가 아프리카에 있는 한 부족의 아이들에게 게임을 제안했다고 한다. 그는 근처 나무에 아이들이 좋아하는 음식을 매달

우리 모두가 세상이 어찌 돌아가는지 살펴보고 늘 깨어 있다면
세상을 바꾸는 단초가 될 수도 있다.

아놓고 먼저 도착한 사람이 그것을 먹을 수 있다고 말하고 '시작'을
외쳤다. 그런데 아이들은 뛰어가지 않고 모두 손을 잡고 가서 그것을
함께 먹었다. 인류학자는 아이들에게 물었다.

"한 명이 먼저 가면 다 차지할 수 있는데 왜 함께 뛰어갔지?"

그러자 아이들은 '우분트(I am because you are, 네가 있기에 내가
있다)'라고 외치며 이렇게 대답했다.

"다른 사람들이 모두 슬픈데 어째서 한 명만 행복해질 수 있나요?"

비판적이고 생산적으로
사회를 생각하게 가르쳐야 한다

"근본적으로 어느 사회든 가장 가치 있는 자산은 땅속의 석유나 희귀한 광물, 해산물이 아니에요. 바로 청소년들의 머리에 든 것이죠. 그리고 그 머리를 계발시키는 것입니다. 비판적으로 열심히 생각하게 가르치고 생산적으로 사회를 생각하는 사람이 되라는 가치를 심어주는 것입니다. 그것이 부를 창출합니다. 그중에 천재도 나오고, 무위도식하는 사람도 있겠죠. 하지만 발전하려는 정신이 바로 가치 있는 것입니다."

데이비드 케이 존스턴 David Cay Johnston
미국 저널리스트
저서 : 『프리 런치』

교육에 있어서
한국은 바꿀 게 많다

"OECD에서 각 국가별 창의력 지수를 냈어요. 한국하고 멕시코가 하위였어요. 한국은 여전히 암기식 교육에 빠져 있죠. 이러한 교육이 창의력 지수를 높이지 못하는 이유가 됩니다. 한국은 바꿀 게 많습니다. 교육 제도야 말할 것도 없죠."

이정우
경북대학교 경제통상학부 교수
저서 : 『불평등의 경제학』

초등학생
금융이해력 테스트

※ 다음은 EBS와 한국개발연구원(KDI)이 2011년 9월부터 12월까지 전국 초등
학교 고학년 656명을 대상으로 실시했던 초등학교 금융이해력 테스트입니다.
초등학생 자녀에게 제시된 문제의 답을 기록해보게 함으로써 아이의 돈에 대한
생각과 태도를 간단하게 점검해 볼 수 있습니다. 이 테스트 결과는 절대적인 기
준은 될 수 없으며, 테스트 결과를 바탕으로 아이의 금융이해력이 어느 정도인
지를 점검해보는 기회로 활용하시기 바랍니다.

(출처: EBS, 한국개발연구원)

〈금융과 의사결정 영역〉

1. 돈은 여러 가지 기능으로 우리의 일상생활을 돕고 있습니다. 다음은 재윤이네 반 친구들이 돈이 만들어지지 않았을 경우 우리 생활에서 생길 수 있는 어려움을 학급회의를 통해 발표한 결과입니다. 발표한 내용 중 돈이 만들어지지 않았을 경우 발생할 수 있는 어려움에 해당되지 않은 것은 어느 것인가요?

① 민규 – "저축을 할 수 없어요."
② 민서 – "직업을 구할 수 없어요."
③ 재윤 – "나에게 필요한 물건을 살 수 없어요."
④ 재영 – "지우개와 연필의 가격을 서로 비교하여 볼 수 없어요."

---

2. 예현이는 자기 반 친구들의 용돈 사용 습관을 조사하였습니다. 가장 바람직한 용돈 사용 습관을 가지고 있는 친구는 누구인가요?

① 준서 – "용돈을 어디다 두었는지 생각이 안나요."
② 승용 – "제가 받은 돈을 모두 다 은행에 저축했어요."
③ 예현 – "문구점에 지우개를 사러 갔다가 인형을 사고 말았어요."
④ 지현 – "구입할 물건을 미리 기록해 두었다가 꼭 필요한 것만 샀어요."

---

3. 영욱이는 며칠 전 아버지로부터 한 달 동안 사용할 용돈을 받았습니다. 영욱이는 자신이 받은 용돈을 어떻게 사용할지 곰곰이 생각하여 보았습니다. 다음은 영욱이가 생각한 용돈 관리 방법입니다. 가장 바람직한 것은 어떤 것일까요?

① 모든 돈을 은행에 저축하고 전혀 사용하지 않는다.
② 미리 계획하지 않고 돈 쓸 일이 발생할 때마다 돈을 쓴다.
③ 용돈기입장을 마련하여 매일 들어온 돈과 나간 돈을 꾸준히 기록한다.
④ 자신이 쓰고 싶은 만큼 돈을 쓰고 부족하면 부모님께 용돈을 더 달라고 요청한다.

---

4. 다음은 우리의 돈을 맡아 보관하거나 돈이 필요한 경우 빌려주는 일을 하는 금융회사에 관해 설명한 것입니다. 잘못된 것은 무엇인가요?

① 일반은행은 돈을 만드는 일을 한다.
② 신용카드 회사는 은행과 달리 돈을 저축할 수 없다.
③ 증권회사는 주식 등을 사고파는 일을 도와주는 곳이다.
④ 우체국은 우편물을 배달하는 역할과 함께 돈을 맡는 역할도 한다.

<용어참고>

*금융회사: 사람들의 돈을 맡아 안전하게 보관하기도 하고 돈이 필요한 곳에는 빌려 주는 역할을 하는 곳

*주식: 기업(회사)이 회사를 잘 운영하기 위해 필요한 돈을 마련할 목적으로 기업(회사) 운영에 관한 권리를 잘게 쪼개어 종이에 표시한 것

---

5. 다음은 돈의 발달과정을 나타낸 것입니다. 가장 나중에 발달한 것은 어떤 것인가요?

① 금속을 녹여 만든 동전을 사용했다.

② 천 원, 오천 원, 만 원짜리 종이돈을 사용하기 시작했다.

③ 소금, 쌀, 보리와 같은 곡물과 조개껍질을 돈으로 이용했다.

④ 금이나 은 등의 금속을 돈으로 이용했다.

---

6. 다음은 초등학교 6학년인 정현이가 용돈으로 물건을 사기 위한 기준으로 정한 내용입니다. 적절하지 않은 것은 무엇인가요?

① 자신에게 꼭 필요한 물건인가?   ② 유명한 회사에서 만든 비싼 물건인가?

③ 자신이 가진 돈으로 살 수 있는 물건인가?   ④ 즐거움이나 편리함을 줄 수 있는 물건인가?

---

7. 다음의 예시 중 바람직한 돈 관리에 꼭 필요한 습관을 골라 묶은 것은 무엇인가요?

가. 저축통장을 1개 이상 가지고 있다.

나. 용돈기입장을 정기적(매일, 매주)으로 기록한다.

다. 사고 싶은 물건이 있으면 다른 사람이나 은행에서 돈을 빌려서 산다.

라. 자신이 가진 돈으로 주변 사람들이나 친구에게 맛있는 것을 자주 사 준다.

① 가, 나   ② 나, 다   ③ 다, 라   ④ 가, 라

〈수입과 지출관리 영역〉

1. 우리 주변에는 다양한 직업을 가진 사람들이 많습니다. 하지만, 직업을 얻기 위한 방법이나 직업에 대한 생각은 각기 다릅니다. 다음은 직업에 대한 재민이네 반 학생들의 생각을 정리한 것입니다. 가장 바람직한 생각을 가지고 있다고 생각되는 친구는 누구인가요?

    ① 지완 – "꼬박꼬박 월급을 받을 수 있는 직업이면 무엇이든 괜찮아."
    ② 성훈 – "많이 노력하지 않고도 쉽게 얻을 수 있는 일자리가 최고야."
    ③ 재민 – "나의 특기와 적성을 잘 살릴 수 있는 직업을 꼭 찾아볼 거야."
    ④ 민호 – "별로 일하지 않고도 편하게 많은 돈을 벌 수 있는 직업이면 무엇이든 좋아."

2. 사람들은 다양한 방법으로 돈을 벌고 있습니다. 다음 친구들 중 돈을 버는 방법에 대한 생각과 태도가 바람직하지 <u>않은</u> 친구는 누구인가요?

    ① 재은 – "나는 맛있는 빵을 만들어 팔아서 돈을 벌 거야."
    ② 윤서 – "열심히 번 돈을 저축하면 이자를 받을 수도 있어."
    ③ 규정 – "나는 미래에 멋진 운동선수가 되어 돈을 벌 생각이야."
    ④ 희원 – "나는 복권에 당첨되어 많은 상금을 받게 되길 기다릴 거야."

3. 준서는 이번 주에 부모님으로부터 10,000원의 용돈을 받았습니다. 용돈을 받은 준서는 한 주가 지난 뒤 표에 나타난 것과 같이 자신의 용돈 사용 기록을 정리하였습니다. 준서의 용돈 사용에 대한 설명으로 바른 것은 어느 것인가요?

내용	돈 쓸 계획	실제 쓴 돈	비고
이번 주에 들어온 돈	10,000원		–
저축	3,000원	–	–
인터넷 게임비	2,000원	3,500원	1,500원 더 씀
책 구입	2,000원	3,000원	1,000원 더 씀
어버이날 선물 구입	3,000원	3,500원	500원 더 씀
돈의 합계	10,000원	10,000원	

① 준서는 어버이날 선물 구입에 가장 많은 돈을 썼다.
② 준서에게 이번 주에 들어온 돈은 실제 쓴 돈 보다 적었다.
③ 준서는 자신의 돈 쓸 계획을 매우 잘 실천한 편이다.
④ 준서의 용돈 사용 태도는 바람직하지 못하며 고쳐야 할 점이 있다.

---

4. 최근 나눔과 기부활동이 우리 사회에서 매우 활발하게 이루어지고 있습니다. 다음 중 나눔에 대해 설명한 내용으로 적절하지 않은 것은 무엇인가요?

① 나눔은 반드시 돈이 있을 경우에만 실천할 수 있다.
② 돈이 아닌 재능이나 기술도 나눔의 대상이 될 수 있다.
③ 나눔을 실천하는 단체에 가입하여 활동하는 것도 좋은 방법이다.
④ 어려서부터 조금씩이라도 어려운 이들을 위해 무엇인가 나누는 습관이 필요하다.

---

5. 일상생활에서 돈을 버는 방법은 매우 다양합니다. 다음 글에서 밑줄 그은 부분과 돈 버는 방법이 바르게 짝지어진 것은 어느 것인가요?

민영이는 지난 설날에 시골에 계신 할아버지, 할머니 댁에 내려갔습니다. 그곳에서 ㉠웃어른들로부터 30,000원 가량의 용돈을 받았습니다. 할아버지와 할머니께서는 시골에서 ㉡농사를 지어 돈을 버십니다. 민영이네 부모님은 ㉢도시에서 식당을 운영해서 돈을 버시고, 고모는 부모님이 운영하시는 ㉣식당에서 일하시면서 매달 월급을 받습니다.

① ㉠ – 가계나 회사를 운영하여 번 돈
② ㉡ – 가지고 있는 재산을 이용하여 번 돈
③ ㉢ – 일을 하지 않고 다른 사람으로부터 대가 없이 받은 돈
④ ㉣ – 직장생활에서 일을 한 대가로 번 돈

---

6. 현금, 수표, 신용카드와 같은 것들은 물건을 사고 그 값을 치르는 데 쓰입니다. 다음의 설명은 어떤 것에 대한 설명인가요?

· 대형마트나 가게에서 물건을 사고 물건 값을 치를 때에 자주 사용합니다.
· 돈 대신 사용하지만 돈의 기능을 하며 요즘 사용이 증가하고 있습니다.
· 물건을 사고 나중에 돈을 갚는다는 점에서 외상과 같으며 사용한 돈을 나중에 꼭 갚아야 합니다.

① 신용카드　　　　　　　② 할인 쿠폰
③ 문화상품권　　　　　　④ 마일리지 카드(대형마트의 포인트 카드)

7. 다음은 승민이의 용돈기입장을 제시한 것입니다. 이에 대한 설명으로 바른 것은 어느 것인가요?

날짜	내용	㉠ 들어온 돈	㉡ 나간 돈	㉢ 남은 돈
	지난주에 남은 돈	10,000원		10,000원
5.1(일)	부모님이 용돈 주심	10,000원		20,000원
5.2(월)	친구 선물 구입		5,000원	15,000원
5.3(화)	휴대전화 액세서리 구입		5,000원	10,000원
5.4(수)	책 구입		5,000원	5,000원
5.5(목)	할아버지께서 용돈 주심	10,000원		15,000원
5.6(금)	어버이날 선물 구입		6,000원	9,000원
총계		30,000원	21,000원	9,000원

① ㉠은 물건을 사고 그 대가로 낸 돈이다.
② ㉡은 용돈을 비롯해서 자신에게 들어온 돈을 의미한다.
③ ㉢은 들어온 돈에서 나간 돈을 뺀 나머지 돈을 의미한다.
④ ㉠이 ㉡보다 많으면 결코 바람직한 용돈 사용이라고 할 수 없다.

〈저축과 자산관리 영역〉

1. 다음은 은행 저축에 대해 설명한 것입니다. 바르게 설명한 것은 어느 것인가요?

① 은행은 저축한 돈에 대해 이자를 준다.
② 초등학생은 스스로 저축계좌를 만들 수 없다.
③ 은행의 저축은 종류에 관계없이 모두 같은 이자를 준다.
④ 자신이 아닌 다른 사람의 이름으로도 저축통장을 만들 수 있다.

2. 민규는 자신이 가진 돈을 모아 목돈을 만들고 싶어 합니다. 다음 중 민규가 가져야 할 태도로 가장 바람직한 것은 어느 것인가요?

① 친구에게 돈을 빌려주고 이에 대한 비싼 이자를 받는다.
② 은행에 예금통장을 만들고 들어오는 돈을 꾸준히 저축한다.
③ 자신이 가진 돈으로 복권을 구입하여 한꺼번에 많은 돈을 번다.
④ 자신에게 들어오는 용돈을 은행에 맡기지 않고 저금통에 넣어 보관한다.

3. 다음에 제시된 상황에서 등장인물에게 가장 바람직한 것은 무엇일까요?

초등학교 6학년인 경욱이는 미래에 우리나라를 대표하는 의사가 되는 것이 꿈입니다. 하지만 의과대학에 진학하려면 많은 등록금이 필요합니다. 경욱이 부모님은 등록금을 마련하기 위해 여러 가지 계획을 세우고 있습니다.

① 신용카드를 이용해서 돈 빌리기   ② 돈이 생길 때마다 펀드에 투자하기
③ 은행이나 새마을금고에 매달 돈을 저축하기 ④ 은행이나 새마을금고에서 부족한 만큼의 돈을 빌려 쓰기

4. 다음의 초등학생 중 바람직한 저축습관을 가지지 <u>않은</u> 사람은 누구인가요?

① 지섭-매달 꾸준히 저축한다.
② 민주-자신에게 알맞은 예금통장을 만든다.
③ 정혁-돈만 생기면 쓰지 않고 모두 다 저축한다.
④ 정윤-들어오는 돈과 나가는 돈을 고려하여 저축할 금액을 정한다.

5. 다음에 제시된 보기 중 돈을 맡기고 이자를 받을 수 <u>없는</u> 곳은 어디일까요?

① 은행   ② 우체국   ③ 세무서   ④ 새마을금고

〈신용과 부채관리 영역〉

1. 우리는 일상생활에서 돈이 모자라거나 필요한 경우에 종종 돈을 빌리곤 합니다. 이와 같이 다른 사람이나 은행으로부터 빌린 돈을 '빚' 이라고 부릅니다. 그런데, 빚에는 우리 생활에 '도움이 되는 빚'과 '도움이 되지 않는 빚'이 있습니다. 다음 보기의 내용 중 우리 생활에 가장 '도움이 되는 빚'은 어느 것 인가요?

① 여행 갈 돈을 마련하기 위해 빌리는 돈
② 친구 생일선물을 마련하기 위해 빌리는 돈
③ 친구에게 빌린 돈을 갚기 위해 다른 친구에게 빌리는 돈
④ 배달이 늘어난 분식집 아저씨가 오토바이를 사려고 빌리는 돈

---

2. 초등학교 6학년인 가영이는 일주일 전 등굣길에 친구로부터 3,000원의 돈을 빌렸습니다. 학용품 구입에 필요한 돈이 없었기 때문입니다. 가영이는 빌린 돈을 1주일 후 갚기로 했지만 곧 잊어버렸습니다. 가영이는 친구들에게 돈을 빌리고 갚지 않는 경우가 많습니다. 가영이에게는 앞으로 어떤 일이 벌어질까요?

① 친구로부터 돈을 빌리기 어려워질 것이다.   ② 친구들이 이자를 받고 돈을 빌려줄 것이다.
③ 친구들이 앞장서서 돈을 빌려주려 할 것이다.   ④ 친구로부터 아무 때나 돈을 빌릴 수 있을 것이다.

---

3. 25세의 일준이 삼촌은 회사에 다니는 직장인입니다. 일준이네 삼촌은 직장생활을 시작하면서 신용카드를 새롭게 만들었습니다. 다음 중 신용카드에 대해 올바로 알고 있는 경우는 어떤 것 인가요?

① 신용카드는 다른 사람에게 빌려주어도 된다.
② 신용카드를 사용하면 세금을 많이 내야 한다.
③ 신용카드로 매달 휴대전화 요금을 낼 수 있다.
④ 신용카드를 사용한 돈은 갚고 싶을 때 갚으면 된다.

---

4. 다음은 은행이나 남에게서 빌린 돈에 대한 관리 방법을 설명한 것입니다. 바르지 <u>못한</u> 설명은 어느 것인가요?

① 비싼 이자를 내야하는 돈을 먼저 갚는다.
② 가족들이 모두 소비 지출을 줄이려 노력한다.
③ 빌린 돈을 꾸준히 갚기 위해 구체적인 계획을 세운다.
④ 형편이 어려우면 빌린 돈을 굳이 갚으려 할 필요가 없다.

〈보험과 위험관리 영역〉

1. 다음은 갑자기 돈이 필요해질 때 어떻게 할 것인가에 대한 진규네 반 친구들의 생각입니다. 가장 바람직한 생각은 어느 것인가요?

   ① 민영 – "그때 가서 생각해도 늦지 않아."
   ② 은수 – "걱정할 필요 없어. 돈은 저절로 생겨."
   ③ 재은 – "돈이 필요하면 부모님께 돈을 달라고 말씀 드리면 돼."
   ④ 진규 – "미래를 대비하여 필요한 만큼의 돈을 미리 준비하는 것이 필요해."

2. 경규네 가족은 요즘 경규네 아버지의 교통사고로 인해 걱정이 많습니다. 비싼 병원비로 인해 급기야 은행에서 돈을 빌려 쓰게 되었고 이것은 고스란히 경규네 집안의 빚이 되었습니다. 경규네 부모님은 이러한 일에 미리 대비하지 못한 것에 대해 뒤늦게 후회를 하였습니다. 이러한 일에 대비하기 위해서는 다음 중 어떤 노력을 해야 할까요?

   ① 별다른 노력을 기울이지 않는다.
   ② 친구나 친척들로부터 필요한 만큼의 돈을 빌린다.
   ③ 갑자기 큰돈이 필요한 일이 생길 경우 은행에서 빌린다.
   ④ 보험에 미리 가입하여 미래에 벌어질 불확실한 일(사고)에 대비한다.

| 문항 별 주제 및 정답 |

금융과 의사결정 영역	1. ②	돈의 기능	
	2. ④	돈에 관한 태도 (바람직한 용돈 사용 습관)	
	3. ③	개인 재무관리 방법 (용돈관리)	
	4. ①	금융회사의 성격	
	5. ②	화폐 발달과정	
	6. ②	지출의 우선순위	
	7. ①	돈 관리능력	
수입과 지출관리 영역	1. ③	직업관	
	2. ④	소득에 대한 태도	
	3. ④	지출 관리 (용돈 계획)	
	4. ①	기부 활동	
	5. ④	소득의 종류	
	6. ①	다양한 지불수단의 이해	
	7. ③	수입과 지출의 균형 (용돈기입장)	
저축과 자산관리 영역	1. ①	예금에 대한 이해	
	2. ②	저축(목돈 마련) 태도	
	3. ③	저축(목돈 마련) 방법	
	4. ③	저축습관	
	5. ③	예·적금하기에 적절한 금융회사	
신용과 부채관리 영역	1. ④	부채에 대한 이해	
	2. ①	신용 관리 (돈 빌리고 갚기)	
	3. ③	신용카드 사용에 대한 이해	
	4. ④	부채 관리 방법	
보험과 위험관리 영역	1. ④	미래 위험 대비 인식	
	2. ④	미래 위험 대비 방법	

| 해설 |

* 조사 대상 학생 656명 전체의 금융이해력 테스트 점수는 평균 75.9점이었습니다.
* 상기 테스트에서 아이가 70% 정도의 정답을 맞추었다면 초등학생 아이들 평균 수준의 금융 이해력을 가지고 있다고 판단하시면 됩니다.

EBS 다큐프라임 〈자본주의〉 자문위원

- 곽금주 (서울대학교 심리학과 교수)
- 이정우 (경북대학교 경제통상학부 교수)
- 이준구 (서울대학교 경제학과 교수)
- 장진석 (법무법인 정명 대표, 변호사)
- 한순구 (연세대학교 경제학과 교수)

EBS 다큐프라임 〈자본주의〉 도움말 주신 분들

- 개빈 케네디 (영국 에든버러대학교 경영학과 교수)
- 곽금주 (서울대학교 심리학과 교수)
- 김갑래 (자본시장연구원 연구위원)
- 김병후 (신경정신과 전문의)
- 니얼 퍼거슨 (미국 하버드대학교 역사학과 교수)
- 댄 애리얼리 (미국 듀크대학교 경제학과 교수)
- 데이비드 케이 존스턴 (미국 저널리스트)
- 라구람 라잔 (미국 시카고대학교 경영대학원 교수)
- 러셀 로버츠 (미국 조지메이슨대학교 경제이론학과 교수)
- 로버트 스키델스키 (영국 상원의원, 워릭대학교 명예교수)
- 로저 로웬스타인 (칼럼니스트, 전 〈월스트리트 저널〉 기자)
- 리처드 실라 (미국 뉴욕대학교 금융사학과 교수)
- 리처드 탈러 (미국 시카고대학교 경제학과 교수)
- 마크 페닝턴 (영국 런던대학교 공공정책과 정치경제학 교수)
- 마틴 린드스트롬 (브랜드 컨설턴트)
- 벤 파인 (영국 런던대학교 경제학과 교수)
- 손봉호 (서울대학교 명예교수, 현재 나눔국민운동본부 대표)
- 송승용 (희망재무설계 이사)
- 스티브 데이비드 (영국 경제연구소 교육담당 이사)
- 스티븐 랜즈버그 (미국 로체스터대학교 경제학과 교수)
- 에릭 매스킨 (미국 프린스턴대학교 사회과학과 교수)
- 에이먼 버틀러 (영국 아담 스미스 연구소 소장)
- 엘렌 브라운 (미국 공공은행연구소 대표, 변호사)
- 올리비아 멜란 (임상심리학자, 머니 코치)
- 이정우 (경북대학교 경제통상학부 교수)
- 전영준 (법무법인 한누리 변호사)
- 제니퍼 러너 (미국 하버드대학교 공공정책학과 교수, 심리학자)
- 제프리 마이론 (미국 하버드대학교 경제학과 교수)
- 제프리 잉햄 (영국 케임브리지대학교 사회학과 교수)
- 조나단 울프 (영국 런던대학교 철학과 교수)
- 조지 페든 (전 영국 스털링대학교 역사학과 교수)
- 존 스틸 고든 (미국 금융사학자)
- 줄리아 블랙 (영국 런던정경대 법학과 교수)
- 천규승 (한국개발연구원 경제정보센터 전문위원)
- 크리스토퍼 베리 (영국 글래스고대학교 정치학과 교수)
- 파코 언더힐 (쇼핑컨설팅사 인바이로셀 CEO)
- 홍은실 (전남대학교 생활환경복지학과 교수)